주나라의 궁宮, 종묘宗廟와 명당明堂

주나라의 궁宮, 종묘宗廟와 명당明堂

서정화 지음

책을 내며

필자는 주대周代의 종묘宗廟에 대한 연구 논문들을 발표한 바 있다. ㉮「진대 이전 종묘의 기능과 역할에 대한 소고 ― 고문자에서의 상형과 주대의 궁묘유적지 조사 및 문헌적 사례를 중심으로」(『동서철학연구』 제79호, 2016.03), ㉯「고대 종묘제도의 좌조우사와 전묘후침 설에 대한 일고찰」(『동양고전연구』 제62집, 2016.03), ㉰「주대의 명당과 벽옹에 대한 소고 ― 선진시기 종묘의 본원적 기능에 대한 궁구 과정에서」(『동양철학연구』 제87집, 2016.08), ㉱「주대의 국도가 풍수지리 초기이론에 미친 영향」(『동방문화와 사상』 제1집(창간호), 2016.08), ㉲「은주대 상제 관념과 주대 체 의례의 관련성 및 그 변화 양상 ― 선진시기 종묘 의례에 대한 궁구 과정에서」(『대동문화연구』 제95집, 2016.09), ㉳「주대 종묘의 기능과 그 의미에 대한 유교경전의 이해」(『동서철학연구』 제82호, 2016.12), ㉴「주대周代의 종묘 ― 주대의 종묘에 대한 후론後論 및 종묘 소유의 신분적 한계에 대한 고찰을 중심으로」(『동방문화와 사상』 제3집, 2017.08) 등이 그것이다. 그 각각의 개략적인 내용은 다음과 같다.

㉮에서는, 서주시대 금문에서 보이기 시작하는 '廟(묘)'자는 주대 군신 간의 '조朝 의례' 이행 장소를 표현한 것이며, 그 시기부터 나타나기 시작하는 '品(품)'자 형태의 당상분리식堂廂分離式 건축 유적

지가 후대 종묘를 추정해 그린 종묘도宗廟圖와 유사함을 논하였다. 아울러 종묘 제도로 알려져 있었던 소·목昭穆 제도는 왕과 제후의 친족으로 구성된 선왕 및 선제후의 제례 참례자들인 귀족들을 분류하는, 일종의 촌수 관념으로 시작된 것이었음을 논하였다. 묘묘廟가 처음 형성된 시점부터 진시황 이전까지의 종묘는 군주의 통치 공간으로서, 조정과 정전 및 편전의 기능까지 아우르는 (황궁이라는 거대하고 화려한 통치 공간이 형성되기 이전의) 소박한 치조治朝 공간이었음을 주장하였으며, 이는 ㉮를 포함한 아래의 논문들 전체에서 일관되게 말하고 있는 기본 주제이다.

㉯에서는, 태침太寢·노침路寢·정침正寢 및 태실太室·세실世室 등은 모두 종묘의 이칭異稱들임을 논하였다. 한나라 때에 성서成書된 것으로 추정되고 있는 『주례』「동관고공기」의 "左祖右社(좌조우사)" 기록은, 그보다 훨씬 이전에 성서된 「춘관종백」의 소종백小宗伯의 직분으로 표현된 "右社稷·左宗廟(우사직·좌종묘)"라는 말에서 영향을 받은 것이다. 그러나 실상 "우사직·좌종묘"에서의 '우右'와 '좌左'는 '佑(우 = 돕다)'와 '佐(좌 = 돕다)'의 뜻으로, 이는 종묘와 사직의 좌우 배치를 말한 것이 아님을 논하였다. 실상 당시의 일을 기록하고 있는 많은 전적들 속에서, 사직의 위치가 국도에서 멀리 떨어져 있는 교외에 있었다는 기록들을 볼 수 있다. 후한後漢의 정현鄭玄과 채옹蔡邕 등에 의해 처음 표현된 일명 전묘후침前廟後寢("前曰廟·後曰寢", "前有朝·後有寢")에 대해서는, '군주의 치조영역과 거주영역의 구분'을 포함한 두 가지 가설을 말하였다.

㉰에서는, 명당明堂은 그 용어가 『맹자』에서부터 나타나지만, 전국시대에 유행하기 시작했던 음양오행과 시령사상에 영향을 받기 이전의 본래 명칭은, 은·주殷周 교체기 문왕과 무왕이 영건했던

벽옹辟雍 안에 조성된 영대靈臺였음을 논하였다. 아울러 그것은 통치자의 종묘와도 비견되며, 보다 정확하게는 종묘 안의 높은 대臺로 되어 있는 당堂인 '묘당廟堂'을 말하는 것이다.

㉣에서는, 주나라의 벽옹과 그것과 동일한 역할을 했던 노나라의 반궁泮宮이 모두 '물길의 환포環抱' 및 '배산임수背山臨水'라는 (당시로서는) 독특하면서도 유사한 입지환경을 보임을 논하였다. 두 나라 사이가 상당한 원거리였음에도 불구하고, 두 국도의 모습이 서로 유사한 환경을 지닐 수 있었던 이유는, 노나라가 어린 성왕成王의 섭정공攝政公이었던 주공周公을 위해 그의 후손에게 봉해진 제후국이었다는 데에 그 근원을 두고 있다. 이와 같은 국도의 입지환경은 조선이 한양을 수도로 정하는 데 중요한 기준이 되기도 한 것이다. 아울러 호경鎬京에서의 벽옹 건립 이후 주나라가 천하의 주인이 된 사건은, 초기의 상지론자相地論者들에게 길지吉地의 이론적 영감을 주기에 충분했음을 논하였다.

㉤에서는, 전한 말 종묘에서의 사시제四時祭 중 하나로 인식되었던 체禘 의례가 원래 은상대殷商代의 상제上帝 숭배 사상에서 그 뿌리를 두고 있는데, 주나라 초기의 제도정비 시기 동안 주공에 의해 '상제에게의 배향配享 의례'라는 '선왕을 위한 제례'로 수용되었고, 그 후 성왕成王과 강왕康王 대에 곧바로 체 의례로 대체되었음을 논하였다. 체禘는 상제에게 있는 초월성이 배제된 순수한 선조 제례로서, 이는 주초周初에 급조된 상제에게의 배향 의식이 주나라의 문화에 맞게 승화된 의례라 할 수 있다. 서주시대 금문에 새겨진 체는 '啻(시)'자의 모습으로 기록되어 있으며, 그것은 적통[嫡]의 의미로도 함께 쓰였음을 말하였다.

㉥에서는, 『논어』 등 고전에서의 종묘 관련 기록들에 대한 탐구

를 통해, '종묘는 원래 임금의 집이었다.'라는 논의를 전개하였다. 진·한대秦漢代 이후부터 시작되었던 종묘의 기능적 변화는, 한대 이후 근세기까지 수많은 왕조를 거치는 오랜 세월 동안 '종묘는 임금의 사당이다.'라는 관념이 고착화되게 하였다. 주나라 때에는, 군주의 종묘나 초조의 태묘가 아닌 특정한 묘는 좌소묘左昭廟·우목묘右穆廟라는 소·목穆昭 분류법에 의한 명칭을 사용하지 않았으며, 묘주廟主의 이름을 붙여서 불렀음을 확인하였다. 그것은 ㉮에서 논하였던 '족族의 촌수 개념으로서의 소·목 제도'와 더불어, 당시 소유할 수 있는 선대의 종묘 대수代數 제도가 따로 규정화되지 않았다는 방증이기도 하다.

㉯에서는, 적어도 주나라 때에는 현재 일반적으로 정의된 '종묘'의 '왕실 사당'이라고 하는 개념이 형성되기 이전이었으며, 따라서 『논어』와 같은 선진시대에 성서成書된 고전들을 해석하는 데 있어서, 종묘가 언급되는 부분에서는 기존의 제사와 관련된 일방적인 해석에 대한 재고再考의 필요성을 역설하였다. 아울러 선진시기의 사士 계층은 자신들의 묘에 '종宗'자를 부가하여 (종묘라고) 칭할 수 없었으며, '가묘家廟'라는 명칭이 당시에는 존재하지 않았음을 논하였다. 주나라 때에는 단순히 고대高臺의 구조물을 의미했던 당堂에 전殿이라는 말을 사용하지 않았으며, 건물주의 신분 고하에 의해 전과 당으로 구분하기 시작한 것은 진대 혹은 전국기 말 즈음으로 추정됨을 논하였다.

이 책은 위의 주대 종묘에 대한 연구 논문들을 논의의 전개 순서대로 정리하면서, 보완이 필요하다고 생각된 부분들을 보충하여 완성한 것이다. 아울러 가독성을 높이기 위해서 한자로 수록한 단어들에 한글·한자 병기 형식을 취하였다. 몇몇의 너무 긴 문장은 나누었고, 난문難文은 풀어서 썼으며, 부분적으로 퇴고하였다.

필자는 처음 선진시기의 종묘宗廟에 대한 탐구를 진행하는 과정에서 당시의 그것은 단순히 선군의 제사를 이행하는 사당으로서의 장소만을 의미하기보다는 군주의 정전이었을 것이라는 의혹을 갖게 되었다. 그 의문을 풀어가는 과정에서, 묘廟의 고문자에서의 자형 분석과, 주나라의 실제적인 궁묘유적지의 고고학적 조사 결과 및 후대의 유학자들에 의해 추정되어 그려진 종묘도宗廟圖와의 비교분석, 그리고 선진시대 종묘의 쓰임과 그 의미에 대한 유교 경전에서의 이해 과정 등에 대한 탐구를 진행하였다. 그 과정을 통해, 그것이 군주의 정전으로서의 역할을 한 장소였음을 더욱 확신하게 되었다. 아울러 이후의 왕이나 제후들에 의해 철거[毁(훼)]되지 않고 보존된 초조初祖를 포함한 선군들의 묘 역시 그 선군이 생전에 사용하였던 정전이었을 것임을 추론하였다. 이러한 필자의 의혹과 추론이 처음에 상당히 이질적으로 느껴졌던 이유는, 종법제도에 따른 주나라 고유의 문화적인 통치 체계가 그 후대의 왕조들과 상당히 다른 면모를 지니고 있었기 때문이었다.

주대周代의 문화 및 통치제도는 진대秦代나 한대漢代와 같은 후대의 그것과 상당한 차이를 보인다. 천하를 통솔하는 천자天子가 존재하고 그 아래로 제후諸侯들이 있으며, 각 제후의 아래로는 대부大夫들이 존재한다. 직접적인 통치의 측면에서 보았을 때, 천자는 주周나라 천자국天子國이라는 직영관할지만을 소유하여, 그곳에서의 소출로 나라의 재정을 운영하는 한편, 제후국들로부터 일정한 세금을 징수하기도 한다. 제후들은 천자로부터 분봉分封받은 영토를 대를 이어 소유하는데, 그것은 재정적인 부분은 물론 정치·외교적으로 천자로부터 독립된 배타적 영지이다. 실상 천자가 제후에게 갖는 직접적인 영향력은, 처음 영지를 봉해줄 때일 뿐이라 할 수 있다. 역법曆法과 같은 제도 및 종교·문화적인 측면을 제외하고, 정치·외교·재정적인 면에서 그들은 서로 독립적인 관계에 있기 때문이다.

천자의 천자국天子國과 제후들의 제후국諸侯國은 모두 '방邦' 내지 '국國'이라고 부르는데, 방邦은 행정상의 경계가 강조된 표현이고, 국國은 군사방위적인 경계가 보다 강조된 표현이라 할 수 있다. 그러나 일반적으로 그 두 가지는 큰 구분 없이 혼용하거나 방국邦國이라고 붙여 사용한다. 각각의 방국 안에는 여러 개의 가家가 존재한다. 가家는 천자나 제후가 자신이 직영하는 방국 내에서 대부를 봉해주면서 하사하는 봉지封地를 말하는데, 가家는 국國과 다르게 재정적인 배타성만 지닐 뿐, 정치·외교적으로는 해당 방국의 영향권 안에 있게 된다.

주나라의 예禮와 악樂은 바로 종교 및 문화의 범주에 속한 것으로, 천자와 제후 그리고 대부의 그것은 신분에 따라 철저히 분리된다. 그런 점에서 주나라 왕인 천자는 중화 문화권 내에서 최고의 정점에 위치하며 천天에 버금가는 상징적인 존재가 된다. 주나라 후기로 갈수록 천자의 영향력이 미미해졌고, 전국시대에는 그 지존으로서의 상징성이 거의 사라졌지만, 공자 당시만 해도 천자가 아닌 신분에서 천자의 예악禮樂을 사용하는 것은 비난과 질타의 대상이 되기에 충분했다.

위에서 간략히 언급한 주나라에 대한 설명이 이 책의 이해에 약간의 도움이 될 수 있길 바라며, 이후의 글에도 그에 대한 설명들을 그때그때 보충해 나갈 것이다.

차례

■■■■

제1장

서문

1. 개요 및 연구방향

조선시대 유교 의례 제도에서 선조의 위패를 보관하고 그에 대한 제사를 받드는 장소를 사당祠堂이라고 표현한다. 다른 말로 가묘家廟라고도 하는데, 이는 일반 사가의 묘廟로서 왕실의 묘인 종묘宗廟와 상대되는 말로 쓰인다. 조선시대의 사가에서는 이렇듯 가묘와 사당이라는 명칭을 혼용해서 쓰고 있는데, 명칭이 다르면 그 실체 역시 다를 것이다.

2017년 현재 국립국어원의 표준국어대사전에는 '묘'의 의미에 대해, "조상·성인聖人·신·신주神主·위판位版·영정影幀 따위를 모신 사당으로, 종묘宗廟와 문묘文廟를 통틀어 이른다."라고 정의하고 있다. 아울러 사당이란, "조상의 신주를 모셔 놓은 집"으로 설명한다. 한전漢典[1])에서는 '묘'의 정의에서 범중엄范仲淹(989~1052)의 「악양루기岳陽樓記」와 대동戴侗(1200~1285)의 『육서고六書故』 등에서의 예문을 들어, "왕궁의 정전正殿이며, 대개 조정朝廷을 가리킨다."

---

1) 漢典(한전, http://www.zdic.net)은 한자 및 중국어 단어와 구句·성어成語 등을 찾아볼 수 있는 온라인 사전이다. 거기에는 75,983개의 한자, 361,998개의 단어와 구, 32,868개의 성어에 대한 의미 해석 등이 수록되어 있으며, 특히 각각의 한자에는 『강희자전康熙字典』과 『설문해자說文解字』 및 그 '주註(단옥재)'의 설명이 부가되어 있다.

라는 설명을 추가하고 있다. '왕궁의 정전' 혹은 '고대 귀족 주택의 사랑채 대청'을 의미한 예문은 『육서고』에서의 글이다. "묘廟는, … 궁에서 앞에 있는 것을 '묘廟'라고 하고, 뒤에 있는 것을 '침寢'이라고 한다. 현재 왕궁에서의 정전正殿[前殿]이고, 사대부 집안에서의 대청大廳[聽事]이 그것이다."[2] '조정'을 표현한 예문은 「악양루기」에서의 글이다. "묘당廟堂의 높은 곳에 거해서는, 그 백성들을 근심하고, 강호江湖의 외진 곳에 처해 있을 때에는 그 임금을 근심한다."[3]

(종)묘에 왕실의 사당이라는 의미 외에도 통치자의 정전이라는 의미가 형성되어 있었다면, 그 시기가 언제였고 또 언제까지 지속되었는지를 추적해 보는 것은 우리가 유교 경전의 의미를 보다 섬세하게 궁구하는 데 적지 않은 도움이 될 것이다.

한대漢代 이후 중국의 여러 왕조는 물론 조선왕조 역시, 태조로부터 선왕들에 대한 공경스런 제례 의식을 왕실의 가장 중요한 의례 행사 중 하나로 인식하고 있었다. 이는 조선 사회를 지탱했던 인륜人倫과 충효 사상을 표현하는 가장 근원적인 의례 행위로서, 그러한 종묘에서의 제례는 왕실의 번영과 안위 그리고 권위를 상징하기도 하였다. 종묘제례를 낳은 종묘제도는 그 시원이 상당히 오래된 것인데, 그것은 주대周代의 종법제도宗法制度로부터 형성되어 온 것이다.

지금까지의 문헌을 통한 선진시기先秦時期 종묘의 기능에 관한 논의는, 한나라 이후의 종묘 연구에서 그러하듯, 대부분 종묘의 제

---

2) 戴侗, 『六書故』 卷25, 「工事」 1: 廟, … '宮, 前曰廟·後曰寢.' 今王宮之前殿, 士大夫之聽事, 是也.
3) 范仲淹, 『范文正集』 卷7, 「岳陽樓記」: 居廟堂之高, 則憂其民, 處江湖之遠, 則憂其君.

사 의례 공간으로서의 기능과 치국治國을 위한 이념성 및 조상 숭배라고 하는 종교적 성향과 관련지은 논의가 중심이 되었다. 그것은 한나라 이후 2천여 년 동안 왕조시대가 끝날 때까지 계속 이어져 온 종묘의 기능과 역할이기도 한 것이다.

그런데 실제로 주周나라 때의 종묘에서는 선군에 대한 제사 의례 외에도 '정령의 반포'[布政] 및 '제후들과의 조朝 의례儀禮'[朝諸侯] 등 군주의 정치적·외교적 직무들이 집중적으로 이행되었다. 제례를 제외한 나머지 대부분의 의례들은 진·한대秦漢代 이후 궁전 안에서 이행되어 온 것들이었다. 진시황제 때를 시작으로 해서 군주의 정치 공간과 제례 공간은 명확하게 분리되었다. 적어도 주나라 초부터 전국시대까지는 선군에 대한 제례 의식을 군주의 통치 장소 혹은 잘 보존된 선군 내지 초조初祖의 통치 장소였던 곳에서 이행하였는데, 그곳이 바로 종묘이고 태묘인 것이다.

본 글은, 묘廟(宗廟·太廟)라는 것이 처음 형성된 시기가 언제부터였고 또 후대에 인식된 것과는 별개로 그것의 본질적인 기능과 역할이 무엇이었는지에 대해, 고고학적 출토자료들의 연구결과물과 고대 경전들의 직접적인 탐구를 중심으로 추적하고 논증해 가는 과정의 글이다. 그 과정 속에서, 주周나라 때의 종묘는 천자의 왕실 사당 내지 제후의 공실公室 사당이 아닌 나라의 조정이면서 동시에 통치자의 정전 및 편전의 기능을 하던 곳이었고, 태묘는 나라를 개국한 초조初祖가 사용했던 종묘였음을 논의해 갈 것이다. 태실太室[世室]·태침太寢[路寢·正寢] 그리고 명당明堂 등과 종묘와의 상호 관련성에 대한 탐구 및 그 용어들이 새롭게 형성된 과정을 논의하면서, 당시 종묘에서 이행되었던 제례와 그것의 다양한 이름들이 갖는 각각의 특성에 대한 고찰을 이어갈 것이다.

2. 연구배경

'(한대漢代 이후가 그러하듯) 주대周代 역시 정무를 보는 조정과 선대의 신주를 모셔놓고 제사를 행하였던 종묘는 별도의 공간에 존재하였다.'라고 하는 것이 학계의 일반적인 관점이다. 다른 한편 '종묘는 군주의 정전 역할을 했었다.'라는 관점도 존재하며, 이것은 고례古禮를 연구하는 일부에서 인정하고 있는 것이라고 한다. 그런데 필자가 이 후자後者의 인식을 접하게 된 것은, 본 원고를 완성한 이후에 어떠한 연구 성과물이 아닌 다른 경로를 통해서였을 뿐, '선진시대先秦時代의 종묘'에 대해 필자와 같은 시각으로 바로 보고 진행된 연구발표 자료는 찾아볼 수 없었다.[4] 그러한 주제에 관해 학계의 관심을 받지 못했다고 하는 것이 오히려 더 정확할 것이다. 이것이 본 연구에서 선행연구 검토가 상당히 제한적일 수밖에 없는 이유이고, 필자가 본 연구를 처음 진행할 때에 고전들을 보면서 겪었던 다기망양多岐亡羊했던 고충의 근본적 이유이기도 하다.

선진시기의 고전들 속에 수록된 종묘와 관련해서, 후대의 대부분의 기록들에서 (종)묘를 사당의 의미로 해석한다. 그러한 것은 이미 한漢나라 때부터 형성된 관행으로 그 시원이 아주 오래된 것이다. 바로 그렇기 때문에, 주대周代의 연구에서 한인漢人들의 시각을 객관적으로 분별해 내고자 하는 노력은 절실히 필요한 일이다.

공자가 나라를 잃지 않을 방법 중 하나로 제사의 일을 중시하였다고 보는 몇몇의 시각들은, 『논어』에서 느낄 수 있는 공자의 사상과 명확히 부절符節된다고 보기 어렵다. 송대宋代의 성리학은 동

---

4) 한대漢代 이래의 예학 분야 연구는 일정한 수준의 조명을 받아 왔지만, 한대의 예학과는 별도로 주대周代의 그것에 대한 집중적 연구는 극미하다 할 수 있다.

중서董仲舒에서 발원한 한대漢代 유학을 일정 부분 이어받았다. 조선시대에는 고대의 경전들을 거의 대부분 성리학적 시각으로 탐구해왔고, 오늘날에도 일정 부분에서 그대로 계승되고 있기도 하다. 우리나라에서 한때 주자학의 잣대에서 멀어진 해석에 가했던 '난적亂賊'이라는 낙인은, 주자의 시각과 다른 유가 경전의 해석은 물론 그것에 대한 자유로운 토론의 장을 상당 부분 위축시켰다. 고대의 경전에 대한 명확한 해석은 그 시대의 관점에서 보아야 가능한 일일 것이다. 성리학은 유학이지만, 유학이 곧 성리학은 아니기 때문이다.

한 가지만 예를 들겠다. 아래는 『논어』「이인里仁」편의 글이다.

<원문>
子曰, "苟志於仁矣, 無惡也."

<번역문>
공자가 말하였다. "진실로 인仁함에 뜻을 두니, '惡'은(는) 없게 된다."

여기에서의 '惡(악·오)'에 대해 여러 부분들에서 '악함'으로 해석한다. 그것은 남송대 주자朱子(朱熹)의 시각에 의한 것이라 생각되며, 그 역시 북송대 성리학자인 이천伊川(程頤)의 시각을 수용한 것이다. 아래는 위 『논어』 글에 대한 『논어집주』에서의 주자의 해석이다.

<원문>
其心誠在於仁, 則必無'爲惡'之事矣.5)

---

5) 朱熹, 『論語集註』, 「里仁」第4.

<번역문>
그 마음의 성誠은 인仁함에 달려 있으니, 즉 '악을 행하'는
일이 없어야 할 것이다.

또 다음은 역시 위 『논어』 글에 대한 이천의 판단을 주자가 옮
겨 놓은 『논어정의』의 글이다.

<원문>
伊川解曰, "苟志於仁, 則無'不善'也."6)

<번역문>
이천이 (『정씨경설程氏經說』(권7, 「論語說」)에서 위 『논어』 글
을) 해석하여 말하기를, "진실로 인仁함에 뜻을 두면, '선善하
지 않음'이 없다."

위와 같이 주자와 이천 두 사람 모두 '惡(악·오)'를 好(호)의 상대
어가 아닌 '善(선)의 상대어'인 '악惡[악함]'으로 보았음을 알 수 있
다. 그런데 이천과 동시대를 살았던 소철蘇轍의 생각은 그와 달랐
다. 소철은 『논어』의 위 글에 대해 『논어습유論語拾遺』에서 다음과
같은 말을 하고 있다.

<원문>
仁者, 無所不愛. 人之至於無所不愛也, 其蔽盡矣. 有蔽者, 必
有所愛·有所不愛. 無蔽者, 無不愛矣. 子曰, "惟仁者, 能好人·
能惡人." 以其無蔽也. 夫然, 猶有惡也. 無所不愛, 則無所惡矣.
故曰"苟至於仁矣, 無惡也."7)

---

6) 朱熹, 『論語精義』卷2下, 「里仁」第4.
7) 蘇轍, 『論語拾遺』.

<번역문>

인仁한 사람은 '사랑[愛]'하지 않는 바가 없다. 사람이 사랑하지 않는 바가 없음에 이르게 되면, 그의 가리어짐[蔽]은 소진될 것이다. 가리어짐[蔽]이 있는 자는, 반드시 사랑하는 바를 지니게 되고 사랑하지 않는 바도 지니게 된다. 가리어짐[蔽]이 없는 자는, 사랑하지 않음이 없을 것이다. 공자가 말한 "惟仁者(유인자), 能好人・能惡人(능호인・능오인). [오직 인仁한 사람만이 남을 좋아하는 것도 잘하고, 남을 미워하는 것도 잘한다.] " 함은,8) 그(仁한 사람)가 가리어짐[蔽]이 없었기 때문인 것이다. 그렇기는 하지만, 오히려 미워함은 지니고 있는 것이다. 사랑하지 않는 바가 없게 되면, 미워하는 바가 없게 될 것이다. 그러므로 (공자가) "苟至於仁矣(구지어인의), 無惡也(무오야). ['진실로 인仁함을 지극하게 하였다면, 미워함[惡]은 없는 것이다.] " 라고9) 말한 것이다.

위에서 볼 수 있듯, 소철은 (이천과 주자의 관점과 달리)『논어』의 "苟志於仁矣, 無惡也."에서의 '惡(악・오)'를 '악함'이 아니라 好(호)・愛(애)와 상대어인 '미워함'으로 해석하고 있음을 알 수 있다. 아울러 그것은 '선과 악을 대비한 이분법적인 인간 심성을 논한 적이 없는'『논어』에서 표현하고자 한 본연의 의미라고 필자 역시 생각한다.10)

바로 위와 같은 경우처럼, 사상과 이념에 입각한 경전 해석의 이론적異論的 가능성에서 본다면, 본 원고의 제3장(종묘에 대한 유교경전의 이해와 후대의 인식)에서 시도한 고대 경전에서의 몇몇

---

8) 『論語』, 「里仁」.
9) 『論語』, 「里仁」.『논어』의 원문은 "苟志於仁矣, 無惡也."로, '至[지극히 하다]'가 '志[뜻을 두다]'로 되어 있다. 두 문장의 맥락은 동일하다.
10) 그리고 또한, 위에서 소철이 인용해 말한 『논어』의 두 문장 "惟仁者, 能好人・能惡人."과 "苟至於仁矣, 無惡也."는 바로 앞뒤로 이어지는 문장이기 때문에, 뒤 문장의 '惡(악・오)'를 好(호)의 상대어인 '미워함'으로 보는 것은 타당한 해석이다.

종묘 언급에 대한 재해석의 시도는, 그 자체의 유의미성을 지닌다고 할 것이다.11)

한대漢代에 비해 전적들의 자료가 상대적으로 많이 빈약할 수밖에 없는 주대周代의 그것을 궁구함에 있어서, 고고학적 발굴 자료들에 대한 연구 결과와, 보다 더 주대에 가까운 시기에 성서成書된 원전 자료들의 직접적인 탐구는, 그 어떤 방식보다 더 긍정적인 성과를 보장받을 수 있는 길이라고 확신한다. 따라서 본 글에서는, 기존 학계에서 자주 다루고 있지 않은 위와 같은 주제를 문제로 삼아 그것을 고전의 원문 자료를 통해 증명하고자 하였다. 아울러 부족한 자료들의 보완은 고고학적 출토 자료에 대한 연구 결과물을 참고하였다. 본 글에서 주대의 종묘가 조정 및 정전으로서의 역할을 했었다는 사실을 고전의 기록들을 통해 증명하고자 한 노력은, 또 그와 아울러 종묘와 태실 명당 등 다른 이칭異稱들과의 관련성에 대한 탐구 과정은, 적어도 선진시기의 문화 양상을 연구하는 데에 보탬이 될 수 있는 자료가 될 것이라 생각한다.

진대秦代를 분기점으로 그 이전에 서술된 글에서는 묘廟를 살아 있는 자의 공간으로 묘사하고 있는 데 반해, 한대漢代 이후로는 묘에 대한 언급이 사당의 개념으로 논의된다. 통일 진秦나라의 극히 짧았던 통치 기간 이후 다시 전국시대와 덜할 것 없는 혼란기를 만났고, 한漢 왕조의 수립 후에도 '유교 의례에 대한 본격적인 현실정치에 입각한 학술적 고심'은, 실상 전한前漢 후기에 와서야 시작되었다고 할 수 있다.

---

11) 그러나 그 분량이나 심도 있고 다각적인 논의의 측면에서 본다면, 보다 많은 후속 연구가 요구된다.

▌오경五經의 동이同異가 강론되는 등의 현실 예제禮制
에 대한 황제 주도의 대토론회인 석거각石渠閣 회의 및
위인후爲人後 논쟁.12) 원제元帝 시기의 종묘제론 및 애제
哀帝 시기에 다시 불거진 위인후 논쟁.13) 그리고 고문경
학의 개창자로 알려졌지만 그의 독특한 경전 해석법으
로 인해 정작 금·고문학가 모두에게 비난 받았던 유흠
劉歆의 예설14) 등과 같은, 현실적·정치적 예설 논쟁은
서한西漢[前漢] 후기부터 본격적으로 이루어진 것이다. ▌

전국시대의 혼란기에서부터 이때까지의 기간은 당시의 기록물
제작 및 그것의 유지 관리 수준에서 본다면, 주 왕조의 제도가 온
전히 전승될 수 있는 기간이 결코 아니다. 관심의 증폭과 자료의
한계는, 한대의 예학자들에게 주대의 예론禮論에 대한 여러 학설이
만들어질 수밖에 없는 토대가 되었을 것이다.15)

한편 조선시대의 종묘 제도에 대한 이해의 실마리는 진·한대秦漢代
이후의 예론들에서 찾을 수 있다. 우리나라는 물론 중국의 종묘와 태
묘 제도는 당시 예가禮家들의 논의가 시발점이 된 것이기 때문이다.
그렇지만 종묘제도의 근원을 탐구한다는 점에서, 주대의 종묘에 대
한 명확한 인식 과정은 가벼이 지나칠 수 있는 일은 아닐 것이다. 그
과정이 철학적·사학적 연구와 더 나아가 출토문헌과 유물을 포함
한 고문헌 및 고고학적 연구 등 다방면에서의 학술연구가 병행될 수
있다면, 보다 명확하고 깊이 있는 결과가 도출될 수 있을 것이다.

---

12) 金容天, 「前漢 宣帝時代의 典禮論爭과 後代의 禮學的 평가」, 동국대학교 신라문화연구
   소, 『신라문화』 28, 2006, 350~351쪽 참조.
13) 金容天, 「前漢 元帝期 韋玄成의 宗廟制論」, 동양사학회, 『東洋史學研究』 95, 2006; 「前
   漢 哀帝의 入繼大統과 '爲人後' 禮說 論爭」, 중국사학회, 『중국사연구』 43, 2006 참조.
14) 張書豪, 「從奏議到經義—西漢晚期廟數之爭析論」, 『政大中文學報』 15, 2011, 192~194
   쪽 참조.
15) 필자가 본 글에서 논하고 있는 주제에서는, 한대漢代 이후 예가禮家들의 논의에서 특히
   주대周代의 그것과 실질적으로 관련된 것들 외에는 주된 자료로 포함시키지 않았다.

제2장

종묘의 고문자와
궁묘유적지

본 장은 필자의 「秦代 이전 宗廟의 기능과 역할에 대한 小考 - 古文字에서의 象形과 周代의 宮廟遺跡地 조사 및 文獻的 사례를 중심으로」(『동서철학연구』 79, 한국동서철학회, 2016)의 논문 내용을 첨삭添削하고 보완·정리한 것이다.

최근 한국을 포함하여 특히 중국의 연구에서 유적지 발굴 조사를 바탕으로 주대周代의 종묘 건축물에 대한 논의가 활발히 진행되고 있다. 본 장에서는 그러한 유적 유물에 대한 연구결과를 토대로, 고대의 문헌 자료 및 종묘의 자원字源 연변演變 과정에 대한 고찰을 통해 주대의 종묘에 대한 새로운 시각의 재조명을 시도해 볼 것이다.

첫 번째 절에서는, '묘廟'라는 글자가 형성된 시기와, 그리고 그것이 어떠한 원리로 조자造字된 것인지에 대해 갑골문甲骨文과[1] 서주시기西周時期 금문金文 등을 중심으로 살펴볼 것이다. 두 번째 절

---

[1] 갑골문은 은나라 문자를 말한다. 주周나라 이전의 고대 국가는 상商나라이다. 은殷은 원래 상나라의 마지막 도읍지 이름이었는데, 주나라에서 상나라 유민들을 비하해 일컫기 시작했던 것에서 비롯되었다. ※ 이 책에서는 상나라의 이름을 은과 상 두 가지를 혼용하거나 은상이라고 혼합하여 부를 것이다.
거북의 배딱지와 소 어깨뼈 등에 새겨진 갑골문은 바로 이 은 땅의 옛터인 은허殷墟(하남성 안양시)에서 발견되었다. 한자의 기원이 되는 그것의 자형은 중국 고대문자학에서의 중요한 자료가 된다. 거기에는 대부분 복사卜辭[점복의 말]가 기록되어 있다. 그것을 은허복사殷墟卜辭 내지 은허문자殷墟文字라고 하며, 그 문자들을 통해 당시 중국의 정치·경제·사회·문화 등의 고대 역사를 엿볼 수 있다. 청나라 말기 소둔촌小屯村의 어느 밭에서 우연히 발견된 갑골 파편들이, 1899년 왕의영王懿榮에 의해 은나라의 귀중한 유물로 밝혀지고 나서 그리고도 30년을 더, 그것은 용골龍骨이라고 불리며 귀한 한약재로 팔려나갔다고 한다. 갑골문을 처음 감별해 낸 왕의영은 물론 왕양王襄·맹정생孟定生·유악劉鶚 등이 그 용골들을 수매하면서 갑골문에 대한 연구가 본격적으로 시작되었다.(王宇信·楊升南 외 著, 하영삼 譯, 『갑골학 일백 년 5』, 소명출판, 2011, 295·321~325쪽 참고.)

에서는, 주나라 이후 후대의 예학자들이 그려낸 종묘도宗廟圖와 주나라 때에 건설된 종묘로 추정되는 대형건축물 유적지들에 관한 논의를 비교해서, 이론과 실제의 동이同異를 확인할 것이다. 동시에 그림으로 존재했던 종묘의 실재實在에 관해서도 고찰할 것이다. 그것은 종묘라는 구조물이 언제부터 그리고 어떠한 목적으로 사용되기 시작하였고 시대가 지나면서 어떠한 변화 과정을 거치게 되었는지에 대한 탐구 과정이 될 것이다.

세 번째 절에서는, 예서禮書에 기록된 각 계층별 소유 묘수廟數 및 소·목昭穆의 나란한 배열 등이 유적지 조사 결과를 통해 당시 어떻게 실행되었는지에 관해서도 유추해 볼 것이다. 이어서 네 번째 절에서는, 몇몇의 문헌적 사례를 통해 진대秦代 이전 종묘의 기능과 역할에 관한 소략적인 논의로 이어갈 것이다.

1. 갑골문·금문 등에 표현된 조·묘의 상형

조자造字의 원리에서 본다면, '廟(묘)'자字는 '广(엄)'과 '朝(조)'로 이루어져 있다. '朝(조)'자는 갑골문甲骨文에 존재하지만, '廟(묘)'자의 경우 아직까지는 금문金文에서부터 보이기 시작한다. 그런데 朝(조)자를 갑골문과 금문 두 문자에서 비교해 보면, 그 자원字源이 동일해 보이지 않음을 알 수 있다. 朝(조)의 모양에서 '月(월)' 부분이 甲骨文에서는 초승달로 표현되어 있는데 반해, 서주시대西周時代 금문[大篆(대전)]에서는 그것이 마치 개울물과 유사한 형상을 나타내고 있고, 더 나아가 진전秦篆인 소전체小篆體로 가면 '亠(두)'와 '舟

(주)'의 고형古形을 위아래로 붙여 놓은 모습을 보이고 있다. 【 표 】 2)

【 표 】 '朝(조)'자의 자원연변字源演變 과정

갑골문甲骨文	대전大篆[金文]	소전小篆	예서隷書

'朝(조)'자의 月(월) 부분이 은殷나라 때에 초승달 모습이었던 것이 어째서 서주시대 이후에는 개울물 혹은 배[舟(주)]의 형상으로 변형된 것인지 의문이다. 섬서성陝西省 보계시寶雞市에서 출토된 서주시대의 <대우정大盂鼎 명문銘文>에는 朝(조)자에서의 月(월) 부분이 개울물의 모습으로 표현되고 있음을 확인할 수 있다. 【 그림 1 】 3)

<대우정 명문>의 원문과 해석은 다음과 같다.

① <대우정 명문> 원문: 敏朝夕入讕[諫].
⇨ 해석: 기민하게 아침저녁으로 들어가 간언諫言한다.4)

여기서의 '朝(조)'는 '아침'의 의미로 쓰였지만, 당시에 이미 '朝(조)'자에 '조회朝會'의 의미가 존재했던 것으로 생각한다. 그것은 朝(조)자의 금문과 동일한 자원을 보여주고 있는 '廟(묘)'자의 형성과 관계가 있어 보이기 때문이다.

---

2) 【 표 】 의 '朝(조)'자 자원연변 과정의 자료 출처: 재선한어자전在線漢語字典
   (http://xh.5156edu.com).
3) 【 그림 1 】 의 <대우정 명문> 탁본그림 출처: 백도백과百度百科(http://baike.baidu.com).
4) 위 <대우정 명문>의 원문과 그에 대한 해석은 백도백과에 수록된 명문 및 그에 대한
   설명과 번역을 참고한 것이다.

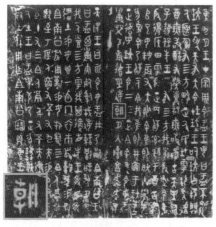

[그림 1]
〈대우정 명문〉 탁본

[그림 2]
〈괵계자백반 명문〉 탁본

'朝(조)'자에 아침이라는 의미가 있었던 것은 그것의 갑골문에서 볼 수 있듯, 은상대殷商代 혹은 그 이전부터였을 것이다. 아울러 '廟(묘)'자의 경우, 지금까지 확인된 가장 이른 시기의 등장은 역시 보계시寶雞市에서 출토된 서주시대의 <괵계자백반虢季子白盤 명문>에서 확인할 수 있다. [그림 2] 5) <괵계자백반 명문>의 원문과 해석은 다음과 같다.

② <괵계자백반 명문> 원문: 王孔加子白義[儀]. 王各[格]周廟宣廟, 爰鄕.

⇨ 해석: 왕은 자백子白의 위의威儀에 매우 크게 상찬賞讚하였다. 왕은 주周나라 묘廟의 선사宣榭에 이르러서 큰 잔치를 열었다.6)

---

5) [그림 2] 의 <괵계자백반 명문> 탁본그림 출처: 백도백과.
6) 위 <괵계자백반 명문>의 원문과 그에 대한 해석은 백도백과에 수록된 명문 및 그에 대한 설명과 번역을 참고한 것이다.

<대우정 명문>의 朝(조)자에서의 그것이 서로 동일한 개울물의 모습임을 볼 수 있다.

이처럼 朝(조)자의 '月(월)' 부분과 廟(묘)자의 '月(월)' 부분이 모두 개울물의 형상을 보이는 것은 서주시대의 명문에서부터이며, 앞에서도 언급했듯 廟(묘)자의 경우는 아직 갑골문에서는 등장하지 않고 있다. 이에 따라 朝(조)자가 廟(묘)자보다 먼저 조자 되었지만, 이후에 廟(묘)자가 만들어지면서 朝(조)자의 형태가 廟(묘)자의 형태에 영향을 받아 변형되었다는 추정이 가능하다.

갑골문 상에 있는 애초의 朝(조)자는 초승달 모양을 삽입시킴으로써 '아직 달이 보일 정도의 이른 아침'의 의미로 만들어진 글자였지만, 이후에 廟(묘)라는 용어가 새롭게 조자될 때 朝(조)자를 사용하게 되었고, 朝(조)의 아침이라는 의미에 굳이 없어도 될 것 같은 초승달 모양을 개울물 모양으로 대체시켜 廟(묘)라는 건축물이 갖는 시각적인 모양을 구체적으로 연상시키도록 한 것으로 보인다. 그렇다면 그 글자의 모양에서처럼 廟(묘)라고 하는 고대의 건축물 안에는 정말로 개울물과 유사한 어떤 물줄기가 흐르고 있었을까? 혹 그것이 건물 안팎으로 흐르는 배수로를 표현하고자 한 것은 아닐까? 그런데 실제로 서주시대의 궁묘宮廟로 추정되는 유적지에서 배수도排水道가 확인되고 있다.[7] 이에 대해서는 다음 절 주대

---

7) 徐良高·王巍, 「陝西扶風雲塘西周建築基址的初步認識」, 『考古』, 2002(第9期), 28쪽 圖一; 周原考古隊, 「陝西扶風縣雲塘·齊鎭西周建築基址1999~2000年度發掘簡報」, 『考古』 2002(第9期), 5쪽 圖二 참조. ※ 위의 두 논문에서 그려진 각각의 도圖는 같은 유적지를 묘사하고 있지만, 특히 서량고·왕외의 도면에는 각 부분마다 종묘도와 상응하는 명칭들을 부여하고 있으며, 유적지의 일부가 유실된 특정 부분은 주변의 여건을 고려하고 추정해서 건축군의 평면도를 완성시켰다. 그들이 표현한 유적지 평면도는 종묘도와의 비교가 한층 용이하다. 한편, 이 외의 배수로가 존재하는 유적지들은 다음 절에서도 계

의 궁묘유적지에서 다시 논하겠다.

갑골문의 모양과 다른 금문에서의 朝(조)자의 변형은, 그것이 廟(묘)라는 건물[广(엄)] 안에서 이행되는 '朝朝 의례儀禮'[조회]라는 뜻으로 그 의미가 확장되었기 때문이라고 생각한다. 조 의례는 남면南面한 군주와 그 앞에서 동서로 마주 서서 서열 별로 줄지은 여러 신하들과 이행하는 군신 간의 의례를 말한다.8) 결국, 조 의례가 주로 아침에 이행되기 때문에 아침을 뜻하는 朝(조) 자를 가지고 당시 새롭게 필요하게 된 廟(묘)의 조자造字에 활용한 것이라 볼 수 있다. 그러는 과정에서 朝(조)자의 廟(묘)자에서와 같은 배수로의 형상을 포함하는 모습으로의 변형도 함께 이루어진 것이다. 다시 말해, '아침의 행사인 조 의례를 이행하는 건물[广]'이 바로 '廟(묘)'가된 것이다. 아울러 그러한 행사가 廟(묘)라는 건물에서 본격적으로 이행되던 시기는, 은·주殷周 교체기 직전 주족周族이 정치적·군사적·문화적인 모든 면에서 강성해기기 시작했을 무렵이었을 것이라 짐작된다. 廟(묘)자의 형성과 朝(조)자의 변형도 그 즈음에 이루어졌을 것이다.

다음은 송나라 때에 만들어진 종묘도宗廟圖와 주나라 때의 궁묘유적지들을 비교해서 선진시기先秦時期 종묘의 실제 모습을 유추하고, 아울러 유적지 조사를 통해 드러난 묘廟의 정렬 방식과 소유묘수廟數 규정에 관해 고찰할 것이다.

▌'조례朝禮'는 현대 사회에서도 익숙하게 사용하는 언어이다. 그러나 그것은 필자가 본 글에서 논하고자 하는 조례와는 그 의미와 기능이 현저히 변화된 것이

속 서술할 것이다.
8) 『禮記』, 「曲禮 下」: 天子當寧而立, 諸公東面·諸侯西面, 曰朝.

다. 그 글자 자체와 '아침에 하는 의례'라고 하는 그것의 자의가 바뀐 것은 아니지만, 그 속에 내포되어 있는 제도적 측면과 사회적·인식적 측면 등에서 수천 년 전의 그것과 현재의 그것은 서로 현저하게 달라져 있다. 따라서 이 책에서는 둘 사이에 존재하는 본질적 의미의 간극으로 인한 용어 사용의 혼동을 막기 위해, 그것을 '조朝 의례'라는 명칭으로 부른다. ▌

2. 종묘도와 주대의 궁묘유적지

삼례도三禮圖에 표현된 종묘의 구조가 주周나라 때에 실제로 존재하였을까? 주대의 건축물 유적지에 대한 연구에서, 실제로 종묘도宗廟圖와 거의 흡사한 대형 건축물 유적지를 확인할 수 있다. 다만 동상東廂과 서상西廂이, 예학자들의 종묘도에서는 당상堂上의 좌우 양 끝 구획으로 표현되어 있는 데 반해, 유적지에서는 그것이 본당인 중심건물 앞의 좌우로 놓인 별개의 구조물로 되어 있다. 즉, 중심건물을 포함한 그 세 개의 건물이 마치 '品(품)'자와 같은 모습을 보이는 것이 종묘도에서와의 차이점이라 할 수 있다. 그렇지만 동상·서상에 대한 여러 전적들의 문자적인 묘사를 보면 그 두 가지 구조의 추론이 모두 가능하다. 따라서 유적지에 보이는 동상과 서상의 모습이 종묘도와 똑같지 않더라도, 예서禮書에서 묘사하고 있는 종묘의 모습은 분명 위의 유적지 건축물의 모습을 반영하고 있는 것이다.

『서경書經』에서의 묘廟에 대한 서술은 우서虞書와 하서夏書의 기록에는 보이지 않고, 상서商書에서부터 보이기 시작한다. 상서에서는「태갑太甲 상上」과「함유일덕咸有一德」의 두 편에서, 그리고 주서 周書에서는「태서泰誓 상上」·「태서泰誓 하下」·「무성武成」·「고명顧命」 등의 여러 편에서 보인다. 그렇지만 상대商代의 유적지 연구에서 종묘도와 유사한 구조를 아직 발견하지 못하였고 그러한 구조물 이 서주시대부터 본격적으로 등장한다는 점과, 『서경』의 출현이 주대 이후에 만들어진 것이기 때문에 그것을 기록으로 옮길 당시 상황 묘사나 용어의 사용이 주나라 사람들의 관념과 일상어에 영 향을 받았을 수 있다는 점, 그 두 가지를 기준해서 본다면, 묘라는 구조물은 실제로는 주나라의 문화적 산물이라고 볼 수 있을 것이 다. 그렇기 때문에 그것이 비록 서주시기의 건축물 유적지에서부 터 보이고는 있지만, 주족周族의 희발姬發(武王)이 은나라를 무너뜨 리고 천하를 소유하였을 때보다 더 이전부터 갖고 있었던 그들만 의 고유한 건축문화였을 것으로 추정할 수 있다.

동상·서상의 존재여부에 의해 그곳이 묘廟인지 아닌지가 결정 된다는『이아爾雅』「석궁釋宮」의 기록을 바탕으로,[9] 주대에 출현한 동상과 서상을 갖춘 品(품)자 모양의 건축물 유적지를 종묘로 간주 하고 논의를 진행해도 무방할 것이라 생각한다. 또한 종묘의 출현 시기에 대해 본 논고에서는 일단『서경』의 기록과 유적지 조사 결 과가 합치되는 서주西周 초기 이후로 잠정할 것이다.

1) 예서의 종묘도

현재는 유적지 발굴 및 그에 따른 고고학의 발달로 인해 중국에 서 고대의 종묘와 같은 대형 건축물에 대한 과학적인 논의가 이루

---

9) 『爾雅』, 「釋宮」: 室, 有東西廂, 曰廟. 無東西廂, 有室, 曰寢.

어지고 있지만, 이전의 학자들은 단순히 고전들 속에 기록되어 있는 내용을 가지고 종묘의 구조를 추정해서 도상圖像으로 표현하였다.

삼례서三禮書 등 주대의 종묘에 대한 기록들을 가지고 후대의 예학자들이 그려낸 종묘도宗廟圖에는 다음과 같은 구획들이 있다. 묘당 위의 당堂·실室·방房과 동서東序·서서西序, 동상東廂·서상西廂, 그리고 조계阼階[東階]·서계西階와 측계側階·북계北階 등의 묘당廟堂 사방에 놓인 계단들, 묘당을 둘러싼 담장에 연해서 만들어진 동서東西·내외內外 네 개의 구획으로 분리된 문숙門塾과, 그 문숙을 사이에 두고 설치된 묘문廟門, 그리고 그 묘문과 묘당을 연결하는 포장된 모양의 길인 당도堂塗와 앞뜰의 정庭 등 그 외에도 종묘도에는 여러 명칭들이 상세히 표현되어 있다.

동한東漢 때의 정현鄭玄과 진晉나라 때의 완심阮諶, 당나라 장일張鎰 등의 예학자들에 의해 갖가지 의례 관련 도상들이 시도되었지만, 그것들은 현재 남아 있지 않다.[10] 오대 말 북송 초에 섭숭의聶崇義는 이전 대의 의례 관련 기록과 도상들을 참고해서『삼례도집주三禮圖集註』를 편찬하였다. 종묘의 도상과 관련해서는 남송대 양복楊復의『의례방통도儀禮旁通圖』(「궁묘문宮廟門」, <침묘변명도寢廟辨名圖>)와 원대 황진성黃鎭成의『상서통고尙書通考』(권9, <의례침묘변명도儀禮寢廟辨名圖>), 청대 대진戴震의『고공기도考工記圖』(<종묘>) 등의 저술들에서 종묘도의 모습으로 찾아볼 수 있다. 우리나라의 경우 김장생金長生의『가례집람도설家禮輯覽圖說』에 <침묘변명도寢廟辨名圖>가 수록되어 있는데, 묘의 전개도가 비교적 선명하게 표현되어 있다. 위의 모든 종묘 도상들은 유사 명칭의 혼용이나 가로세로 비율

---

10) 鄭憲仁,「周代『諸侯大夫宗廟圖』研究」,『漢學研究』第24卷, 2006(第2期), 3쪽 참고.

에서의 차이 외에는 비교적 그 위치나 구조가 동일하게 그려져 있다. 이 책에서는 김장생의 침묘변명도【그림 3】11)를 예서의 기록에 근거한 고대의 종묘도로 참고할 것이다.

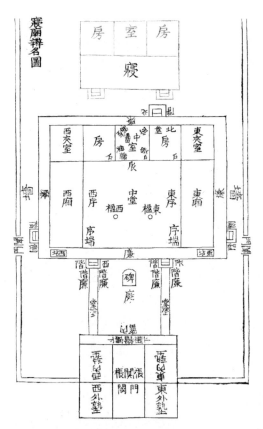

【그림 3】침묘변명도

---

11) 【그림 3】은 두 쪽에 걸쳐 그려진 사계沙溪의 <침묘변명도>를 이해하기 용이하도록 하나의 그림으로 합쳐 세워 놓은 것이다.(金長生, 『家禮輯覽圖說』, 「三代宮廬圖 下」, <寢廟辨名圖>) 중앙의 묘전廟殿부터 묘문廟門의 문숙門塾들이 배치된 하단 끝부분까지가 묘廟의 영역이다.

▌【 그림 3 】의 〈침묘변명도〉에는 침寢과 묘廟 두 가
지 구조물을 하나의 도상에 표현하고 있기 때문에 자칫
뒤의 건축물까지 (종)묘로 잘못 이해할 수 있을 듯하다.
침은 북쪽인 윗부분에 배치되어 있는 작은 건축물로, 그
곳은 이른바 정침正寢이라고 하는 곳과는 다른 일종의 사
실私室이라고 할 수 있다. 한편 수많은 구획들로 구분되
어 있는 중앙부의 큰 건축물이 정침에 상응하는 곳이고,
그곳이 바로 침·묘 중에서의 '묘'가 되는 곳이다. ▌

다음은 한대漢代 이래로 고대의 예서들을 근거로 시도된 선진시
기 종묘의 도상화 작업의 결과인 종묘도를 가지고, 종묘로 추정된
다고 논의되고 있는 주대의 당상분리식堂廂分離式 구조물을 상호 비
교해 본다. 그리고 그 두 구조의 동이同異를 확인함으로써 실제적
인 종묘의 모습을 추정해 볼 것이다.

2) 주대의 궁묘유적지

곽명郭明에 의하면, 주대周代의 대형 건축물 형식으로는 당상분
리식堂廂分離式과 이진식二進式을 들 수 있는데, 그중 가장 전형적인
형식은 당상분리식의 형태라고 한다.[12] 아울러 그것은 고대의 예
서와 그 주석서들의 내용을 바탕으로 그려진 종묘도와도 서로 상
응하는 모습을 보이고 있다.[13] 당상분리식의 구조는 중심건물인
'전당殿堂'과 그 앞의 좌우로 놓인 '동상東廂'과 '서상西廂'이 '品(품)'
자와 같은 모양을 하고 있다. 이러한 구조의 예로 서주시기의 섬서

---

12) 郭明, 「商周時期大型院落式建築比較研究」, 『考古與文物』, 2014(第5期), 49쪽 참조. ※
　　주대周代의 2진식二進式 건축구조로는 주원周原의 봉추鳳雛 갑조甲組 유적지를 들 수 있
　　는데, 그 형태와 상세한 내용에 대해서는 곽명의 논문 52~53쪽 참고.
13) 鄭憲仁, 「周代「諸侯大夫宗廟圖」研究」, 『漢學研究』 第24卷, 2006(第2期), 21쪽 참고.

陝西 부풍현扶風縣 운당촌雲塘村 및 제진촌齊鎭村의 건축물 유적지와 춘추시기의 섬서 봉상현鳳翔縣 마가장馬家莊 1호 건축물 유적지 등을 대표로 들 수 있다.[14] 아울러 구획된 담장 사이로 당堂과 상廂이 분리되기는 했어도 마가장 3호 건축물 유적지 역시 당상분리식의 형태에 속한다고 볼 수 있다.

(1) 서주시기의 궁묘유적지: 운당의 건축군

섬서성陝西省 보계시寶雞市 부풍현扶風縣의 운당촌雲塘村 서남부와 제진촌齊鎭村 서북부 각각에는 여러 기단으로 구성된 두 조組의 서주시대 건축 유적지가 있다. 운당촌의 경우 가장 규모가 큰 중심건물 기단을 중심으로 그 앞의 좌우측으로 대칭된 동상과 서상의 부속건물이 品(품)자 모양과 같이 별도의 기단으로 배치되어 있으며, 대문과 연결된 문숙門塾을 시작으로 사방을 빙 둘러싼 담장까지 한 조의 완전한 건축군을 형성하고 있다.[15] 특히 중심건물에는 남향 면의 조계阼階·빈계賓階와 북향 면의 측계側階[北階] 그리고 동계東階와 서계西階 등의 사방에 설치된 계단들과, 당堂·실室·방房·협실夾室 등의 구획들이 종묘도에 묘사되어 있는 모습과 유사한 구조로 조성되어 있는 것을 볼 수 있다. 【그림 4】[16]

---

14) 郭明, 「商周時期大型院落式建築比較硏究」, 『考古與文物』, 2014(第5期), 51～52쪽; 鄭憲仁, 「周代「諸侯大夫宗廟圖」硏究」, 『漢學硏究』 第24卷, 2006(第2期), 16쪽 참고.

15) 徐良高·王巍, 「陝西扶風雲塘西周建築基址的初步認識」, 『考古』, 2002(第9期), 27～28쪽 참조. ※ 한편, 제진촌의 경우 동상과 서상의 존재만큼은 명확히 확인되지 않는다.(周原考古隊, 「陝西扶風縣雲塘·齊鎭西周建築基址1999～2000年度發掘簡報」, 『考古』, 2002(第9期), 12쪽 圖8 참고.)

16) 【그림 4】의 부풍 운당 건축군 유적지 평면도 자료 출처: 徐良高·王巍, 「陝西扶風雲塘西周建築基址的初步認識」, 『考古』, 2002(第9期), 28쪽 圖1 (周原考古隊, 「陝西扶風縣雲塘·齊鎭西周建築基址1999～2000年度發掘簡報」, 『考古』, 2002(第9期), 5쪽 圖2의 원도原圖 역시 참고할 만하다.)

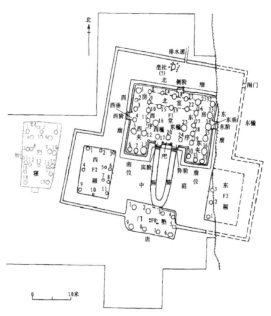

[그림 4] 부풍 운당 건축군 유적지 평면도(칭위도稱謂圖)

한편, 이와 같이 비교적 보존 상태가 양호한 운당촌의 건축물
기단 도면에는 북쪽 담장의 가운데로 배수도排水道가 지나가는 모
습을 볼 수 있다. 이러한 배수도는 섬서陝西 기산현岐山縣 봉추촌鳳
雛村의 또 다른 서주시기 유적지에서도 확인된다.17) 이렇듯 건물의
담장 둘레를 관통하는 배수도가 있는 구조는 하夏나라 때의 것으
로 추정되는 이리두二里頭의 궁묘 유적지에서도 보이는 것으로,18)

---

17) 陝西周原考古隊, 「陝西岐山鳳雛村西周建築基址發掘簡報」, 1979(第10期), 29쪽, 圖4 참조.
18) 김영재, 「중국 고대도성계획에서 宗廟·社稷의 배치와 그 의미 ― 商代에서 秦代까지: 종묘·사직의 성격과 위치변화를 중심으로」, 『大韓建築學會聯合論文集』16-2, 대한건축학회지회연합회, 2014, 4쪽의 그림 3 이리두 2호 건물지 참조. ※ 이리두 2호 건물지를 하대夏代의 종묘 혹은 궁전 유적지로 간주하기도 한다.(朴淳發, 「중국 고대 도성 廟 墻의 기원과 전개」, 『한국고대사연구』71, 한국고대사학회, 2013, 9쪽 圖1; 杜金鵬, 「洹北商城一號宮殿基址初步研究」, 『文物』, 2004(第5期), 61쪽 圖7 二里頭2號 宮殿遺址 平

그러한 형식의 대형 건축군은 드물지 않게 볼 수 있다. 이렇게 건축물 안팎을 관통하는 배수도의 모습은 앞 절에서 언급한 바와 같이, 서주시기 금문에 보이는 廟(묘)자와 朝(조)자의 '月(월)' 부분으로 표현되는 개울물의 상형과 관련성이 있어 보인다.

(2) 춘추시대의 궁묘유적지: 마가장 1호·3호 건축군

춘추 중·후기에 건설된 品(품)자 구조의 당상분리식堂廂分離式 유적지로 보계시 봉상현鳳翔縣 옹성雍城의 마가장馬家莊 1호 [그림 5] 19) 와 마가장 3호 [그림 6] 20) 유적지를 들 수 있다. 마가장 1호의 경우는 중심건물과 동상·서상의 크기 비율 및 당도堂途의 모양 등 일부를 제외하고 운당 유적지 [그림 4] 와 거의 동일한 모습을 보이고 있다. 건물군을 둘러싼 담장을 연해서 놓인 문숙門塾과 대문 역시 운당의 그것과 유사한 구조를 보여준다.

한편 마가장 3호 유적지는 마가장 1호에 비해 그 면적과 대지의 형태, 그리고 건축물들의 수효에 큰 차이를 보인다. 대지 모양은 남북으로 길게 뻗은 형태로 담장을 경계로 다섯 구획으로 나뉘어져 있다. 마가장의 이 두 가지 형식의 유적지에 대해 1호 유적지를 군주의 종묘로, 3호 유적지를 군주의 조침朝寢 시설로 간주하는 시각이 있지만,21) 필자는 마가장 3호 건축군을 그것과는 다른 관점에서 살펴보고자 한다.

面圖 참고.)
19) [그림 5] 의 봉상 마가장 1호 건축군 유적지 평면도 자료 출처: (http://terms.naver.com).
20) [그림 6] 의 봉상 마가장 3호 건축군 유적지 평면도 자료 출처: (http://image.baidu.com).
21) 김영재, 「중국 고대도성계획에서 宗廟·社稷의 배치와 그 의미 — 商代에서 秦代까지: 종묘·사직의 성격과 위치변화를 중심으로」, 『大韓建築學會聯合論文集』 16-2, 대한건축학회지회연합회, 2014, 7쪽 참조.

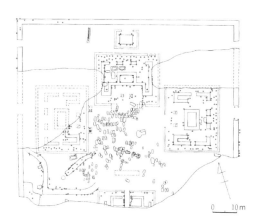

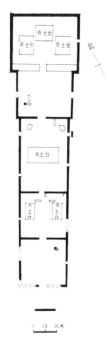

【 그림 5 】 봉상 마가장 1호 건축군 유적지 평면도

【 그림 6 】 마가장 3호
건축군 유적지 평면도

마가장 3호 유적지의 구조를 조망해 보면, 그 안에 설치된 구조
물들이 비록 사이사이 담장으로 분리되어 있지만, 1호 유적지의
구조와 유사하다는 것을 확인할 수 있다. 마가장 1호 유적지의 品
(품)자 모양으로 배열된 건축군들을 기준해서, 가운데의 '중심건물'
과 좌우 양측의 '동상東廂과 서상西廂', 그리고 앞뜰인 '정庭'을 비유
해서 논하겠다.

고대에 군주가 수많은 귀족들 및 대소신료와 '조朝 의례'[조회]를
이행하던 장소가 종묘 안의 정廷[庭, 정원]이었다. 따라서 주대에 있
어서 종묘의 정은 단순한 정원으로서의 기능보다는 정치적 의례

공간으로서의 역할에 더욱 중점을 두어 살펴보아야 한다.

가장 북쪽에 위치한 첫 번째(1번) 구획 안에는 중심건물인 전당殿堂과 부속건물인 동상·서상이 마가장 1호에서의 그것들과 유사한 모습으로 배치되어 있다. 그 남쪽으로 두 번째(2번) 구획 안에는 이렇다 할 건축물의 흔적이 보이지 않아 이는 마치 정庭을 연상하게 한다. 다시 그 남쪽의 세 번째(3번) 구획 안에는 남북으로 긴 모양의 대지 위에 거대한 건축물이 중심부에 배치되어 있다. 그리고 그 남쪽의 네 번째(4번) 구획 안에는 마치 동상과 서상처럼 모양과 크기가 같은 두 개의 건축물이 좌우로 서로 마주보는 형태를 하고 있다. 마지막으로 가장 남쪽의 다섯 번째(5번) 구획 안에는 2번 구획과 같이 별다른 건축물의 흔적을 보이지 않고 있어서 이 역시 정庭으로 간주된다. 정리하자면 북쪽에서부터 1번 구획과 2번 구획이 중심건물·동상·서상 그리고 정庭으로, 한 조의 종묘 모습이 드러난다. 3번·4번 그리고 5번의 세 구획은 중심건물과 동상·서상, 그리고 정으로서, 이 역시 한 조의 종묘 모습이 된다. 여기서 북쪽의 1번·2번 구획으로 된 한 조의 건축군은 군주의 사적인 공간으로 사용하는 연조燕朝 혹은 그 가족들과 함께 기거하는 거주 공간으로 생각된다. 그리고 3번·4번·5번 구획으로 된 다른 한 조는 군주의 치조治朝로 생각된다. 그리고 이 치조는 바로 실질적인 '종묘'가 되는 것이다.

이에 대해 뒤에서 계속 논할 것이지만, 선진시기의 종묘는 군주의 정전正殿 역할을 하는 정치적인 장소였으며 제사 의례는 물론 군주가 이행하는 정치적·외교적인 대부분의 의례가 종묘에서 거행되었다. 한편 마가장 1호 역시 종묘로 판단된다. 이렇듯 가까운 지역에 하나 이상의 종묘가 존재하는 것은, 주대의 종묘제도에서

통치자가 선대의 것을 포함해서 하나 이상의 종묘를 소유하는 것을 원칙으로 하고 있었기 때문일 것이다.[22] 여기서 선군이 사용했던 종묘 안에서의 의례는 묘주廟主를 위한 제사 의례가 주가 된다.

마가장 3호의 경우와 같은 구조의 유적지는 하나의 거대한 울타리 안에 연조 혹은 여러 가족들의 거주 공간과 치조를 함께 배치함으로써, 군주의 일상 업무와 거주 이용의 효율성을 높이는 동시에 공간을 더욱 넓게 사용할 수 있는 이점이 있었을 것이다. 아울러 치조 영역을 앞쪽에 배치한 것은, 일반적인 궁전 배치와도 동일한 형식이 된다.

3) 종묘도와 유적지 구조의 동이同異

서량고徐良高와 왕외王巍는 운당 유적지 한 조의 건축군에 포함된 각각의 기단에 종묘도에 상응하는 명칭들을 부여하고 있는데,[23] 그것은 실제 예서 등의 고전에서 묘사하고 있는 종묘에 대한 기록들과 거의 흡사한 모습이다. 그 개략을 설명하면 다음과 같다.

각 기단의 구성은 중심건물인 전당과 그 남측의 동상·서상, 그리고 문숙 등 크게 네 개의 건축물로 구성된다. 그것들 중 규모가 가장 크고 주된 용도로 사용되는 것으로 보이는 중심건물에는 당堂·실室·방房, 동영東楹·서영西楹, 동서東序·서서西序 동협실東夾室·서협실西夾室, 조계阼階·빈계賓階, 당 동쪽 면과 서쪽 면의 계단 및 동수東垂와 서수西垂,[24] 북쪽 계단인 측계側階[北階], 류霤 등이 잘 갖

---

22) 『禮記』, 「禮器」: 禮有以多爲貴者, 天子七廟, 諸侯五, 大夫三, 士一.
23) 【그림 4】.
24) 동수東垂와 서수西垂: 당堂의 동쪽과 서쪽 측면에 있는 계단 위. ※『書經』「周書/顧命」: 一人冕, 執戣, 立于東垂. 一人冕, 執瞿, 立于西垂.〔한 사람은 면관冕冠을 쓰고 양지창兩

추어진 것으로 표현되어 있다. 아울러 서량고 등은 중심건물 남동쪽과 남서쪽에 서로 마주보고 나란히 대칭되어 서 있는 두 채의 부속 건물을 동상과 서상으로 보아서, 종묘도와는 약간의 인식차를 나타내고 있다. 종묘도에는 동상·서상이 전당 위에 포함되어 존재한다.25) 동상·서상이 전당과 별개의 독립된 부속 건물로 해석될 수 있는 근거는 몇몇 전적들 속에서 확인되는데, 진대晉代의 곽박郭璞은 상廂을 "협실夾室 앞쪽의 당堂이다."라고 설명하고 있다.26) 협실은 묘당 위 좌측과 우측 끝에 붙은 작은 실室을 말하는데, 이는 동상과 서상을 양쪽의 협실 앞으로 배치되어 있는 별도의 작은 당으로 설명한 것처럼 보이게 한다. 주자朱子는 예서 및 고전 등의 여러 언설들을 인용하면서 동상과 서상에 관해 다음과 같이 묘사하고 있다.

> 협실夾室의 앞을 상廂이라고 하니, 동당東堂·서당西堂이라고도 한다. 『의례』「근례覲禮」 기기의 주注[鄭玄 注]에 이르기를, "동상東廂은 동협東夾의 앞인데, 왔다갔다 배회하면서 일에 대기하는 장소이다."라고 하였다. 『의례』「특생궤식례特牲饋食禮」의 주에 이르기를, "서당西堂은 서협西夾의 앞이니, 남쪽에 가까울 따름이다."라고 하였는데, 가공언賈公彦은 "(이는) 즉 (동서) 양측의 상廂이다."라고 설명하였다. 『이아』「석궁釋宮」에서는 "(태太)실室이 동상·서상을 갖춘 것을 묘廟라고 한다."라고 하였는데, 곽박은 "협실夾室 앞쪽의 당堂이다."라고 설명하였다. 이는 동상 역시 동당이라 하고, 서상 역시 서당이라 한 것이

枝椅인 規戟를 잡고 동수東垂에 서고, 한 사람은 면관冕冠을 쓰고 구瞿창을 잡고 서수西垂에 선다.] 孔穎達 疏——「釋詁」云, '疆·界·邊·衛·圍, 垂也.' 則垂是遠外之名 … 堂上而言東垂·西垂, 知在堂上之遠地, 當於序外東廂·西廂必有階上堂, 知此立於東西堂之階上也.

25) 【그림 3】.

26) 『爾雅注疏』 卷4, 「釋宮」: 室有東西廂曰廟. [注——(廂,) 夾室前堂.]

다. 『이아』「석궁」에서 또 말하기를, "동상과 서상이 없고 실이 있는 것을 침寢이라고 한다."라고 하였다. 생각하건데, 『서경』「고명顧命」의 소疏에서는 "침에는 동협과 서협이 있다."라고 하였다.27)

위에서의 '동상東廂을 동당東堂이라 하고, 서상西廂을 서당西堂이라고 한다'는 표현은 종묘도에서와 같이 하나의 건물 안에 좌우로 동상·서상이 배치된 모습이라고 하기보다는 별도의 당堂으로 존재한다는 것으로 설명하는 듯하다. 그러한 배치는 위에서 논한 서주시기 궁묘유적지 건축물의 형태들과 같은 유형이 되는 것이다.

그런데 한편 당대의 안사고顏師古는 "정침正寢의 동서쪽 실室을 모두 '상箱'이라고 하는데, 상협箱篋의 형태와 흡사함을 표현한 것이다."라고 설명하고 있고, 서언徐彦 역시 "전당에 동서로 소당小堂이 있다."라는 말을 인용하면서 소당을 전당 위의 일부분으로 여기고 있다.28) 이전 시대의 종묘 관련 도상과 기록들을 참고해서 만들었다고 하는 종묘도에서 이미 동상과 서상을 전당殿堂[廟堂] 위의 일정한 구획으로 묘사하고 있는 것은, 종묘도의 형성 시기 이전부터 많은 이들이 그러한 구조로 인식하고 있었음을 말해준다. 그렇지만 당대唐代 이전의 종묘 관련 도상이 존재하지 않기 때문에 실제로 한대漢代·당대唐代의 예학자들이 생각한 종묘도에 대해 명확히 이해하기에는 한계가 있다. 실상 어떤 것이 맞는지는 주대의

---

27) 『晦庵集』卷68,「雜著/儀禮釋宮」: 夾室之前曰廂, 亦曰東堂·西堂. ——「覲禮」記注曰, "東廂, 東夾之前, 相翔待事之處." 「特牲饋食禮」注曰, "西堂, 西夾之前, 近南廂." 賈氏曰, "即兩廂也." 「釋宮」曰, "室有東西廂曰廟." 郭氏曰, "夾室前堂." 是東廂亦曰東堂, 西廂亦曰西堂也. 「釋宮」又曰, "無東西廂·有室曰寢." 案『書』「顧命」疏, "寢有東夾·西夾."

28) 『漢書』卷42,「張周趙任申屠傳」第12: 呂后側耳於東箱聽. [師古曰, 正寢之東西室, 皆曰箱, 言似箱篋之形.];『春秋公羊傳注疏』卷16,「宣公 16年」: 宣宮之謝也. [疏——李氏曰, 室有東西廂, 謂宗廟. 殿有東西小堂也.]

대형건축물 유적지 형태를 통해 확인해야 할 것이다.

　동상과 서상이 전당 위에 함께 배치되었는지의 여부 외에는, 많은 부분에서 위에서 논한 주대의 당상분리식 유적지와 종묘도가 유사한 모습을 보여준다. 서량고 등이 표현한 유적지의 전체적인 구조에서, 중심건물인 전당 위의 각각의 구획들과 대문에 딸린 문숙은 물론, 중정中庭과 위位 당도堂途[陳] 등이 잘 갖추어져 있음을 확인할 수 있다. '위'는 중정의 좌우로 줄지어 서는 자리를 말한다.29) '당도'는 당堂 아래에서 문에 이르는 두 줄의 좁은 벽돌 길을 말하며,30) '진陳'이라고도 한다.31) 진은 빈례賓禮에서 빈賓 측과 주인主人 측이 서로 영접할 때 벌여서 줄짓는 장소이다.32)

3. 소·목의 정렬 및 계층별 소유 묘수 규정과 실제

　본 절에서는 위에서 고찰하였던 주대의 종묘로 추정되는 당상분리식 궁묘유적지와 후대에 논의되어진 종묘의 구조에 대한 것들을 토대로, 고대 종묘의 배치 제도라고 알려진 소·목昭穆 제도에 관한 논의를 진행할 것이다.

　종묘의 소·목제도란 태조묘太祖廟를 북쪽의 중앙에 위치시키고 그 아래로 좌측인 동쪽에는 소묘昭廟를, 우측인 서쪽에는 목묘穆廟

---

29) 『說文解字』, 「人部」: 列中庭之左右, 謂之位.
30) 『毛詩注疏』, 「陳風」, <防有鵲巢>: 中唐有甓. [毛傳――中, 中庭也. 唐, 堂塗也.] [疏――堂途, 堂下至門之徑也.]; 『周禮注疏』, 「冬官考工記」: 匠人爲溝洫. … 堂涂十有二分. [注――謂階前, 若今令甓襯也.] [疏――堂涂, 爲令甓襯. 令甓, 則今之塼也. 襯, 則塼道者也.]
31) 『爾雅』, 「釋宮」: 堂途, 謂之陳.
32) 『釋名』, 「釋宮室」: 陳, 堂塗也, 言賓主相迎陳列之處也.

를 대수의 순서대로 배치한다는 설이다. 7묘설을 기준한다면, 좌측의 소묘와 우측의 목묘가 남북으로 각각 3채씩 세워져서 태조묘와 합하여 일곱 개의 묘가 된다. 5묘설의 경우는 소묘와 목묘가 각각 2채씩이 되고, 3묘설에서는 그것들이 각각 1채씩이 되는 것이다.

서주시기 대형 건축군은 앞에서 언급한 섬서성 부풍현의 운당雲塘과 제진齊鎭 외에도, 소진召陳 및 기산岐山의 봉추촌鳳雛村까지 가까운 구역 안에 여러 개의 대형 건축군들이 존재한다. 소진과 봉추의 그것은 그 구조가 운당과 제진의 品(품)자 형태와는 다른 모습이지만, 그 규모로 봐서 그것 역시 지배 계층이 사용했던 것으로 추정되고 있다. 특히 거의 동시에 건설된 운당과 제진의 두 건축군의 거리는 약 50m 내외에 지나지 않는데,33) 이는 바로 이웃한 거리에 다수의 상류 계층 지도자들이 거주했다고 할 수 있기도 하며, 다른 한편 지배자가 부모자식 간의 세대별로 대형 건축물의 거주 공간을 따로 소유했을 가능성에 대해서도 생각해 볼 수 있다. 주대에 천자는 일곱 개의 묘를 소유할 수 있었고, 제후와 대부는 각각 다섯 개와 세 개씩을 소유할 수 있었다고 하는 『예기』 「왕제王制」의 기록을 적용한다면, 후자의 가능성을 완전히 배제할 수는 없을 것이다.

서량고 등은 운당과 제진 유적지 모두 종묘에 속할 가능성을 제기하고 있다.34) 이들의 의견은, 다만 그것의 위치가 태조 묘를 중심으로 나란하지 않은 산발적인 배치라는 것 외에는, 고대 통치자들이 하나 이상의 묘를 소유한다는 고전의 기록과도 상통하는 것이다. 그러나 「왕제」에서의 묘사와 같은 태조 묘를 중심으로 좌우

---

33) 徐良高・王巍,「陝西扶風雲塘西周建築基址的初步認識」,『考古』, 2002(第9期), 27쪽 참조.
34) 徐良高・王巍의 논문, 2002(第9期), 34쪽 참조.

의 소·목昭穆으로 정렬된 나란한 배치는 주대의 고고학적 자료에
서는 좀처럼 찾아보기 어렵다.35) 아울러 선진시대 위와 같은 묘
소유의 정해진 수가 규정대로 이행되었는지에 대한 실제적인 기
록 역시 사실상 존재하지 않는다.36)

한대 이후의 많은 자료들을 보면, 예서에서의 '천자7묘·제후5
묘…'의 기록을, 대부분 태조묘를 중심으로 그 남쪽 좌[東]·우[西]
측 소묘昭廟와 목묘穆廟의 배치 구조로 이해하고 있다.37) 아래는『예
기』의「왕제」에 수록된 소·목에 대한 설명이다.

> 천자는 7묘인데, 3소·3목과 태조묘를 더해서 일곱이 된다.
> 제후는 5묘인데, 2소·2목과 태조묘를 더해서 다섯이 된다.
> 대부는 3묘인데, 1소·1목과 태조묘를 더해서 셋이 된다. 사士
> 는 1묘이다. 서인庶人은 침寢에서 제사 올린다.38)

일반적으로 소昭를 동쪽으로, 목穆을 서쪽으로 한다고는 하지만,

---

35) 주대의 당상분리식 건축군을, 이른바 '종묘의 좌소左昭·우목右穆 구조'라고 보는 경우
도 있을 것이다. 그러나 필자는 그것의 가능성을 일단 내려놓고 논의를 진행하겠다. 그
이유는 첫째, 7묘·5묘·3묘 … 등 여러 형태의 소·목 제도 중에서 그것은 오직 3묘
형태만 설명할 수 있는 것이기 때문이다. 두 번째 이유는, 본 연구의 진행 과정에서
필자가 인식하게 된 그 '종묘'는 사당이 아니기 때문이다.
36)『예기』의 형성시기에 대해 진·한대 이후의 것이라는 논란이 있기는 하지만, 적어도
이「왕제」부분에 있어서는 종법제도와 관련해서 많은 부분 주대의 제도를 담은 것으
로 보인다. 전국시대 이래로 치열한 생존 경쟁에서 살아남았던 7웅들이 모두 '왕'을 자
칭하면서 주나라의 종법적 신분제와 그와 관련된 여타 제도들이 이미 무너진 지 오래
였을 것이고, 그 때문에 전한 말 대성戴聖과 대덕戴德(『대대례기大戴禮記』)이 예禮에 대
한 자료들을 수집할 당시 구전된 내용을 중심으로 편집하면서 어느 정도 잘못 오인된
부분이 있었을 것으로 생각된다. 그러나 한편 천자부터 대부까지 한 세대에서 하나 이
상의 묘를 소유할 수 있었다고 하는 것은, 비록 각각의 지정된 수효만큼은 아닐지라도,
실제에 가까운 기록이라 추정할 수 있다.
37) 그에 대한 상세한 내용은『沙溪全書』卷13「經書辨疑(中庸)」<或問> 참고.(『사계전서』
를 포함하여, 이 책에서 참고한 조선시대 자료 출처: 한국고전종합DB)
38)『禮記』,「王制」: 天子七廟, 三昭三穆, 與太祖之廟而七. 諸侯五廟, 二昭二穆, 與太祖之廟
而五. 大夫三廟, 一昭一穆, 與太祖之廟而三. 士一廟. 庶人祭於寢.

그것은 위치를 정할 경우 그러한 기준에 의거한다는 것일 뿐, 그 자체가 동서의 방향과 동일어가 되는 것은 아니다. 『주례』및『의례』에 서술된 내용들과『예기』에서의 여타 기록들을 통해 소·목 제도와 관련된 여러 언급들을 좀 더 면밀히 살펴보겠다. 먼저『주례』의 경우,「춘관 종백春官宗伯」에 소·목과 관련해서 다음과 같은 여러 설명들이 보인다.[39)]

㉮ 소종백小宗伯의 직무는 … 5례禮에서의 금령禁令과 그 쓰임의 등급을 관장한다. 묘조廟祧[遷廟(천묘)] 의례에서의 소昭와 목穆을 분변한다. 길례吉禮와 흉례凶禮에서의 오복五服과 거기車旗, 궁실에서의 금기시하는 것들 등을 분변한다.

㉯ 총인冢人은 공실의 묘지墓地를 관장하는데, 그 묘역墓域을 분변해서 그곳의 도면을 작성한다. 선왕의 매장 처는 중앙의 자리에 거하게 하는데, 소昭는 좌측[東] 목穆은 우측[西]으로 삼는다. 모든 제후들을 좌와 우로 자리 잡게 해서 앞쪽으로 배치하고, 경·대부·사는 그 뒤쪽에 자리 잡게 하되 각각 그 족族을 기준으로 한다. 전쟁터에서 사망한 자들을 (왕실·공실의) 묘역에 들이지 않는다. 모든 유공자들은 앞쪽에 자리 잡게 한다. 작위의 등급으로 봉분封墳 크기의 정도와 식수植樹의 수량을 정한다.

㉰ 소사小史는 방국邦國의 (역사)기록[志]을 관장하는데, 계통[系]과 세대[世]를 정리해 올리고, '소와 목을 분변'한다. 만약 (중대한) 일[事]이 있으면, 왕에게 그의 기일忌日과 휘자諱字를 고해 알려드린다. 대제사大祭祀에서는 예법을 읽어드린다. 소사는 장부[書]에 의거해서 소·목의 조俎[炙臺(적대)]와 궤簠[기장 담는 祭器]를 순서 짓는다. 대상大喪·대빈객大賓客·대회동大會同

---

39) 필자는 원전 번역에 있어서 최대한 직역에 충실하고자 하였다. 그러나 한편 의역 없이 직역으로만 하였을 경우 원활한 의미 전달이 어렵다고 판단한 경우는 의역을 부가하였는데, 이 경우 직역과 구분시키기 위하여 의역한 부분에 따로 소괄호 처리를 하였다. 이상 이하 모두 같음.

· 대군려大軍旅의 의례에서는 태사大史를 보좌한다.40)

위의 소·목 관련 내용을 상세히 살펴보면, ㉮의 경우는 천묘遷廟 의례에서의 신주神主의 소·목 분변에 관한 이야기이고, ㉯의 경우 장지葬地에서의 소·목에 따른 좌우 위치와 서열별 위치를 설명하고 있다. ㉰의 설명에서 "소·목의 조와 궤를 순서 짓는다."라는 말이 조궤俎簋를 망자가 속한 소·목에 근거하여 좌우로 배치한다는 것인지, 참례자들이 올린 조궤를 각각 그들이 속한 소·목에 근거해서 좌우로 배치한다는 것인지 혼란스럽기는 하지만, 종묘라는 건축물의 좌우 배치가 아님에는 분명하다.

한편『주례』「하관 사마夏官司馬」에 보이는 소·목에 관한 내용은 망자가 아닌 참례자들의 자리 배열에 관한 설명으로 표현되고 있다.

사사빈司士擯은 국도 안에서 사士의 통솔[士治]을 관장하는데, 모든 것이 그들의 계령戒令이다. (방문한 사를 군주에게 인도해 주는) 빈사擯士 의식을 관장하는 경우에 (사가 군주에게 예물로 경의를 표하는) 집지執摯의 예를 올리는 것을 받아서 선부膳夫에게 전달한다. 모든 제사에서 사에게의 계령을 관장하는데, 그들이 본받아서 따라해야 할 일들[法事]을 교도해 준다. (군주가 술을 따른) 작爵을41) 하사함에, 그들을 '소와 목대로 호명'해서 (군주 앞으로) 나아가게 한다.42)

---

40)『周禮』,「春官宗伯」: ㉮ 小宗伯之職, … 掌五禮之禁令與其用等. 辨廟祧之昭穆. 辨吉凶之五服·車旗·宮室之禁. …. ㉯ 冢人, 掌公墓之地, 辨其兆域而爲之圖. 先王之葬居中, 以昭穆爲左右. 凡諸侯居左右以前, 卿·大夫·士居後, 各以其族. 凡死於兵者, 不入兆域. 凡有功者居前. 以爵等爲丘封之度與其樹數. …. ㉰ 小史, 掌邦國之志, 奠系世, 辨昭穆. 若有事, 則詔王之忌諱. 大祭祀, 讀禮法. 史以書敍昭穆之俎簋. 大喪·大賓客·大會同·大軍旅, 佐大史.

41)『周禮注疏』卷31,「夏官司馬」: (賈公彦)疏——云及賜爵者, 謂祭末旅酬無算爵之時, 皆有酒爵賜及之, 皆以昭穆爲序也.

42)『周禮』,「夏官司馬」: 司士擯 … 掌國中之士治, 凡其戒令. 掌擯士者, 膳其摯. 凡祭祀, 掌

위의 경우는 의식의 참례자들을 소·목으로 분류해서 서열화하고 있다. 이는 촌수를 가지고 그 족族 내에서의 상하를 분변한 것이라 볼 수 있다.

『의례』에서의 소·목 관련 언급은, 「빙례聘禮」의 "한 사람의 시동尸童을 뽑는 시초점에, 소는 소대로 목은 목대로 한다."라는 문장 한곳에서 볼 수 있다.[43] 『예기』의 경우, 위에서 먼저 언급한 내용 외에 「상복소기喪服小記」·「잡기雜記 상」·「중니연거仲尼燕居」·「중용中庸」 등에서 찾아볼 수 있다. 그런데 그것들 모두 망자의 부제祔祭[合祀] 방식에 관한 내용들로 구성되어 있으며, 종묘 건축물에 대한 소·목의 정렬은 보이지 않는다.[44]

한대 이후 태조묘를 중심으로 그 남쪽 좌소左昭·우목右穆이라는 종묘 배치에 관한 언급들은, 실상 주대에 신분에 따른 다수의 묘를 소유할 수 있었던 사실과, 족인들의 소·목에 따른 분류 제도라는 두 가지가 전국시대의 혼란기를 거치는 동안 구전되는 과정에서 혼합된 것은 아닌가 생각한다.

▌혹여 주대의 品(품)자형 당상분리식 유적지 형식을, 중앙의 당堂을 태조묘로 보고 그 앞의 동상·서상을 좌소·우목의 묘로 간주할 수 있다고는 하지만, 이는 각각의 묘들이 묘문廟門을 따로 갖춘다는 기준을 가지고

士之戒令, 詔相其法事. 及賜爵, 呼昭穆而進之.
43) 『儀禮』, 「聘禮」: 筮‧尸, 若昭若穆.
44) 『禮記』, 「喪服小記」: 士大夫不得祔於諸侯. 祔於諸祖父之爲士大夫者, 其妻祔於諸祖姑, 妾祔於妾祖姑, 亡則中一以上而祔. 祔必以其'昭穆'. 諸侯不得祔於天子, 天子·諸侯·大夫可以祔於士.; 「雜記 上」: 大夫附於士, 士不附於大夫, 附於大夫之昆弟. 無昆弟, 則從其 '昭穆'. 雖王父母在, 亦然.; 「仲尼燕居」: 子曰, "郊社之義, 所以仁鬼神也. 嘗禘之禮, 所以仁昭穆也. 饋奠之禮, 所以仁死喪也. 射鄕之禮, 所以仁鄕黨也. 食饗之禮, 所以仁賓客也.";「中庸」: 子曰, "… 春秋, 修其祖廟, 陳其宗器, 設其裳衣, 薦其時食. 宗廟之禮, 所以序昭穆也. 序爵, 所以辨貴賤也.…"

본다면.[45] 당과 두 개의 상廂들은 각각 별개의 묘로 보기는 어려울 것이다. 주원의 운당 및 마가장 1호 유적지에 있는 당상분리식 종묘건축물 구조에는, 당과 상 전체를 모두 둘러싼 담장에 연해 있는 문숙과 거기에 설치된 묘문이 단 하나뿐임을 볼 수 있다.([그림 4]·[그림 5])

주대의 당상분리식 건축군 자체가 하나의 종묘이고, 그리고 그것은 실제 군주의 정전으로 사용된 궁전과 같은 것이다. 선진시기의 군주들은 제사 의례는 물론 갖가지 수많은 의례들을 자신들의 치조 공간인 종묘에서 이행하였고, 정치적 활동 역시 그곳에서 이루어졌다. 좌우의 동상과 서상의 건축물들은 치조 영역의 보조건물이라 할 수 있다. ▌

한편, 진나라의 2세 황제 때 천자 7묘 제도를 추진하려고 했던 시도가 있었다. 아래는 『사기』 「진시황본기秦始皇本紀」에 수록된 그에 관한 언급이다.

2세 황제(胡亥) 원년(B.C. 209), … 2세는 시황제 침묘寢廟에서의 희생犧牲 및 산천에 올리는 각종 제사의 예물을 늘리도록 조서를 내렸고, 여러 신하들에게는 시황제 묘廟의 추존推尊에 대해 논의할 것을 명령하였다. 여러 신하들이 모두 머리를 조아리며 다음과 같이 아뢰었다. "옛날에는 천자는 일곱 개의 묘를, 제후는 다섯 개, 대부는 세 개를 둘 수 있었고, 비록 만세가 되어도 대대로 철거[軼毁]하지 않았습니다. 이제는 시황제께서 극묘極廟를 지으셨음에,[46] 온 세상 사람들 모두 공물과

---

45) 金貞信, 「朱熹의 昭穆論과 宗廟制 改革論」, 『大東文化硏究』 92, 大東文化硏究院, 2015, 440쪽 참고.

46) 극묘極廟는 시황제가 살아 있을 당시 지은 묘廟로서, 그 이름 역시 시황제가 정한 것이다.(『史記』, 「秦始皇本紀」: 二十七年, 始皇巡隴西·北地, 出雞頭山, 過回中, 焉作信宮渭南, 已更命信宮爲極廟, 象天極.) ※ 진시황의 극묘에 대해서는 다음 절에서 다시 한 번

부세를 바쳐서, 제사에 쓰이는 희생이 늘어나고 예에 쓰이는 물품들이 모두 구비되었으니, 더 보태지는 마십시오. 선왕의 묘가 어떤 것은 서옹西雍에 있기도 하고, 어떤 것은 함양咸陽에 있기도 합니다. (천하를 획득한 진 제국으로서의) 천자의 의례 는 마땅히 시황제의 묘에 술잔을 받들어 제사를 올려야 할 뿐 이니, (진秦의 초대 제후였던) 양공襄公(재위 B.C. 778~B.C. 766)부 터 그 이하의 묘는 철거[軼毁]하십시오. 설치하는 것이 모두 일 곱 개의 묘가 되게 해서, 여러 신하들이 (합당하게 갖춘) 예로 써 '사묘祠廟의 제사'[祠]에 나아가도록 하고, 시황제의 묘는 높 이 받들어서 '제자조묘帝者祖廟[처음 황제가 된 자로서의 초조 묘]'로 삼으십시오. …"47)

┃진秦 양공襄公은 춘추시대가 막을 열 때 주나 라 천자에게 정식으로 제후로 봉직을 받은 진나라 의 첫 번째 군주이다. 주나라 평왕平王이 견융犬戎 의 세력에 쫓겨 동쪽의 낙읍洛邑으로 천도할 때 양공이 출병해서 평왕을 호송하였는데, 그 공로로 제후에 봉해지면서 그때부터 주나라의 제후국이 되었다.
　평왕은 당시 주 왕실에서 더 이상 장악할 능력 을 상실한 기산岐山의 땅을 양공에게 봉지로 하사 해 주는 형식을 갖추어, 주나라 왕실의 토대이자 주나라 문화의 발상지인 기산을 진나라에 이양해 주었다. ┃

여기서 양공襄公은 춘추시대 초 진秦나라에서 주周나라 천자에게

논하겠다.
47) 『史記』,「秦始皇本紀」: 二世皇帝元年, … 二世下詔, 增始皇寢廟犧牲及山川百祀之禮, 令 群臣議尊始皇廟. 群臣皆頓首言曰, "古者天子七廟, 諸侯五, 大夫三, 雖萬世世不軼毁. 今 始皇爲極廟, 四海之內皆獻貢職, 增犧牲, 禮咸備, 毋以加. 先王廟或在西雍, 或在咸陽. 天 子儀當獨奉酌祠始皇廟, 自襄公已下軼毁. 所置凡七廟, 群臣以禮進祠, 以尊始皇廟爲帝者 祖廟. …"

정식으로 제후로 봉칙을 받은 첫 번째 군주이다. 다시 말하면 주의 제후국이었던 이전의 진나라에서는 초대 제후인 양공을 나라의 초조初祖로 삼아왔겠지만, 천하를 소유한 진 제국에서는 진시황제가 초조가 되니 그의 묘廟를 나라의 초조 묘初祖廟로 삼아야 한다고 말한 것이다. 이렇듯 진시황제의 묘를 초조 묘로 삼아서 그 후대로 모두 일곱 개의 묘를 갖추고자 했던 계획은 진 제국의 단명으로 인해 사실상 시행될 수 없었다. 그렇지만 문헌들 속에서만 존재했던 천자 7묘의 구체적인 실행 계획과 그 실천 의지는 이때에 와서야 비로소 실현 가능성이 열리기 시작한 것이다.

다음 절에서는 종묘의 본원적인 기능과 역할에 대해 여러 전적典籍들 속에서의 문헌적 사례를 중심으로 논의를 진행할 것이다.

4. 종묘의 기능과 역할에 관한 문헌적 사례

『묵자』의「명귀明鬼」편에는 종묘의 위치 선정에 대한 글이 보인다.

옛날 순임금과 하夏·상商·주周 3대의 성왕聖王들은 처음 '국도를 세워 그것의 설계를 계획[建國營都]'할 때, 반드시 '국도의 영토 안'[國]에서 '가장 알맞게 평평히 고른 터'[正壇]를 택해서 그곳을 종묘가 되도록 배치하였다고 한다.48)

일반적인 관점에서 본다면, 국도 안에서 '정단正壇'과 같이 지대가 약간 높으면서 단단하고 평평한 장소는 궁전이 배치되는 곳이

---

48)『墨子』,「明鬼下」: 昔者, 虞夏商周三代之聖王, 其始建國營都, 曰, 必擇國之正壇, 置以爲宗廟.

다. 위의 표현은 군주의 통치 장소의 위치에 대한 묘사로 보이기도 한다. 다음은 『춘추좌전』 소공昭公 5년의 기록이다.

> 공公(魯侯(昭公))이 진晉나라에 갔다. … 진후晉侯가 여숙제女叔齊에게 일러 말하길 "노후魯侯가 예禮에 있어서 역시 잘하지 않는가?"라고 하니, (여숙제가) "노후가 어찌 예를 알겠습니까?"라고 대답하였다. 진후가 물었다. "어째서인가? 교외에서의 위로 의례에서부터 예물 증정 의례에까지 예에 어긋난 일이 없었거늘, 무슨 연고로 (그가 예를) 모른다고 하는 것인가?" (여숙제가) 대답하여 말하길, "그것은 '의식儀式'이지 '예禮'라고 말할 수 없습니다. 예는, 그것으로써 자신의 나라[國]를 지키고 자신의 정령政令을 이행하여 자신의 백성들을 잃는 일이 없도록 하는 것입니다. 지금은 (노魯나라의) 정령이 (대부의) 가家에 있으니, 취할 수가 없습니다."라고 하였다.[49]

▎주나라 때의 가家는, 방국邦國 내의 대부들이 그 제후에게 봉지封地로 하사받아 다스리는 영지를 말한다.▎

위에서 정령政令이 대부의 가家에 있다고 하는 말은 당시 막강한 대부들의 힘에 의해 제후가 제 역할을 할 수 없었음을 말하는 것이다. 실제로 노나라 소공은 대부 삼환씨三桓氏들과의 권력 다툼에서 패해 국외로 피신하였고 끝내 복위되지 못하였다.

위에서 언급한 '나라를 수호'하고 '정령을 이행'하여, '백성을 잃지 않게' 하는 수단으로서의 '예', 그 의례의 이행은 대부분 군주의 종묘에서 거행된다. 그러한 '종묘에서의 예'는 제사의 의식에

---

49) 『春秋左傳』, 「昭公 5年」: 公如晉 … 晉侯謂女叔齊曰, "魯侯不亦善於禮乎." 對曰, "魯侯焉知禮." 公曰, "何爲. 自郊勞至于贈賄, 禮無違者, 何故不知." 對曰, "是儀也, 不可謂禮. 禮所以守其國, 行其政令, 無失其民者也. 今政令在家, 不能取也, …"

만 국한되지 않는다. 예에 의한 절차로 이행되는 종묘에서의 모든 의례 행위는 바로 '치국治國의 모든 행위'가 되는 것이다.

전한 말 유향劉向이 편집한『설원』에는 위衛나라 영공靈公이 공자에게 치국을 잘하는 방법에 관해 묻는 기록이 있다.

> "'국가를 다스리는 것을 묘당廟堂 위에서 조심스럽게 수행하면 국가가 잘 다스려질 것입니다.'라고 (누군가) 과인에게 한 말이 있지요. 그의 말이 옳습니까?"[50]

이렇듯 '묘당廟堂'에 대해 '국가를 다스리는 장소'로 표현한 것은, 그곳이 바로 '임금의 정전正殿'으로서의 기능을 하던 곳임을 알 수 있다. 여기서 묘당, 즉 '묘廟의 당堂'이란, 당·실·방, 동협·서협, 동서·서서 등으로 구성된 묘 울타리 내 전당이라는 구조물 안의 일정한 구획 중 하나로, 묘廟 안에서의 가장 중요한 처소 중 하나인 당堂을 말한다. 아래는『공자가어』에 수록된 공자가 주나라에 방문했을 때의 이야기이다.

> 공자가 … 주周나라에 왔다. 노담老聃(老子)을[51] 찾아가 예禮를 물어 탐구했고, … (국도에서 백 리 거리인) 교郊의 (토지신을 모신) 사社가 있는 장소를 다녔고, '명당의 법칙[明堂之則]'과 '묘조의 법도[廟朝之度]'를 고찰하였다. 이때에 탄식하면서 말하길, "나는 지금에서야 주공周公의 '천자와 같은 슬기로움'[聖]을 알게 되었고, 그리고 누구의 공로 때문에 주나라가 왕노릇

---

50) 『說苑』, 「政理」: 衛靈公謂孔子曰, "有語寡人, 爲國家者, 謹之於廟堂之上, 而國家治矣, 其可乎." ※ "爲國家(위국가)"에서의 '爲(위)'는 '다스림[治]'과 같은 말이다. 『논어』 「이인里仁」편 "能以禮讓爲國乎. [예禮와 양讓으로써 나라를 다스릴 수 있는가?]"에서의 '爲(위)'에 대해 형병邢昺은 '治(치)'라고 설명하고 있다.(『論語注疏』 卷4, 「里仁」, "爲, 猶治也.")

51) 일설에 노담老聃을 노자老子라고 한다.

을 하게 되었는지를 알았다."라고 하였다.[52]

┃『이아』「석지釋地」에서 "읍론 밖을 교郊라
고 이른다. [邑外謂之郊(읍외위지교)] "라고 하
였고, 『설문해자說文解字』에서는 "국도國都와
의 거리가 100리 되는 곳을 교郊라고 이른
다. [郊, 距國百里爲郊.(교, 거국백리위교.)] "라
고 하였다.┃

┃유가에서 말하는 '성聖', 즉 성인聖人은, 나라
의 의례제도 제정 및 아악 제정[制禮作樂] 등을 이
루어 낼 수 있는 능력·지위·자격 등을 갖추고
있으면서, 동시에 천자[王]로서의 재질과 덕성이
완비된 상태의 이상적인 인간상이다.
　기본적으로 통치자는 그러한 성인의 소양을 모
두 갖추고 있어야 하는데, 공자는 그 대표적인 인
물이라 생각하는 주공을 언제나 그리워하였다. 주
공은 비록 천자는 아니었지만 섭정 기간 동안 자
신의 조카인 어린 성왕成王을 잘 보필해서 주나라
를 반석 위에 올려놓은 일물로 알려져 있다. 『논
어』「술이述而」편에는 공자가 주공을 그리는 간
절한 심정이 잘 표현되어 있다.
　"막심하네, 나의 노쇠함이. 오래되었네, 내가 주
공을 꿈에서 다시 뵙지 못한 지가."[53]┃

　위의 '묘조廟朝'의 의미에 대해, 위진魏晉시대의 왕숙王肅은 '종묘
와 조정'이라고 해석하였는데,[54] 그 이전의 전한 말 유향이 기술한
『전국책戰國策』에서는 묘조와 관련한 다음과 같은 언급이 보인다.

---

52) 『孔子家語』,「觀周」: 孔子 … 至周. 問禮於老聃, … 歷郊社之所, 考明堂之則·察廟朝之
　度. 於是喟然曰, "吾乃今知周公之聖, 與周之所以王也."
53) 『論語』,「述而」: 子曰, "甚矣, 吾衰也. 久矣, 吾不復夢見周公."
54) 『孔子家語』,「觀周」: 察廟朝之度. [宗廟朝廷之法度也.(王肅 註)]

범저范雎가 말하길, "… 신은 지금 왕께서 묘조廟朝에 홀로
서 계신 것을 봅니다. 또한 신은 만에 하나라도 후세에 진국秦
國을 소유한 자가 왕(秦 昭王)의 자손이 아닐까 염려되기도 합니
다."라고 하였다.55)

여기서의 묘조廟朝는 '군주가 청정聽政하는 장소'인 '정전正殿' 혹
은 '조정朝廷'의 의미로 쓰인 것이다. 정廷이란 묘당 앞의 넓은 뜰
[庭]로, 수많은 대소신료들과 '조朝 의례를 하는 정廷'이 조정인 것
이다. 다음에 보이는 글 속에서의 묘조 역시 정전의 의미로 쓰이고
있다.

이원李愿이 한유韓愈에게 이르기를, "사람들이 대장부라고
부르는 것에 대해 내가 알지. 이익과 은택은 만인에게 베풀어
주고, 명성은 시대를 밝게 비추어 주지. 묘조廟朝에 앉아서 수
많은 관리들에게 일을 맡기기도 하고 물러나게 하기도 하면서
천자天子의 출령出令을 보좌한다네. …"라고 말하였다.56)

아울러 다음의 남송대 진량陳亮의 글에서도 묘조가 앞의 경우와
동일한 의미로 사용되고 있음을 볼 수 있다.

묘조에서는 부족한 인재에 대해 한갓 탄식만 하고 있는데,
재야[川澤]에서는 바로 그 등용되지 못한 인재들[遺士](의 명성)
에 대해 소문이 들립니다.57)

---

55) 『戰國策』, 「秦策」, <范雎至秦>: 范雎曰, "… 臣今見王獨立於廟朝矣. 且臣將恐後世之有
秦國者, 非王之子孫也."
56) 『崇古文訣』 卷9, 「唐文/韓愈」, <送李愿歸盤谷序>: 愿之言曰, "人之稱大丈夫者, 我知之
矣. 利澤施於人, 名聲昭於時. 坐於廟朝, 進退百官, 而佐天子出令. …" 昌黎韓愈聞其言 ….
57) 『龍川集』 卷17, 「啓/謝楊解元啓」: 廟朝徒嘆於乏才, 而川澤豈聞於遺士.

위 문장들의 사례에서처럼, '군주의 묘'가 군신 간에 정사의 업무를 행하는 정전 혹은 조정이라는 의미로 쓰였음을 알 수 있다. 다만 한대 이후 사례들의 공통점은 '종宗'자를 뺀 묘廟에 '조朝'자를 덧붙여 쓰고 있는 것이다. 이렇듯 '군주의 정전으로서의 묘'에 대한 어휘는 한대 이전에 쓰인 '종묘'라는 단어에서 '묘조'라는 단어로 변화되어 사용되었음을 알 수 있다. 이는 군주의 묘라는 치조 공간에서의 제사 수행 기능이 완전히 분리·이전되면서 그 어휘에서도 변화를 보인 것이라 판단한다.

선진시대 선군에 대한 제사 의례를 이행하는 장소와 군주의 치조 공간으로서의 조정의 의미를 동시에 지니고 있었던 종묘라는 명칭은, 한대 이후 제사를 수행하는 장소라는 의미로만 사용하게 되었고, 군주의 치조 공간이라는 의미에서는 '묘조'라는 어휘를 사용해서 조정[朝]의 기능을 부각시켜 표현하였다. 결국 '묘조'란, '종묘와 조정' 두 가지를 아울러서 말하는 것이기도 하겠지만, 군주가 청정하는 장소인 조정을 더욱 강조해서 표현한 것이라 할 수 있다. 『강희자전』에는 종묘와 관련해서 궁宮을 다음과 같이 정의하고 있다.

> 옛날에는 신분의 귀천을 가리지 않고 거주하는 집을 모두 궁宮이라고 칭할 수 있었는데, 진秦나라 때에 이르러서 지존이 거처하는 곳에 대한 명칭으로 정해지기 시작하였다. 종묘도 역시 궁이라고 하였다.[58]

따라서 선진시기의 종묘는 선조에 대한 제사 의식을 포함해서 모든 의례 행위가 거행되는 '집'으로서, '군주의 정전 내지 조정'

---

58) 『康熙字典』, 「宀部」, <宮>: 古者貴賤所居, 皆得稱宮, 至秦始定爲至尊所居之稱. 又宗廟亦曰宮.

제2장 종묘의 고문자와 궁묘유적지

과 같은 장소였음을 알 수 있다.[59] 일반적인 거주 공간으로서의 궁은 주로 내밀한 침소를 갖춘 장소로 이해할 수 있다.[60] 이러한 궁 본연의 의미가 진시황 이후 임금의 거주 공간으로 그 사용 범위가 축소되었지만, 그 이전까지 그것은 묘라는 것과 상대해서 서로 결부시켜 불리었다.

선진시기 일반적인 집이라는 의미의 궁이, 그 안에 군주의 치조 공간인 종묘와 군주의 가족들이 머무는 곳을 모두 포함하고 있었는지, 혹은 별도의 장소에 군주의 가족들이 머무는 궁[집]이 따로 마련되었는지는 분명치 않다. 위의 주대 궁묘유적지에 관한 논의에서 살펴본 것처럼, 당시의 대형 건축물 유적지에서 보이는 전당과 동상·서상의 구조가 치조로 사용되는 공간 이외에 대가족의 사친私親들이 편히 머물 수 있는 공간이 충분히 확보된 것처럼 보이지는 않는다. 만일 각각의 세대마다 묘를 따로 지니고 있어서 소가족 단위로 살아왔다면 묘 안에 살림 공간이 없었다고만 할 수는 없을 것이다. 독특한 구조라 할 수 있는 마가장 3호 건축군 유적지의 경우에서 만큼은, 치조 영역으로서의 공적인 기능은 물론, 많은 가족의 사친들이 거주할 수 있는 사적인 기능까지 두루 갖추고 있는 것처럼 보인다.

▌ 군주의 가족들은 여러 세대로 구성된 대가족이 아니더라도 부인들의 수효로 봐서 일반적인 가족 수의 범위를 훨씬 뛰어넘을 것이다.

『좌전』의 기록에서, 제후들이나 막강한 대부들이 다수의 인국隣國들과 혼인 관계를 맺기도 하고, 또 그 신

---

59) 許宏, 『先秦城市考古學硏究』, 北京燕山出版社, 2000, 79쪽 참고.
60) 『康熙字典』, 「宀部」, <宮>: 『周禮』 「內宰六宮」註, '婦人稱寢曰宮. 宮者, 隱蔽之言.' 天子謂之六寢.

부를 따라 함께 가는 (신부와 동성同姓의 친족 여성으로서 예비 신부 격인) 잉첩媵妾들까지 수많은 부인들에 관한 이야기를 볼 수 있다. 『예기』에는 여러 부인들의 규정에 대한 언급이 있다. "천자에게는, 후后가 있고 부인夫人이 있으며, 세부世婦가 있고 빈嬪이 있으며, 처妻가 있고 첩妾이 있다. 공후公侯에게는, 부인이 있고, 세부가 있으며, 처가 있고 첩이 있다."(「곡례 하」), "옛날 천자의 후后는 여섯 개의 궁宮을 세운다. 세 명의 부인과 아홉 명의 빈과 스물일곱 명의 세부와 여든 한 명의 어첩御妻들로 천하의 내명부를 다스린다."(「혼의」)[61] ▌

한편 군주의 정전이라는 종묘의 실질적인 쓰임은 언제까지 이어졌던 것일까? 『사기』 「진시황본기」에 시황제가 생전에 자신의 묘를 지었다는 기록이 보인다. 그는 자신이 지은 신궁信宮이라는 궁전을 북극성北極星의 '극極'자를 따서 '극묘極廟'로 개칭하였는데, 그가 자신의 궁전 이름에 '묘廟'자를 사용한 것이다.

27년(B.C. 220), 시황제는 농서隴西와 북지北地를 돌아보고 계두산雞頭山을 따라 나와서 회중回中을 지나왔다. 그곳 위수渭水의 남쪽에 신궁信宮을 지었는데, 이윽고 신궁을 '북극을 상징하는' 극묘極廟라고 이르라 다시 명하였다. 극묘에서부터 여산酈山으로 길을 통하게 해서 감천궁甘泉宮의 전전前殿을 지었다.[62]

▌위에서 시황제가 농서隴西 지방 등등을 거쳐 회중回中을 지나왔다고 하는 것은 그가 천하통일

61) 『禮記』, 「曲禮 下」: 天子, 有后‧有夫人, 有世婦‧有嬪, 有妻‧有妾. … 公侯, 有夫人‧有世婦, 有妻‧有妾.; 「昏義」: 古者, 天子後立六宮. 三夫人‧九嬪, 二十七世婦, 八十一御妻, 以聽天下之內治.
62) 『史記』, 「秦始皇本紀」: 二十七年, 始皇巡隴西‧北地, 出雞頭山, 過回中. 焉作信宮渭南, 已更命信宮為極廟, 象天極. 自極廟道通酈山, 作甘泉前殿.

을 이룩한 그 이듬해에 곧바로 순수巡狩 의례를 이행한 것이다. 『맹자』에서는 순수에 대해, "천자가 제후에게 가는 것을 순수巡狩라고 하는데, 순수라는 것은 지키는 곳을 돌아보는 것이다."[63]라고 설명하고 있다. 즉, 그것은 천자 자신이 주나라의 세력 범위 내 각지의 제후들을 친히 찾아가서 돌아보는 의식을 말하는 것으로, 위의 기록에서 말하는 것은 진시황이 전국7웅戰國七雄 모두를 성공적으로 복속시킨 후 자신의 영토가 된 천하를 순방한 것이다.

『예기』의 기록에 의하면, 순수는 5년에 한번 이행하는데, 그해 2월[卯月 춘분 달]에는 동쪽을, 5월[午月 하지 달]에는 남쪽을, 8월[酉月 추분 달]에는 서쪽을, 11월[子月 동짓달]에는 북쪽을 순수한다고 되어 있다.[64] 정작 주나라 때 순수 의식을 실제로 이와 같이 이행하였는지는 회의적이다. 왜냐하면 춘분 달의 동쪽, 하지 달의 남쪽 등등의 표현은 시령說時令說과 관련이 있는 것이기 때문이다. 한편 『이아』와 『춘추좌전』에서는 그것을 동冬의 계절에 이행하는 사냥 의식이라고 설명하기도 한다.[65] ▌

▌본 글에서 필자는, 춘春·하夏·추秋·동冬을 각각 봄 여름 가을 겨울이라고 말하지 않고 '춘春의 계절', '하夏의 계절', '추秋의 계절', '동冬의 계절'이라고 표현하여 春·夏·秋·冬(춘하추동) 한 자어를 그대로 사용할 것이다. 그 이유는 계절감의 혼동을 막기 위해서인데, 고대의 전적들에서 그것

---

63) 『孟子』, 「梁惠王 下」: 天子適諸侯曰巡狩, 巡狩者, 巡所守也.
64) 『禮記』, 「王制」: 天子五年一巡守. 歲二月, 東巡守至于岱宗 … 五月, 南巡守至于南嶽. … 八月, 西巡守至于西嶽. … 十有一月, 北巡守至于北嶽.
65) 『爾雅』, 「釋天」: 冬獵爲狩.; 『春秋左傳注疏』 卷2, 「隱公 5年」: 故春蒐·夏苗·秋獮·冬狩, … [注── … 狩, 圍守也, 冬物畢成, 獲則取之, 無所擇也.]

들이 지금 쓰이고 있는 각 계절이 갖는 시후時候의
의미와 다르게 사용된 흔적들이 보인다.66) █

이와 같이 시황제 때까지도 군주의 궁전과 묘의 명칭을 명확히
구분해서 사용하지 않고 있었음을 알 수 있다.

한편, 전국시대 조趙나라의 별도別都인 신도信都에 조성된 궁전
역시 신궁信宮이라고 하는데, 진시황의 신궁과는 별개의 것이다. 북
송대에 편찬된 지리지사地理志史 『태평환우기太平寰宇記』의 기록에
의하면, 전국시대 조나라 효성왕孝成王은 형주邢州, 즉 지금의 하북
성河北省 형대시邢臺市에 있는 신도信都에 단대檀臺를 만들고 신궁도
지어서 그곳을 조나라의 별도로 삼아 제후들과 '조朝 의례'를 행하
였는데, 그러한 일로 인해 그 별도의 명칭을 '신信'도都라고 정하였
다고 한다.67) 『사기』 「조세가趙世家」의 성후成侯 20년(B.C. 355) 기
록에 "위魏나라에서 '최고품의 목재로 만든 서까래'[榮椽]를 진헌하
였는데, 이때 그 서까래로 '단대檀臺'를 지었다."라는 말이 있다. 그
후 무령왕武靈王 원년(B.C. 325)에는 "양梁나라 양왕襄王과 그의 태
자 사嗣, 그리고 한韓나라 선왕宣王과 그의 태자 창倉이 와서 신궁에
서 조朝 의례를 거행하였다."라고 하였다. 또 19년(B.C. 307)에는
"춘春 정월에 신궁에서 '조 의례'를 성대하게 거행하였다."라고 하
였다.68) 이러한 『사기』의 기록에 근거한다면, 조나라의 단대와 신

---

66) 『춘추春秋』 경문經文에서 보이는 오늘날과 다른 시후時候를 담고 있는 각 계절명에 대한
구체적인 고찰은 서정화, 「『춘추』왕력① - 송대 이후 春秋曆數의 改月・改時 논의에 대
한 소고」, 『동양고전연구』 67, 동양고전학회, 2017; 「『춘추』왕력② - 주대의 역법 일고
찰」, 『동양철학』 47, 한국동양철학회, 2017 참고.
67) 『太平寰宇記』 卷59, 「河北道」, <邢州>: 趙孝成王, 造檀臺有宮, 爲趙別都, 以朝諸侯, 故
曰信都.
68) 『史記』, 「趙世家」: (成侯)二十年, 魏獻榮椽, 因以爲檀臺. … … 武靈王元年, … 梁襄王與
太子嗣・韓宣王與太子倉, 來朝信宮. … (武靈王)十九年春正月, 大朝信宮.

궁을 건설한 군주를 기원전 3세기 중반에 활동했던 '조趙 효성왕孝成王'(재위 B.C. 265~B.C. 245)으로 수록한 『태평환우기』의 기록은 '조성후成侯'(재위 B.C. 374~B.C. 350)의 오기인 것으로 생각된다.

전국시대 조나라가 수도인 한단邯鄲 이외의 별도를 따로 조성해 신궁을 건설해서 '각종 국가적 의례 활동을 이행하는 장소'로 활용했던 경우처럼, 진시황이 함양咸陽에 건설한 궁전의 명칭을 신궁이라고 지은 것 역시 그와 같은 용도로 사용하고자 했던 것으로 볼 수 있다. 이후 극묘極廟로의 개칭에서, 그 이전 대 주로 집·거주지라는 의미로 사용된 '궁'이라는 표현 대신 '묘'자를 사용한 것은, 그러한 의도를 더욱 확고히 보여주는 것이다.

위 「진시황본기」의 기록에서처럼 시황제는 천하를 통일한 그 이듬해에 극묘인 신궁을 짓고 나서 다시 감천궁甘泉宮의 전전前殿을 지었다. 그가 계속해서 곧바로 또 다른 궁전을 지은 것은, 그 당시의 생각으로 그 전전은 정전으로서 치조로 이용하고 극묘는 조·근례朝覲禮 및 외국 사신들과의 빈례賓禮 (혹은 더 나아가 선조제사) 등의 의례 공간으로만 활용하겠다는 의도였다고 볼 수 있다.

▮ 한편, 진시황제는 극묘極廟와 감천궁甘泉宮을 건설하고부터 8년 후에(재위 35년/B.C. 212) 더욱 거대하고 화려한 궁전을 다시 지어 조궁[朝宮]으로 사용하고자 하였다. 그는 먼저 아방阿房에 거대한 전전前殿을 짓고 그곳에서부터 위수渭水를 건너 함양까지 닿는 복도復道 등을 만들기도 했지만, 끝내 황궁의 완성을 보지 못하고 사망했다. 그 때문에 궁전의 이름이 따로 없었는데 사람들은 그곳을 아방궁阿房宮이라 불렀다.[69] ▮

69) 『史記』, 「秦始皇本紀」: 三十五年 … 於是, 始皇以爲咸陽人多, 先王之宮廷小, … 乃營作朝宮渭南上林苑中. 先作前殿阿房, 東西五百步·南北五十丈, 上可以坐萬人·下可以建

5. 정리

지금까지 서주시대부터 진대까지의 종묘에 대한 고찰을 통해 그것의 기능과 역할에 대한 논의를 진행하였다.

먼저 갑골문과 금문에 표현된 조朝자와 묘廟자의 형상 분석을 통해 (종)묘의 형성 시기를 추론해 보았다. 지금까지의 자료를 토대로 본다면 '廟(묘)'자가 처음 출현한 것은 서주시기의 금문에서부터이다. 묘의 조자造字 과정에서 그것보다 훨씬 오래전부터 사용되어 온 '朝(조)'자가 활용되었는데, 갑골문에서 금문으로 이행되는 어느 시기에 朝(조)자 형태의 변형이 생기게 된 것은 바로 그 과정에서 비롯된 것이다.

종묘가 군신 간에 이행하는 '朝(조) 의례'가 주로 이루어지는 곳이라는 점에서 '廟(묘)'의 조자造字 과정에서 '朝(조)'자가 활용되었다. 朝(조)자의 형태는, '이른 아침'이라는 그것의 원래 의미를 표현하기 위해 덧붙여진 갑골문 상에서의 '초승달[月] 모양'이, 주대의 금문에서는 廟(묘)자의 그 부분과 동일한 모양인 '개울물의 형상'으로 변형된 모습을 보이고 있다. 아울러 廟(묘)자에 포함된 '月(월)'의 개울물 형태는 고대 대형 건축물의 특정한 모습을 반영한 것이라고 생각되는데, 주대의 궁묘유적지는 물론 그 이전 대의 대형 건축물 유적지에서 담장 아래로 관통해서 흐르는 배수도를 발견할 수 있다.

건축물 유적지에 대한 자료를 통해서 본다면, 주대의 가장 일반적인 건축 형식은 당상분리식堂廂分離式이라고 한다. 그것은 중심건

五丈旗. … 爲復道, 自阿房渡渭, 屬之咸陽, 以象天極閣道絶漢抵營室也. 阿房宮未成. 成, 欲更擇令名名之. 作宮阿房, 故天下謂之阿房宮.

물과 그 아래 좌우로 배치된 별관건물인 동상東廂과 서상西廂으로 구성되어 '品(품)'자의 형태를 보이는 구조이다. 남쪽으로 나 있는 대문에는 담장에 연해서 문숙門塾이 배치되어 있으며, 대문과 중심 건물 사이 두 줄의 작은 길인 당도堂途와 그 주위의 정庭[앞뜰]과 위位 등이 잘 표현되어 있다. 송대에 만들어진 종묘도와 비교했을 때, 동상·서상의 형태를 제외하고 대부분 모두 흡사한 구조를 보인다. 종묘도에서는 유적지에서의 品(품)자형 건축군 형태와 다르게 하나의 묘당廟堂 위 좌우 양 끝의 일정한 구획으로 동상과 서상이 표시되어 있다. 종묘도가 예서와 주석서들을 참고하고 추정해서 작성된 일종의 상상도에 가깝다는 점에서, 유적지 조사에 의해 논의된 연구 결과를 간과할 수는 없을 것이다.

서주시기의 궁묘유적지宮廟遺跡地로는 대표적으로 섬서성 부풍현의 운당雲塘과 제진齊鎭을 들 수 있으며, 춘추시기에는 봉상鳳翔 옹성雍城의 마가장馬家莊 1호와 마가장 3호 유적지를 논할 수 있다. 제진촌의 유적지를 제외하고 모두가 위에서 언급한 品(품)자의 형태를 보이는 건축군들로 구성되어 있다. 한편 마가장 3호 유적지의 경우는 다른 것들과 큰 차이점을 보이고 있다. 남북으로 길게 자리 잡은 터에 다섯 부분의 담장으로 구획된 형태를 하고 있는데, 그것들은 두 조의 品(품)자 모양 건축군의 모습을 하고 있다. 북쪽 1번·2번 구획의 한 조는 연조燕朝나 가족들의 주거 영역으로 보이며, 나머지 구획의 한 조는 치조治朝 영역으로, 이곳이 바로 실질적인 종묘가 될 것이다.

위의 여러 유적지들의 경우에서처럼, 이웃하고 있는 가까운 거리에 한 조 이상의 대형 건축군들이 존재하는 것은, 그것이 당시 통치자들이 하나 이상의 묘를 소유할 수 있는 규정에 의한 것이었다고 생각한다. 통치자의 거주 공간인 (종)묘를 경우에 따라서 각각의 세대마다 따로 소유하고, 선군의 사망 후에는 그의 묘를 그대로 보존시켜서 주로 묘주廟主의 제사 의례를 이행하는 장소로 활용한 것이다. 이렇듯 선진시기에 있어서 한 조 이상의 종묘를 소유할 수는 있었어도 예서에서 표현하고 있는 '천자는 7묘 제후는 5묘 …' 등의 소유 묘수廟數가 규정대로 지켜져 왔는지는, 아직 그에 관한 뚜렷한 자료가 있다고 볼 수 없겠지만, 회의적이라 판단한다. 아울러 묘의 배열에 있어서 태조 묘를 중심으로 소·목의 나란한 정렬은, 주대의 궁묘유적지에서는 찾아볼 수 없다. 이러한 동소東昭·서목西穆이라는 종묘 배치에 관한 언급들은, 실상 주대에 신분에 따른 다수의 묘를 소유할 수 있었던 사실과, 족인族人들의 소·목昭穆에 따른 분류 제도라는 두 가지가 전국시대의 혼란기를 거치는 동안 구전되는 과정에서 혼합된 것은 아닌가 생각한다.

묘에 '종宗'자가 부가된 것은 종묘가 '선군에 대한 제사 의례를 이행할 수 있는 자격을 갖춘 자의 묘'를 의미하기 때문이다. 그렇지만 선군에 대한 제례 의식은 종묘에서 이행되는 수많은 의례들 중의 하나일 뿐이다. 주대의 종묘는 군주의 치조治朝 공간으로서, 군주가 이행하는 각종 종교적·정치적·외교적인 대부분의 의례가 이행되던 곳이었다. 이러한 종묘의 '군주가 청정聽政하는 장소'인 치조로서의 기능에 대해 몇몇 문헌적 사례를 통해 확인하였다. 문헌적 사례를 통한 보다 더 상세하고 구체적인 논의의 과정으로서, 古典에 기록된 내용을 중심으로 주대 종묘의 쓰임과 그것의 본질적인 의미에 대해 다음 장에서 논의를 이어갈 것이다.

진왕 정秦王政은 천하통일을 이룬 직후에 곧바로 갖가지 의례를 이행할 수 있는 장소로 사용하고자 극묘極廟를 조성하였다. 진대를 지나 한대 이후에는 제사 의례와 정치·외교 의례의 분리가 본격적으로 진행되면서, 그 이전까지 여러 기능을 수행하였던 '종묘'라고 하는 '선조로부터 종宗의 자격을 물려받은 통치자의 집'은, 선군의 제사 의례를 이행하는 장소의 명칭으로만 부르게 되었다. 아울러 제사 의례 이외의 정치적·외교적 기능 및 여타 거주공간으로서의 '집'에는 진시황제 이후 '(황)궁'이라는 새로운 명칭이 부여되었다.

<부록>

廟(묘)와 殿(전)

(종)묘廟와 전殿에 대해 왕궁을 가지고 비유한다면, '전'은 그 왕궁 내 각각의 전각들이고, '묘'는 왕궁과 같은 전체의 통칭이다.

'전'이란, 일명 '규모가 큰 당堂'[大堂]을 의미한다. 진시황은 천하통일을 이룬 직후인 진왕 정秦王政 27년(B.C. 220) 감천궁甘泉宮에 정전[前殿]을 짓기 시작하였다. 그때 궁 안의 건축물에 처음으로 '전殿'의 명칭을 사용하였다고 한다. 그 후 황궁 내 여러 건축물에 '전殿'자를 붙인 이름들이 부여되었다.[70]

지금과 유사한 형태를 갖춘 '殿(전)'자의 모습은 전국시대 말에서 진시황 시대 사이의 것으로 추정되는 수호지 진묘睡虎地秦墓 죽간본에서부터 볼 수 있으며, 『설문해자說文解字』의 소전체小篆體에서는 보다 더 명확한 형태를 확인할 수 있다. 그 이전의 갑골문과 주대의 금문에서는 그것을 아직 찾아볼 수 없다. 가장 이른 시기로 전국시대 초 증후을묘曾侯乙墓 초간楚簡[楚나라 죽간본]에서 그 원형을 찾아볼 수 있기는 하지만, 그 형태는 이후의 글자들과 많이 다른 모습이다.[71] 이것은 '殿(전)'자의 출현시기가 주초周初에도 나타나

70) 『史記』, 「秦始皇本紀」: 二十七年, … 作甘泉前殿.; 『初學記』 卷24, 「居處部」, <殿> 第4: 蒼頡篇曰, '殿, 大堂也.' 商周以前, 其名不載. 按, 『史記』「秦始皇本紀」, 始曰作前殿. … 『漢書』則, 有甘泉·函德·鳳皇·明光·皋門·麒麟·白虎·金華諸殿. … 歷代殿名, 或沿或革, 惟魏之太極, 自晉以降, 正殿皆名之.
71) 시대적인 한자 고체古體의 구체적인 모습은 漢典(한전) 및 中華博物(중화박물)/漢語字典

는 '廟(묘)'자와는 상당한 격차가 존재함을 말하는 것이기도 하다.

'전'의 의미와 그것이 궁전의 건축물 명칭에 부가된 것에 대해서는, 아래의 『초학기初學記』에서 간략하게나마 확인할 수 있다.

(진시황제의 재상 이사李斯가 지었다고 하는)『창힐편倉頡篇』에서 "전殿은 대당大堂이다."라고 하였는데, 상·주商周 시대 이전에는 그 명칭이 기재되지 않았었다. 생각해 보니, 『사기史記』「진시황본기」에서 처음으로 '전전前殿'이란 표현이 시작되었다. … 『한서漢書』의 기록에는 감천甘泉·함덕函德·봉황鳳凰·명광明光·고문皐門·기린麒麟·백호白虎·금화金華 등등의 여러 '전殿'들이 있다. … 역대 전의 명칭은 잘 이어지기도 하고 혹 바뀌기도 하였는데, (위진시대의) 위魏나라만 '태극전太極殿'이었고, 진晉나라 이후로는 모두 '정전正殿'으로 명명하였다.72)

이상을 근거로 본다면, 전은 한마디로 당堂과 같은 것이다. 여기에서의 당이란, 그 안에 실室과 방房 등의 세밀한 구획들을 갖추고 있는 고대高臺의 구조물이다. 부속 건물들을 포함한 주대의 묘廟라는 건축군은 본당本堂을 그 중심 건물로 삼았는데, 앞에서 논의하였듯이 그 구조는 동당東堂과 서당西堂을 포함한 '品(품)'자 형태를 갖추고 있다. 그러나 당시에는 그 각각의 당에 별도의 개별적인 이름[堂號]을 부여하였다는 기록은 없다.

한편 조선시대 왕실 사당으로 기능했던 종묘의 건축물들을 볼 경우, 정전正殿 영녕전永寧殿 등과 같은 '전'의 명칭을 사용하고 있다. 진시황 이후 통치자의 궁전 내부 건축물들의 이름에 부가하여

書法字典(한어자전 서법자전) 등에서 참고.

72) 徐堅(唐), 『初學記』 卷24, 「居處部」, <殿> 第4: 蒼頡篇曰, '殿, 大堂也.' 商周以前, 其名不載. 按, 『史記』「秦始皇本紀」, 始曰作前殿. … 『漢書』則, 有甘泉·函德·鳳皇·明光·皐門·麒麟·白虎·金華諸殿. … 歷代殿名, 或沿或革, 惟魏之太極, 自晉以降, 正殿皆名之.

사용할 수 있었던 그것을 조선시대 '선왕들의 신주를 모셔둔 종묘' 내부의 건축물 이름에 붙인 이유는, 살아 있는 군주의 그것을 선군先君을 위한 공간에도 동일하게 부여하고자 한 의도에서였다. 그것은 유교의 제례 사상에 소위 '살아계신 분처럼 섬긴다.'라는 기본 정신이 담겨 있기 때문이다. 아래는 그에 관한 기록들이다.

①『논어』: 제사는 '살아계신 듯이' 하니, 신神을 제사함은 마치 (신이 앞에) 계신 듯이 한다. 공자는 "내가 함께 제사지내지 않음은 제사하지 않은 것과 같다."라고 하였다.73)

②『예기』: 세상 사람들로 하여금 재명성복齊明盛服하여 제사를 받들게 하니, 한없이 넓은 바다처럼 그 위에 계시는 듯하고, 그 좌우에 계시는 듯하네.74)

③『송자대전』: 제사 때에는 반드시 선현先賢들에게 몸소 가서 헌례獻禮를 하셨고, '(살아) 계신 것과 같은 정성'을 지극히 다하셨다.75)

④『상변통고』: '故(고)'는 … '고인古人'·'전인前人' 등을 이르는 것일 뿐, … 효자가 '(살아) 계신 것과 같은 정성'을 지극히 다하는데, 차마 돌아가셔서 사라진 것으로 칭호를 삼았겠는가?76)

위와 같이 유교에서 '(신이나) 선조 섬기기를 살아계신 분을 대하듯이 함'을 강조하고 있는데, 선왕의 영좌가 안치된 건물에 왕궁 내의 건축물 명칭을 그대로 사용하는 것은 바로 그러한 취지에서

---

73)『論語』, 「八佾」: 祭'如在', 祭神如神在. 子曰, "吾不與祭, 如不祭."
74)『禮記』, 「中庸」: 使天下之人齊明盛服, 以承祭祀, 洋洋乎如在其上, 如在其左右.
75)『宋子大全』卷168, 「江原監司李公神道碑銘」, <碑>: 祭時必躬往獻賢, 以致'如在之誠'.
76)『常變通攷』卷29, 「家禮考疑」上, <通禮/祠堂>: 故, … 猶曰古人·前人云耳. … 孝子, 致 '如在之誠', 而忍以亡沒爲稱哉.

인 것이다.

한편, 주대의 종묘가 띠풀 지붕[茅屋(모옥)·茅蓋(모개)]으로 만들어졌던 것을 근거하여 종묘를 아주 소박하게 지을 것을 강조하기도 한다.

> (『춘추』 경문經文에 기록된) '하夏 4월 송나라로부터 고대정郜大鼎을 취하여 무신戊申 일에 태묘에 들여놓은 일'은 예禮가 아니다. 장애백臧哀伯이 간하면서 말하길, "… 그 때문에 '(주나라 문왕의 덕을 상징하는) 청묘淸廟'77)가 띠풀 지붕[茅屋]이었던 것이니, … (그것은) 그 검소함을 분명히 밝힌 것입니다." 라고 하였다.78)

주초周初의 상황을 말하는 위와 같은 내용은, 실상 당시 건축 기술의 한계 내지 그것의 용도 때문이었을 뿐이지, 특별히 (왕의) 종묘만을 소박하게 지으려 의도했던 것은 아니다. 당시로서는 지면 위로 고대高臺의 당을 올리고 튼튼한 담장을 두르는 것 자체가 지배계층의 건축물이 되기에 충분했다.

기능면에서 전殿은 당堂과 동의어라 할 수 있지만, 그 두 가지가 다른 것은 그것을 사용하는 사람의 신분 고하에 의해 전과 당으로 구분한 것일 뿐이다.79) 그리고 이러한 명칭의 구분은 주왕조의 시대가 지난 이후의 일이다. 주나라 때에는 그것의 신분에 따른 구분은 따로 명시하지 않았으며, 대부분 당堂이나 혹은 대臺 정도로 명명하였다. 거기에 별도의 특정 이름을 부여하지도 않았으며, 아울러 위계가 가장 높은 이의 주 건축물에 부가되는 '전殿'이라는 것이 당시에 존재하였다고 여길 만한 기록 또한 없다.

---

77) 『詩經』, 「周頌」, <淸廟>.
78) 『春秋左傳』, 「桓公 2年」: '夏四月, 取郜大鼎于宋, 戊申, 納于大廟.' 非禮也. 臧哀伯諫曰, "… 是以 '淸廟茅屋, … 昭其儉也.'"
79) 따라서 건축제도상에서, 전殿과 당堂의 그 토대 규모는 다르게 규정된다. 신분에 따라 당의 규모를 달리한다는 것은 『주례』 「동관 고공기」에서 그 시원을 찾아볼 수 있다.

제3장

종묘에 대한 유교경전의
이해와 후대의 인식

본 장은 필자의 「周代 宗廟의 기능과 그 의미에 대한 儒敎經典의 이해」(『동서철학연구』 82, 한국동서철학회, 2016)의 논문 내용 및 「주대(周代)의 종묘 — 주대의 종묘에 대한 후론 (後論) 및 종묘 소유의 신분적 한계에 대한 고찰을 중심으로 —」(『동방문화와 사상』 3, 동 방문화대학원대학교 동양학연구소, 2017)의 일부 내용을 첨삭하고 보완·정리한 것이다.

본 장에서는 앞에서의 논의를 바탕으로 주대의 종묘가 군주의 통치 공간이었음을 전제하고서, 종묘를 말하고 있는 몇몇 선진시대 기록들에 대한 재해석을 시도해 보고자 한다. 그것들은 주대 종묘가 군주의 정전正殿이었다는 또 다른 증빙의 기록이 되는 동시에, 그에 대한 다른 각도의 해석 가능성을 열어줄 것이다.

1. 주대의 종법제도

종묘에 관한 논의를 진행하기에 앞서, 본 절에서는 종묘제도[1]의 형성과 관련된 주나라의 종법제도에 관해 서술하고자 한다.

고대 중국에서 시작된 이른바 '제사'라는 것은 일반인들은 감히 이행할 수 없었던 중요한 예禮 중에 하나였다. "예는 서인庶人에게 내려가지 않는다. [禮(예), 不下庶人(불하서인).] "라는 말은[2] 제사의

---

1) 선진시기의 종묘는 선군에 대한 제사 의례 등 예서禮書에 보이는 군주의 각종 의례가 이행되는 장소였으며, 이러한 (종)묘에서의 의례 행위들은 주대 고유의 예제 문화로 판단한다. 몇몇 의례의 묘사에 나타나는 (종)묘의 조계阼階・빈계賓階 등의 명칭과 그 형태는, 앞 장에서 논한 바와 같이 서주시대부터 나타나고 있는 당상분리식堂廂分離式 건축군 유적지에서 찾아볼 수 있는 것이다.(郭明, 「商周時期大型院落式建築比較研究」, 『考古與文物』, 2014(第5期), 49쪽 참고.)
2) 『禮記』, 「曲禮 上」; 『孔子家語』, 「五刑解」; 『白虎通義』 卷8, 「五刑」; 卷10, 「喪服」.

예는 물론이고 예 의식에 해당되는 모든 행위를 서인은 본인이 주체가 되어 주관할 수 없다는 의미이다.

> ▌'제사祭祀'는 '제祭'와 '사祀'가 각각 다른 의미를 지니고 있는 것이다. 조상에 대한 제사를 이행하는 장소로서의 사당祠堂 역시 그 '사祠'자의 의미는 어떤 특정한 제사를 뜻하는 것이었다. 이렇듯 제사를 의미하는 많은 표현들은 의례를 서술한 고대의 전적들 속에서부터 수없이 등장하는데, 그 가운데 '제祭'・'사祀'・'사祠'・'향享' 등에 관한 구체적인 의미 분석은 이후의 장에서 다시 언급할 것이다. ▌

이러한 고례古禮에서의 "禮(예), 不下庶人(불하서인)."은 그 뒤에 이어지는 "刑(형), 不上大夫(불상대부)."와 서로 대구가 되는 문장으로서, 고대의 예禮와 형刑의 적용 대상에 대해 논한 것이다. 자율적・이상적 법에 비유될 수 있는 예는, 귀족 및 지식인[士] 계층 이상부터 적용하여 국가와 사회의 지도자로서 예에 담긴 심오한 의미와 그 복잡한 절차를 모두 수용할 능력과 자격을 갖춘 이들에게 요구되는 것이다. 그와 반대로 타율적・강제적인 법에 비유될 수 있는 형은, 그러한 능력과 자격을 갖추지 못하고 사회적 책임감을 지닐 필요가 없는 서인庶人 이하부터 적용시킨 것이다.[3]

> ▌주나라 때의 서인庶人은 후대의 서민庶民이라고 불리는 일반적인 민초民草와는 다른 계층이다. 그렇지만

---

3) 『孔子家語』,「五刑解」: 孔子曰, … 凡所謂禮不下庶人者, 以庶人遽其事而不能充禮, 故不責之以備禮也.;『白虎通義』,「五刑」: 刑不上大夫何, 尊大夫. 禮不下庶人, 欲勉民使至於士. 故禮爲有知制, 刑爲無知設也.

그들은 서민과 유사한 점도 있다. 조선 사회의 경우를 예를 든다면, 양천제良賤制라는 법제적 틀 하에서는 서민들에게 국방의 의무는 물론, 기본적으로 과거시험에 응시할 수 있는 자격이 부여되었으므로 권리와 의무적인 측면에서 그들을 고대 중국의 서인과 전혀 다른 부류라고 단정하기 어렵다.

고대의 서인들은 그 조상이 귀족 계층이기도 했지만 그들 자신이 당대 피지배 계층이었음에는 조선시대의 서민과 다름이 없다. 아울러 조선 사회의 양천제 하에서의 서민은 자신의 노력 여하에 따라 관료가 될 수 있었다는 점에서 역시 고대의 서인과 다르지 않다.

그렇듯 조선이란 나라에서 국가에 대한 책무와 더불어 권리까지 누릴 수 있게 한 서민 계층에 대한 제도는, 후에 반상제班常制로 전환하기 이전까지 유교적 이상 국가 실현을 목표로 개국한 조선의 국가 이념이 사회제도적인 부분에서 잘 드러난 것이라고 할 수 있다.

원래 주나라 때부터 있어 왔던 '서庶'는 통치자의 후계자인 적適[嫡]을 제외한 그의 나머지 모든 자식들을 가리키는 것이었다. 따라서 조선시대의 '서민'을 보다 구체적으로 표현한다면, 그것은 서庶와 민民[民草]을 합한 것으로, 과거 귀족 계층 이하의 두 계층을 하나의 계층으로 묶어 평준화한 것이다.

법제적인 강력한 일부일처 제도를 취하였던 조선의 입장에서, 처 소생의 자녀들을 적嫡이라 통칭하고 그 외 다첩多妾 소생들의 서庶들에 대해서 사회적·국가적인 차등을 둘 수밖에 없었겠지만, 양천제라는 신분제도의 취지는 (노비의 존재를 제외하고) 왕 이하의 모든 양민들은 완전하지는 않지만 '원칙적'으로 권리와 의무의 평등을 전제하고 있는 것이다. 그 한 가지만으로도 14세기 조선의 개국은 제도적·문화적 측면에서 우리 역사에 큰 의미가 있는 것이다. ▌

주나라의 종법제도는 분봉제分封制에 따른 봉지封地 및 신분의 상속과 관련된 제도이다. 시조始祖를 계승하는 자가 종宗이 되는 것을 대종大宗이라고 하는데, 이 대종이 백대百代의 오랜 세월 동안 종宗이 되는 것이다.[4]

여기서 '시조'란, 손희단孫希旦(淸)이 『예기』「대전大傳」의 "王者(왕자), 禘其'祖'之所自出(체기조지소자출)."에 대한 집해集解에서, "(최초로) 그 '성姓'을 획득은 선조를 시조라고 한다."라고 하였는데,[5] 주周나라 천자를 포함하여 노魯·진晉·위衛 등과 같은 희성姬姓 제후들의 경우는 그 성을 처음 하사받은 후직后稷, 즉 희기姬棄[6]가 바로 그들 모두의 시조가 되는 것이다. 따라서 주나라 종법제도에서의 최고 정점의 대종은 천자가 된다.

천자의 지위는 그 적장자에 의해서 계승되며, 나머지 자식들에게는 토지를 분봉해서 제후로 삼는다. 제후들도 역시 천자의 경우처럼 모든 세대마다 그 적장자에 의해 계승되며, 나머지 자식들, 즉 별자別子[庶子]들에게는 토지를 분봉해서 (경)대부로 삼는다.

그런데 이 '별자別子'에 대한 언급은 고대의 삼례서三禮書 중 유일하게 『예기』에서만 언급되고 있다. 『예기』「대전」에 별자와 관련하여 다음과 같은 기록이 있다.

> 별자는 조祖가 되고, 그 별자를 계승한 이가 종宗이 되니, 아버지[禰(녜)]를 계승한 자는 소종小宗이 된다. 백대百代가 되어도 (그 신주를) 옮기지 않는 종이 있고, … 백대가 되어도 (그 신

---

4) 『白虎通義』卷8,「宗族」: 宗其爲始祖後者爲大宗, 此百世之所宗也.
5) 『禮記集解』卷34,「大傳」: 王者禘其祖之所自出, 以其祖配之. … [得姓之祖, 謂之始祖. 始封之君, 謂之大祖.]
6) 『史書』,「周本紀」: 帝舜曰, "棄, 黎民始饑, 爾后稷播時百穀." 封棄於邰, 號曰后稷, 別姓姬氏.;「三代世表」: 堯知其賢才, 立以爲大農, 姓之曰姬氏.

주를) 옮기지 않는 경우는 별자의 후사이다. 별자를 계승한 자
를 '종'으로 삼아 백대가 되어도 (그의 신주를) 옮기지 않는
것이다.[7]

이에 대한 하나의 예로 노나라의 주공周公(姬旦)과 백금伯禽(姬禽)
을 들 수 있다. 주공은 천자의 별자로서 노나라의 조祖가 되고 그
를 계승한 그의 장자 백금은 그 종宗으로 삼아 주공과 함께 백세불
천위百世不遷位의 초조로 섬겨졌다. 한편 위『예기』「대전」의 언급
에 대한 소疏[주해]에서 공영달孔穎達(唐)이 "별자는 제후의 서자를
말한다."[8]라고만 하였지만, 그 의미상 천자의 서자들 역시 별자가
된다.

제후의 별자에게는 대부의 작위와 함께 '가家'를 다스리도록 분
봉해 주는데, 그 가라는 영지가 존재하는 한 그는 (초)조로서 백세
토록 받들어진다.[9] 천자의 서자들 역시 제후로 봉해주었는데, 그
가 그 제후국의 (초)조가 되니 그 역시 백세불천자百世不遷者가 되는
것이다. 다만 서주시기 이후에는 분봉해 줄 영토가 더 이상 충분하
지 않았으므로 천자의 서자들을 계속해서 제후로 봉해줄 수 없었
다. 천자와 제후의 서자들에게 별도의 분봉 없이 왕실과 공실의 높
은 벼슬을 주고 경대부의 작위만을 하사할 경우 그 역시 원칙적으
로 별자로서의 초조가 되는 셈이다.

---

7) 『禮記』,「大傳」: 別子爲祖・繼別爲宗, 繼禰者爲小宗. 有百世不遷之宗, … 百世不遷者, 別
子之後也. 宗其繼別子者, 百世不遷者也. ※「상복소기」편에서도 별자에 대한 일부 동일
한 표현을 볼 수 있다.(「喪服小記」: 別子爲祖・繼別爲宗, 繼禰者爲小宗.)
8) 『禮記注疏』卷34,「大傳」: 百世不遷者, 別子之後也. …. [疏——別子, 謂諸侯之庶子也.]
9) 시조始祖와 초조初祖: 예서禮書에서 언급하는 시조는 그 족의 성씨가 처음 시작된 선
조를 말하고, 초조는 그 가문이 처음 시작된 선조를 말하는 것으로 제왕의 경우는
태조라고도 일컫는다. 조선 왕실을 예로 든다면, 나라를 세운 이성계가 초조인 것이고
그의 이李라는 성씨가 처음 시작된 선조가 시조가 된다.

대종·소종에 관련된 표현으로는, 선진시대의 문헌들 중에『주례』
「춘관 종백」의 대종백大宗伯·소종백小宗伯과『일주서逸周書』「상맥
해嘗麥解」의 대종·소종少宗과 같이 그것이 관직의 명칭으로 표현
되어 있기도 하고, 또 아래의『장자』「천도天道」편에서와 같이 성
왕聖王을 대본大本·대종大宗으로 칭송하여 대종을 천자의 종宗으로
표현하기도 한다.

> (성인으로서의 덕을 갖추었으나 통치 행위 없이) 고요하여
> '성인[聖]'이고, (성인으로서의 덕을 갖추고 통치 행위로) 움직
> 여서 '왕王'이다. (통치 행위를) 하는 것이 없어도 (지위가) 존
> 귀하고, 타고나기를 꾸밈이 없어도 천하에 그와 더불어 아름
> 다움을 다툴 수 있는 이 아무도 없다. 저기 (성왕聖王으로서)
> 천지의 덕德을 명백하게 밝혀서 알리는 자, 그를 대본大本·대
> 종大宗이라고 한다.10)

성왕聖王이란 제례制禮·작악作樂 할 수 있는 덕德을 지닌 지도자
를 말하는데, 제례·작악은 천자만이 할 수 있는 일이다.

한편『백호통의』「종족」편에서는 조祖를 존엄히 여기기 때문에
대종은 절대 끊어져서는 안 됨을 강조하고 있다.

> 소종은 끊어질 수 있지만, 대종은 '끊어져서는 안 된다.'[不
> 可絶(불가절)] 그러므로 자신의 친부親父를 놔두고 대종의 후사가
> 되는 일은, 조祖[초조 혹은 시조]를 존숭하는 것이고 대종을 끊기
> 지 않게 하는 것을 중요하게 여기는 것이다.11)

---

10)『莊子』,「天道」: 靜而聖·動而王, 無爲也而尊, 樸素而天下莫能與之爭美. 夫明白於天地
之德者, 此之謂大本大宗.
11)『白虎通義』,「宗族」: 小宗可以絶, 大宗不可絶. 故舍己之父, 往爲後於大宗, 所以尊祖, 重
不絶大宗也.

여기서 '不可絶(불가절)'해야 하는 대종의 조조는, 제후의 별자로부터 시작된 대부의 영지인 가家의 초조[제후의 別子]는 물론, 제후와 천자의 초조 역시 不可絶(불가절)해야 하는 대종의 조임에는 분명하다. 따라서 공영달이 위와 같이 『예기』「대전」소疏에서의 "별자는 제후의 서자를 말한다."라는 말에서 천자의 별자들에 대해 따로 언급하지 않았다 해도, 그 내용상 천자의 서자[別子]로서 제후로 봉해진 이는 당연히 그 제후국에서 '백세불천위百世不遷位의 초조가 되는 별자'의 범위에 속하는 것이다.

한편, 대종을 대부의 별자別子[庶子]로 보기도 한다. 가공언賈公彦(唐)은 『의례』「상복」편의 "대부가 종자宗子를 위하여, [大夫爲宗子(대부위종자)]"에 대한 설명에서 "대부가 비록 지위가 높지만, 종자를 내려 보지 않고 그를 위해 복상服喪 3개월을 한다."[12]라고 하여 종자를 대부의 아래 지위로 판단하고 있다. 가공언의 이러한 생각은 일명 「자하전子夏傳」이라고 하는 『의례』「상복전喪服傳」에서의 언급을 근거한 것으로 보인다. "大夫爲宗子(대부위종자)"의 말에 대해 「상복전」에서는 "어째서 재최齊衰 3개월 복[三月服]을 입을까? 대부는 '그' 종宗을 함부로 내리지 않기 때문이다."[13]라고 설명하고 있다.

여기서의 종자宗子를 「상복전」에서 과연 대부의 아래 지위로 본 것인가 하는 것은 사실상 가공언의 글만큼 명확해 보이지 않는다. 어쩌면 당대唐代의 사람 눈에 제후의 후계자[宗子]를 위한 동성同姓 대부의 3개월 복상이 너무 짧게 느껴졌는지도 모르겠다.

『백호통의』「주벌誅伐」편에 "서인이 적통을 빼앗고 서얼이 종

---

12) 『儀禮注疏』 卷11, 「喪服」 第11: 大夫爲宗子[疏——大夫雖尊, 不降宗子, 爲之三月.]
13) 『儀禮』, 「喪服傳」: 何以服齊衰三月也. 大夫不敢降其宗也.

통을 빼앗는 것은 그 지위를 탈취함을 표현하고자 한 것이다."14)
라는 말이 있다. 「종족宗族」 편에도 다음과 같은 글이 있다.

제후가 종을 빼앗는다 함은 (초조를) 존숭하는 것을 당연히
해야 함을 밝힌 것이다. 대부는 종을 빼앗을 수 없음은 어째서
인가? 말하자면, 제후는 대대로 자손들을 전해 내려오게 하기
때문에 종을 빼앗는 것이고, 대부는 자손들을 전해 내려오게
하지 않기 때문에 종이 되지 않는다.15)

이는 즉 하나의 독립된 나라인 제후국에서의 (종宗으로서의) 후
계자는 반드시 존재해야 하는 것이지만, 그 제후국 안에 소속된 영
지에 불과한 가家의 경우는 반드시 '그'가 아니라도 다른 이나 다른
족族으로 대체할 수 있다는 의미를 담고 있는 말이다. 『한서漢書』
「양호주매운전楊胡朱梅云傳」에서도 다음과 같은 표현이 있다.

제후는 종을 빼앗고,[諸侯奪宗(제후탈종)] 성인聖人인 서인庶人은
적통嫡統을 빼앗는 것이니,[聖庶奪適(성서탈적)] … 지금 중니仲尼
(孔子)의 묘廟가 이 작은 마을을 벗어나지 못하고 있고, 공씨孔氏
(孔子)의 자손들이 지게문이나 엮고 있는 형편을 면치 못하고
있으니, 성인이 되신 분으로서 필부의 제사를 흠향하고 계신
것은 하늘의 뜻이 아닙니다. 이제라도 폐하께서 진실로 중니
의 소공素功에 의거하여 그의 자손들을 봉해주실 수 있다면,
국가에서는 반드시 그 복을 얻을 것이고 폐하의 명성 또한 하
늘과 같이 끝이 없을 것인데, 어떻습니까?16)

---

14) 『白虎通義』卷4, 「誅伐」: 欲言庶奪嫡, 孽奪宗, 引奪取其位.
15) 『白虎通義』卷8, 「宗族」: 諸侯奪宗, 明尊者宜之. 大夫不得奪宗何. 曰, 諸侯世世傳子孫,
故奪宗, 大夫不傳子孫, 故不宗也.
16) 『漢書』, 「楊胡朱梅云傳」: 諸侯奪宗, 聖庶奪適. … 今仲尼之廟不出闕里, 孔氏子孫不免編
戶, 以聖人而歆匹夫之祀, 非皇天之意也. 今陛下誠能據仲尼之素功, 以封其子孫, 則國家
必獲其福, 又陛下之名與天亡極, 何者.

▌사실상 위의 말을 언급한 이의 의도는, 바로 공자 가문에서 '성서탈적聖庶奪適'의 마땅함을 강조하기 위한 것이었다. 공자 자신은 비록 그 가문의 적장자가 아니지만, 그의 공적으로 본다면 공자의 선조로부터 내려온 종의 자격이 공자를 거쳐 그의 후손에게 내려가야 함을 주장한 것이다. ▌

위 글에서의 '제후탈종諸侯奪宗'은, 제후의 후사가 된 자는 그가 비록 적장자가 아니라 해도 제후가 된 이상 (초조에 대한) 종이 됨을 논한 것이다.

이상의 내용들을 정리한다면 다음과 같다. 천자의 서자로서 제후로 봉해진 이의 후사들은 천자에 대해서는 소종小宗이 되면서 그 제후국 안의 동성의 대부들에게는 대종大宗이 된다. 제후의 서자로서 대부가 된 이의 후사들은 자신들이 다스리는 '가家'의 영토 내에서는 대종이 되지만 제후에게 있어서는 상대적으로 소종이 된다. 한편, 천자와 이족異族으로서 제후에 봉해진 경우 그 제후는 천자와 상관없이 절대적인 대종이 되며, 제후와 이족이 되는 대부 역시 그러하다.

대부의 서자들인 경우 대부를 보좌하는 가신家臣으로 삼기도 한다. 이 경우의 가신은 신분 상속이 되지 않는 사士 계급에 속하며, 그나마 아무런 관료가 되지 못한 경우는 서인庶人의 신분이 되는 것이다.

한편, 여기서 말하는 대종·소종에서의 '宗(종)'은 '示(시)'와 '宀(면)'의 결합어로, 자의적字義的으로 보면 망자[示]를 섬기는 집[宀]을 의미한다. 결국 종묘宗廟란 '선조의 위패를 모신 장소로서의 묘廟'라는 의미가 된다.

▌『설문해자說文解字』에서 '示(시)'는 '하늘이 어떠한 象상을 드리워서 인간에게 길흉을 보여주는' 것으로 표현되고 있다.17) 한편 『주례』 「춘관 종백」에는 "대종백의 직분은 방국邦國의 천신天神·인귀人鬼·지시地示의 제례를 일으키는 일을 관장하여, 왕이 방국을 세우고 보전하는 일을 돕는다.18)"라는 글이 있다. 여기서 '示(시)'가 地(지)와 결합되어 '땅의 신'의 의미로 사용되고 있다.

'宗(종)'의 경우는 움집[宀] 안의 示(시)가 되므로 인귀人鬼에 가까운 표현이다. 示(시)는 이처럼 천신·지기·인귀 등 대부분의 신들에 함께 혼용된다. 따라서 필자는 종자에 대한 해석을 '(특히 군주였던) 인귀'인 망자를 섬기는 장소로 유추 해석하였다.

종宗에 대해 『설문해자』에서는 "조를 존숭하는 묘이다. [尊祖廟也(존조묘야)]"라고 하였고, 『백호통의』에서는 "종은 존숭함을 갖추니, 선조의 신주神主 때문이다. [宗有尊也(종유존야), 爲先祖主也(위선조주야).]"라고 하였다. 그것들 모두 종묘가 '선조에 대한 제사가 이행되는 묘廟'임을 나타낸다. 주나라 종법제도하에서 그러한 행위를 할 수 있는 권한은 선군의 지위를 물려받은 군주에게 있다. ▌

다음은 『논어』 및 『순자』·『예기』 등 선진시대에 성서成書되었거나 논의되어진 기록물들 중 종묘 관련 사례들을 중심으로, 주대 종묘의 본질적 기능과 그 역할에 관해 논하겠다. 아울러 그와 같은 주대 종묘의 본질적 기능에 근거하여, 몇몇 단어 및 구절에 대해 기존과 다른 각도의 해석을 시도할 것이다.

---

17) 『說文解字』卷2, 「示部」: 天垂象, 見吉凶, 所以'示'人也.
18) 『周禮』, 「春官宗伯」: 大宗伯之職, 掌建邦之天神·人鬼·地示之禮, 以佐王建保邦國.

2. 고전에서의 종묘 용례 분석

1) 『논어』

『논어』「향당鄕黨」편에는 종묘·조정에 있을 때에 지녀야 하는 태도에 대해, 향당에 있을 때의 태도와 대비해서, 양측에 있어서의 공자의 분변적 언행에 관해 묘사한 내용이 있다.

> 공자는 향당鄕黨의 의례에 참예할 때에는 아주 조심스러워 하는 듯이[恂恂如] 해서 마치 언변에 능하지 못하는 사람처럼 행동하였다. 그가 종묘宗廟·조정朝廷에 있을 때에는 명석한 판단으로 능변能辯[便便言]하였고, 다만 함부로 말하지 않았을 뿐이었다.19)

향당이란 고대 중소규모 단위의 도시를 말한다.20) 향당에서의 공자의 태도가 '아주 조심스러워 하는 듯이'[恂恂如] 하는 것은, 『맹자』의 "鄕黨莫如齒(향당막여치)"라는 표현에서 알 수 있듯, 장유長幼 사이에서 지녀야 하는 겸손한 태도인 것으로 보인다. 한편 그것은 종묘·조정에서의 '便便言(편편언)'한 태도와 대비된다. 양백준楊伯峻은 '便便言(편편언)'을 '할 말을 명백하고 유창하게 내뱉는 것'이

---

19) 『論語』, 「鄕黨」: 孔子於鄕黨, 恂恂如也, 似不能言者. 其在宗廟朝廷, 便便言, 唯謹爾.

20) 향鄕은 12,500가호, 당黨은 500가호 규모의 국도와 구별되는 고대 중소도시를 말한다. 특히 향은 한나라 이후 군현급 이하의 관원인 색부嗇夫가 따로 다스렸다.(『周禮注疏』 卷10, 「地官司徒」, <大司徒之職>: 五州爲鄕, 使之相賓. [注── … 萬二千五百家.]; 『周禮注疏』 卷12, 「地官司徒」, <黨正>: 各掌其黨之政令敎治. [注──鄭司農云, 五百家爲黨]; 『說文解字』, 卷7, 『䢔部』, <䢔[鄕]>: 國離邑, 民所封鄕也. 嗇夫別治. 封圻之內六鄕, 六鄕治之. 從䢔皀聲.; 『漢書』 卷19上, 「百官公卿表」: 鄕有三老, 有秩嗇夫游徼, 三老掌敎化, 嗇夫職聽訟·收賦稅.; 『晉書』 卷24, 「志」 第14, <職官>: 鄕置嗇夫一人.; 『宋書』 卷40, 「志」 第30, <百官> 下: 鄕有鄕佐·三老·有秩·嗇夫·游徼各一人, … 嗇夫主爭訟.)

라고 설명하고 있다.21) 주자의 경우는 '便便(편편)'을 '辯(변)'의 뜻이라고 해석하였다.22) 이 '辯(변)'자의 의미에 대해 『강희자전』에서는 다음과 같이 설명한다.

　　辯(변)은 辨(변)과 같다. 『설문해자』에서는 판결[判]이라고 하였고, 『광운』에서는 분별[別]이라고 하였다. 『주역』 「리괘履卦」의 "군자는 상하를 분별[辯]하여 백성의 마음을 안정시킨다. [君子以辯上下(군자이변상하), 定民志(정민지).] "라는 말에서의 '辯(변)'은 또한 '속속들이 보살펴 줌'[詳審]인 것이고, 『주례』 「천관」의 "왕이 국도를 세움에 바른 자리를 분별[辯]하여 방정하게 만든다. [惟王建國(유왕건국), 辯方正位(변방정위).] "라는 말에서의 '辯(변)'은 또한 '모든 것을 분명하게 앎'[明悉]인 것이다.23)

　'便便(편편)'과 '便便言(편편언)'에 대한 위와 같은 설명들은 모두 그것을 사당에서가 아닌 정무를 볼 때의 태도로 보이게 한다.

　앞에서 서술한 『논어』 「향당」 편에서의 종묘·조정과 향당에서의 태도에 대해 표현된 바와 같이, 공자는 종묘와 조정이라는 별개의 공간이라고 생각되는 장소에서 동일한 태도를 지녀야 함을 보여주고 있다. 즉, 종묘에서의 언행을 대소신료들이 정무에 대해 거침없이 논쟁을 벌이는 조정에서의 언행과 동일한 범주에 넣고 있는 것이다. 이를 근거로 본다면 여기서의 종묘와 조정을 하나의 장소라고 판단해도 좋을 것이다.

　주자는 위 내용에 대한 『집주集註』에서 '종묘'를 '예법禮法이 존재하는 장소'로, '조정'을 '정사政事가 나오는 장소'로 구분하여 설

---

21) 楊伯峻, 『論語譯注』, 中華書局, 1980, 97쪽 참조.
22) 『論語集註』 卷5, 「鄕黨」: 便便, 辯也. ※ 주자의 해석은 그가 『이아』 「석훈釋訓」의 말을 참고하여 말한 것으로 보인다.(『爾雅』, 「釋訓」: 諸諸便便, 辯也.)
23) 『康熙字典』, 「辛部」, <辯>.

명하였다.24) 예법이란 각종 의례 및 제사의 법칙 등을 말하는 것이다. 그러나 신에게 혹은 조상에게 제사를 올리거나 여타 경건한 의례를 이행하는 장소에서의 언행과 군신 간에 정무를 논의하는 장소에서의 언행이 동일하게 표현된 것은 쉽사리 납득하기 어려운 일인데, 주자는 그에 대한 설명은 따로 하지 않고 있다.

'조정朝廷'이란 글자 그대로 '조朝 의례를 이행하는 정廷'을 말하는데, '정'은 궁중의 뜰[庭]을 일컫는 것이다. 『설문해자』에서는 廷(정)을 '조의 중앙'[朝中, 朝의 내부]이라고 하고, 庭(정)을 '궁의 중앙'[宮中, 宮의 내부]이라고 설명한다. 『석명』에서는 廷(정)을 '정지해서 머물러 있는 곳'[停]으로, 사람들이 모여 드는 장소라고 설명하고 있다.25)

廷(정)과 庭(정)의 형성은 廷(정)이 먼저 있었다. 廷(정)은 庭(정)의 초기 문자이다. 『시경詩經』에 "그대는 廷內(정내[안뜰])를 지녔건만, 물 뿌리고 쓸지를 않네."라는 시구가 있다.26) 여기서 廷(정)은 庭(정[뜰])의 의미로 쓰인 것이다. 한편 『주역』「쾌괘夬卦」의 괘사에는 "왕정에서 드날린다.[揚于王庭(양우왕정)]"라는 말이 있다. 여기서 '왕정王庭'이란 '군위君位의 앞'을 말하는 것으로, 왕의 조정을 의미한다.27)

▌위에서 '왕정王庭'을 '군위君位의 앞'이라고 표현하고 있지만, 전국시대 7웅의 제후국들이 제각각 자신을 '왕王'이라 부르겠다고 선언하고 나서기 이전에는, 왕은

---

24) 『論語集註』卷5,「鄕黨」: 宗朝, 禮法之所在. 朝廷, 政事之所出.
25) 『說文解字』,「廴部」: 廷, 朝中也.;「广部」: 庭, 宮中也.;『釋名』,「釋宮室」: 廷, 停也, 人所集之處也.
26) 『詩經』,「唐風」, <山有樞>: 子有廷內, 弗洒弗掃.
27) 『周易傳義大全』,「夬」: 揚于王庭, 孚號有厲. [○進齋徐氏曰, … 王庭, 君位之前.]

주나라 천자를 일컫던 말이었다. 『주역』 괘·효사는 전
국시대 이전부터 존재해 왔던 것이므로 앞에서 진재 서
씨進齋徐氏가 왕정에 대해 표현한 '군위의 앞'이라는 말
은 '왕위王位의 앞' 혹은 '천자天子의 조정'이라는 표현
이 더 명확한 의미 전달이 될 것으로 보인다. ▌

유향의 『설원』에는 "나라에서 녹을 받아 庭(정)에서 뜻을 세운
다."라는 글귀가 있다.[28] 이 역시 庭(정)을 조정의 의미로 쓴 것이
다. 이렇듯 廷(정)과 庭(정)은 서로 통용해서 사용되었다.

예서의 종묘도를 보면 묘문 안에 넓은 마당인 庭(정)이 표현되어
있는데, 종묘와 조정은 따로 분리된 별개의 장소가 아니라 종묘라
는 하나의 울타리 안에 있는 정庭[廷]이라는 공간을 말하는 것이다.

▌이 책에서는 '종묘'와 '조정'을 다음과 같이 정의한
다. (종)묘는 하나의 울타리 내에 있는 건축군 전체를
말하는 것으로, 그 안의 당堂과 실室·방房, 동상東廂·
서상西廂, 동서東序·서서西序, 그리고 당 아래 실외의
정庭[廷]과 위位, 묘문에 딸린 문숙門塾 등등의 갖가지
기능을 갖춘 세세한 곳들을 모두 아우른 것이다. 조정朝
廷이란 '조朝 의례를 행하는 정廷'의 의미로, 종묘의 울
타리 안에 있는 庭(정)을 말한다. 이는 묘문廟門과 묘당
廟堂 사이에 있는 넓은 뜰로서, 수많은 이들이 조 의례를
행할 때 정에서 이행할 수 있었다. 정에는 좌우 양쪽으
로 '위位'라는 장소가 있는데, 이곳은 조 의례에서 각각
의 참례자들의 지위에 맞게 자리 잡는 곳이 된다.[29] ▌

---

28) 『說苑』, 「立節」: 有祿於國, 立義於庭.
29) 『爾雅注疏』 卷4, 「釋宮」 第5: 中庭之左右, 謂之位. [注──羣臣之側位也.] [疏──云'中
庭之左右謂之位'者, 左右猶東西也. 位, 羣臣之列位也.]; 『禮記注疏』, 卷20, 「文王世子」:
其在宗廟之中, 則如外朝之位. [疏──云'其在宗廟之中, 則如外朝之位'也, 言立位, 所在
如外朝之位也.] ※ 고대 종묘의 평면도에 관한 예서에서의 추상 도면은, 金長生의 『家
禮輯覽圖說』 '寢廟辨名圖' 혹은 戴震(淸)의 『考工記圖』(下) '宗廟' 참고. ※ 종묘로 추정

따라서 위「향당」편의 "종묘·조정"이란 '종묘 안에 조조朝 의례를 이행할 수 있는 장소인 정정廷[뜰·庭]'을 말하는 것이며, 그것의 의미는 종묘'와' 조정이 아닌 종묘'의' 조정이 되는 것이다.「선진先進」편에는 종묘의 기능과 관련된 것으로 보이는 다음과 같은 글이 있다.

> 공서적公西赤이 대답하여 말하길, "'회會'와 '동同'의 의례와 같은 '종묘에서의 일'[宗廟之事]에 예복禮服과 예관禮冠을 단정히 착용하고서,[端章甫] 원컨대 그곳에서 '섬세하고 상세히 살펴보는 일'[小相]을[30] 하였으면 합니다." … 공자가 말하였다. "종묘의 회·동을 제후가 아니고서 어찌 하겠는가?"[31]

> ▍'端章甫(단장보)'에 대해 주자는 '端(단)'은 현단복玄端服이고, '章甫(장보)'는 예관禮冠이라고 설명하고 있다.[32] 한편, 위 문장의 구성상 단端을 동사로 보아서 "장보章甫를 단정히 착용하고서"라는 해석도 가능할 것이라 생각한다. 단이 예복의 일종이라는 것은 대개 위「선진」편의 예문을 들어 설명하지만, 일반적으로 그것은 直(직)이나 正(정)의 의미로 사용되어 왔다.[33] ▍

위의 '종묘에서의 일'[宗廟之事]에 대해 주자는 '제사'로 해석하고

되는 주대周代의 당상분리식堂廂分離式 궁묘유적지宮廟遺跡地에서도 '정정庭'은 물론 예서들에서 표현된 대부분의 지점들을 확인할 수 있다. 당시의 유적지와 후대에 작성된 종묘도에 관한 것은 앞 장에서 논하였다.
30) 『說文解字』,「目部」: 相, 省視也.
31) 『論語』,「先進」: (公西赤)對曰, "… 宗廟之事, 如會同, 端章甫, 願爲小相焉." … (孔子曰,) "宗廟會同, 非諸侯而何."
32) 『論語集註』 卷6: 端, 玄端服. 章甫, 禮冠.
33) 『說文解字』 卷11,「立部」: 端, 直也.; 『荀子』,「成相」: 水至平, 端不傾, 心術如此象聖人.; 『韓非子』,「解老」: 行端直則思慮熟, … 行端直則無禍害.; 『新書』 卷5,「保傅」: 於是皆選天下之端士, 孝悌·博聞·有道術者, 以衛翼之.

있다.34) 이 같은 해석은 그 이전 하안何晏(魏)에서부터 황간皇侃(梁), 형병邢昺(北宋), 그리고 주자 이후의 진덕수眞德秀(南宋), 첨도전詹道傳 (元) 등등 많은 이들이 같은 견해를 보이고 있으며, 최근의 양백준 역시 종묘의 일을 제사로 해석하고 있다.35)

조선시대 성리학과 주자가 갖는 위상을 놓고 본다면, 우리나라 유학자들의 견해 역시 일일이 다 거론할 필요가 없을 것이다. 이익 李瀷은 다음과 같이 논하고 있다. "종묘회동宗廟會同은 예禮의 중요 한 단서이다. 진정 이것을 잘 해낸다면 준비해 갖추지 못할 것이 없다. 옛날에 공자께서 … 공서적이 '예복과 예관을 단정히 착용하 고서 소상小相의 일을 한다.'는 것을, 아마도 제사그릇[籩豆(변두)] 담 당에 불과한 듯한 미미한 일들이라 이생하게 여기겠지만, 오히려 그것을 나라를 다스리는 막대한 일로 허여하셨다."36)

> ▌이익의 다음 글도 참고할 만하다. "공자의 말씀으로 비교하여 헤아려 보면, 사祀는 종묘에 대해 적은 것이고, 빈賓은 빈객에 대해 적은 것이며, 사師는 군려軍旅에 대해 적은 것이다. 나라를 다스리는 큰 규범인데도 거기(8정政)에37) 예禮에 대해서는 빠져 있다."38) ▌

이처럼 종묘에서의 일에 대해 제사 그릇인 '변두籩豆'를 예로 들고 있는 이익 역시 종묘에 대한 기존의 인식과 다르지 않았음을

---

34) 『論語集註』 卷6, 「先進」: 宗廟之事, 如會同. [宗廟之事, 謂祭祀.]
35) 何晏, 皇侃, 『論語集解義疏』 卷6; 何晏, 邢昺, 『論語注疏』 卷11; 眞德秀, 『論語集編』 卷6; 詹道傳, 『論語纂箋』 卷6; 楊伯峻, 1980 『論語譯注』, 中華書局, 120쪽 참조.
36) 李瀷, 『星湖僿說』 卷26, 「經史門」, <宗廟會同>: 宗廟會同, 禮之大端. 苟能於此, 則無所 不辦也. 昔者夫子, … 公西赤端章甫作小相, 疑若不越於籩豆微事, 而却許以爲邦之莫大."
37) 『서경』 「홍범」편의 8정八政: 食·貨·祀·司空·司徒·司寇·賓·師.
38) 『星湖僿說』 卷26, 「經史門」, <賓客宗廟>: 夫子言較勘, 則祀帖於宗廟, 賓帖於賓客, 師帖 於軍旅. 治邦大規模, 而於禮闕焉也.

알 수 있다. 아울러 정약용은, 그 역시 '종묘지사宗廟之事'를 제사라고 해석한 시각에 별다른 이의를 제기하고 있지 않다.[39] 이처럼 대부분의 유학자들이 한결같이 묘廟와 사당祠堂을 동일하게 보는 시각을 계속 지니고 있었던 가장 큰 이유는, 사실상 한대漢代 이후로 묘가 전적으로 사당의 역할만 해 왔기 때문이었다.

공서적이 언급한 회會와 동同은 제후와 천자 혹은 제후들 간에 행하는 국제적 의례이다. 『주례』에 "조朝·근覲·종宗·우遇·회會·동同 등의 의례는 군주의 의례이고, 존存·조覜·성省·빙聘·문問 등의 의례는 신하의 의례이다."라는 글이 있다.[40] 이에 근거해서 본다면 회와 동은 분명 군주가 능동적인 주체가 되어 이행하는 의례가 된다. 의례의 내용면에서 보면, '회'는 무시無時로 뵙는 의식을 말하며, '동'은 여럿이 함께 뵙는 의식을 말한다.[41] 한편 회를 회맹會盟의 표현으로 쓰기도 하는데,[42] 회맹에서의 '맹盟' 역시 '희생의 피를 마시며 행하는 제후들 간의 협약에 대한 맹세'라는 별도의 의미가 있는 것이다.[43]

그런데 실상 선진시대 종묘에서의 의례에 제사 의식이 빠지지는 않았지만, 그 의례의 목적이 제사 자체에 있다고 볼 수 있을까? 회·동 의례는 물론, 고대 천자와 제후들이 행하는 수많은 의례들

---

39) 『與猶堂全書』, 「論語古今注」 卷5, <先進 下>: 宗廟之事, 如會同, 端章甫, 願爲小相焉. … 鄭曰, "宗廟之事, 謂祭祀也, …" … 案孔子本問爲邦之事, 三子非失對也.

40) 『周禮』, 「秋官司寇」, <小行人>: 朝·覲·宗·遇·會·同, 君之禮也. 存·覜·省·聘·問, 臣之禮也.

41) 『周禮注疏』, 「春官宗伯」, <大宗伯之職>: 以賓禮親邦國, … 時見曰會, 殷見曰同. [注——時見者, 言無常期. … 殷, 猶衆也.] ※『禮記』「曲禮 下」에서는 '會'를 '郤地[僻地]에서 相見함'이라고 설명하기도 한다.("相見於郤地, 曰會.")

42) 『禮記注疏』, 「檀弓 下」: 周人作會, 而民始疑. [注——會, 謂盟也.]

43) 『禮記』, 「曲禮 下」: 約信曰誓, 涖牲曰盟.;『春秋左傳注疏』 卷1, 「隱公」: 經——元年 … 三月, 公及邾儀父盟于蔑. [疏——凡盟禮, 殺牲歃血.]

은 대부분 종묘에서 이행되었다.

위의 공서적과 공자의 대화에서 종묘는 단순히 선대의 임금에게 제사를 올리는 곳이라기보다는, 방국 간의 외교나 천자와 제후 사이의 의례 등 임금이 국가를 운영하는 중대한 의례 행위가 이루어지는 곳으로 표현되고 있다. 따라서 필자는 "宗廟之事(종묘지사), 如會同(여회동.)."에 대해 '종묘에서의 일, 이를테면 회會와 동同과 같은'이라는 의미로 해석하였다. 그렇게 본다면, 뒤에 이어지는 공자의 말인 "宗廟會同(종묘회동), 非諸侯而何(비제후이하)?"는 '종묘에서의 회와 동의 의례를 제후가 아니고서야 어찌 하겠는가?'의 뜻으로 이해할 수 있을 것이다.

> ▎필자가 위 『논어』의 "宗廟之事(종묘지사), 如會同(여회동)."을 주자의 견해와 같이 종묘와 회동을 별개의 의미로 보아 "종묘의 제사와, 제후들의 회·동 같은 일"이라고 병렬하지 않고, 위와 같이 해석한 이유는 다음과 같다. 첫째, 송대宋代에는 이미 종묘가 군주의 사당이라는 인식이 일반화된 시기이다. 그러한 상태에서 해석된 종묘의 개념에서 벗어나 주대周代 종묘의 실제적인 쓰임을 기준해서 그 시대의 시점으로 바라보면서 해석하고자 하였다. 둘째, 무엇보다 고전의 원문을 직역하고자 하였다. ▎

『논어』의 이 문장에 대해, 주자와 같은 기존의 시각과는 다른 각도에서 보고자 했던 시도가 전혀 없지는 않았다. 아래는 염약거閻若璩(1636~1704)의 글이다.

> 신미辛未년 방서房書[八股文 選集]의 "宗廟之事(종묘지사), 如會同(여회동)" 등의 네 구문을 가지고 보여준 자가 있었는데, 왕둔옹

汪鈍翁의 제자라고 한다. 왕둔옹이 '如(여)'자 하나를 다음과 같이 평완評玩하였다. "종묘와 회·동이라는 말은 따로 나누어 대조할 수 없는 것이다. 지난번의 습해習解 때 이것을 함께 끝내지 못하였다. 이 문장의 중간쯤에서 말한 것은, '시빙時聘의 예로써 동맹의 우호를 맺고, [時聘以結同盟之好(시빙이결동맹지호),] 은조殷眺의 예로써 방국의 사특함을 덜어낸다. [殷頫以除邦國之慝(은조이제방국지특).]'의 부분까지,44) 모두 묘에서 뵙고 묘에서 그 의례를 받는데, '회 같은 경우'[如會]와 '동 같은 경우'[如同], 그 무엇이 종묘에서 갖추는 일이 아니겠는가? '如(여)'자를 이제 막 알아챘다."

나(염약거)의 생각은 다음과 같다. 진상도陳祥道(1053~1093, 字는 用之)의 『예서』(권41, 「단유궁壇壝宮」)에서, "조朝·근覲·종宗·우遇의 예들은 묘조廟朝에서 이행하고, 회會·동同의 예들은 나라 밖에서 이행한다."라고 아주 분명하게 말하고 있다. 시견時見·은견殷見은 모두 왕이 단壇을 짓고 제후들을 모이게 해서 일을 명한다. 혹 종묘에서 정무를 보기도 하지만, 어쩔 수 없는 일이 아니면 제후들은 극지郤地[변방]에서 상견하는데 그것을 회會라고 한다.45) 극지는 한극閒隙의 지역이다. (『춘추』 경문의) 정공 10년 "여름에 노나라 정공定公이 제나라 경공景公과 협곡夾谷에서 회會 의례를 하였는데," (그때) 어디에서 종묘를 지니고 왔었겠는가? 또한 "時聘以結諸侯之好(시빙이결제후지호)" (등의) 두 문장은46) 곧 (『주례』「추관 사구」에 수록된) 대행인大行人의 직무인데, (그자의) 글에서는 회·동과 일체로 하지 않았다.47) 회·동과 일체로 하면, 즉 (바로 그) 앞 문장은

---

44) 『周禮』, 「秋官司寇」; 『大戴禮記』, 「朝事」.
45) 이는 『예기』「곡례 하」에서 인용한 말이다. "相見於郤地曰會 [극지郤地에서 상견하는 것을 회會라고 한다.]"
46) "時聘以結諸侯之好(시빙이결제후지호), 殷頫以除邦國之慝(은조이제방국지특)."의 두 문장을 말함.
47) 『周禮』, 「秋官司寇」, <大行人>: 大行人, 掌 … 時會以發四方之禁, 殷同以施天下之政, 時聘以結諸侯之好, 殷覜以除邦國之慝. ↔ 이 문장에서 會(회)와 同(동), 聘(빙)과 覜(조) 등의 의례가 차례로 서술되어 있다.

"時會以發四方之禁(시회이발사방지금), 殷同以施天下之政(은동이시천하지정)"인데, 이는 대체로 보아서 제도를 설명하는 현재 유행 문채인 8고문八股文이 된다. (왕둔옹의 제자가 보여준 글이) 어찌 바람을 부둥켜안고 잠꼬대를 하는 소리일 뿐이겠는가? 다만 그 스승이 얼마나 심한 견강부회牽强附會 꾼인지를 애석하게 여길 뿐이다.48)

위와 같이 '종묘'와 '일반적인 회·동 의례 장소'를 전혀 별개의 것으로 믿고 있는 염약거의 왕둔옹에 대한 다소 신랄한 비판은, 당시 종묘에 대한 일반적인 관념을 그대로 반영하고 있는 것이다. 왕둔옹의 "회 같은 경우[如會]와 동 같은 경우[如同], 그 무엇이 종묘에서 갖추는 일이 아니겠는가?"라는 말은 『주례』「춘관 종백」의 "대대적인 회 의례와 동 의례는 묘에 가서 이룬다. [大會同(대회동), 造于廟(조우묘).] "에서 그 예를 찾아볼 수 있다. 왕둔옹의 주장은 비록 당시의 종묘에 관한 관념이 아니라고 해도, 선진시대에 형성된 『주례』를 기반한 설명인 것이다.

'大'會同(대회동) 의례가 아닌 경우에는, 필요한 아무 장소에 임시로 고대高臺의 단壇을 조성해서 의례를 진행하기도 하였는데,49) 다음 『주례』「천관 총재」의 글에서 충분히 짐작할 수 있다.

---

48) 閻若璩, 『四書釋地(又續)』卷下, 「如會同」: 有持辛未房書, 宗廟之事如會同四句文, 見示者, 稱爲汪鈍翁弟子. 鈍翁評玩一如字, "宗廟·會同, 分對不得. 向來習解俱未了此. 惟此文中段云, 至於'時聘以結同盟之好, 殷頫以除邦國之慝." 皆廟見而廟受之, 如會·如同, 孰非有事於宗廟者哉. 如字, 方醒." 余曰, "陳用之『禮書』, 明明言, '朝·覲·宗·遇之禮, 行於廟朝, 會·同之禮, 行於國外.' 凡時見·殷見, 皆王爲壇, 合諸侯而命事. 或政於宗廟, 無涉即諸侯相見於郊地, 曰會. 郊地, 閒隙之地也. 如定公十年, '夏, 公會齊侯於夾谷', 何從有宗廟來. 且'時聘以結諸侯之好.' 二語乃大行人之職, 文不切會·同. 切會·同, 則上文'時會以發四方之禁, 殷同以施天下之政.' 是大抵時文講典制. 何啻捕風說夢, 只惜其師多一番附會耳."

49) 서정화, 「周代의 明堂과 辟雍에 대한 小考 — 先秦時期 宗廟의 본원적 기능에 대한 궁구 과정에서 —」, 『東洋哲學研究』87, 2016, 175~176쪽 참고.(이 책의 제5장 1절)

장사掌舍는 왕[天子]이 회·동 의례를 수행할 '임시 집'[舍]을
관장한다. … 단을 짓고 집[宮]의 담장을 두른다. 가시나무로
엮은 대문에 장막 집[帷宮]을 만들고, 대문에 깃털장식 깃발[旌]
을 설치한다. 집을 마련하지 못했을 경우는, 남의 대문을 공여
받는다.[50]

역대 중국과 우리나라에서 적용하였던 유교적인 국가제도와 국
가의례들 상당 부분은 『주례』를 기반하고 있다. 나라의 중대사 중
하나인 회·동 의례를 더러는 종묘에서 하고 더러는 외지에서 임
시 구조물을 짓고 이행한다는 것은, 다음의 두 가지 상황을 고려한
다면 충분히 이해할 수 있는 대목이다. 첫째, 나라 전체를 둘러보
는 군주의 순수巡狩 의식은 물론 군대를 통치자가 직접 지휘하는
일은, 당시에는 흔한 일이었다. 둘째, 종묘는 군주의 통치 공간이
었기 때문에, 그가 외지에서 임시로 거처하면서 갖가지 군주 의례
를 이행하는 곳이 곧 종묘라 할 수 있으며, 대개는 그곳을 명당明堂
이라 칭하기도 하였다.

아래는 종묘에 대한 또 다른 묘사이다. 「자장子張」 편에서 숙손
무숙叔孫武叔이 공자보다 자공子貢이 더 '현賢'하다고 평했다는 말을
전해들은 자공 자신이 숙손무숙의 견해에 대한 반박의 의미로 한
비유이다.

선생님(공자)의 담장 높이는 수 길이나 되어서 그 문門을 통
해서 들어갈 수 없다면 '종묘의 아름다움'[宗廟之美]과 '백관들
의 가득 찬 모습'[百官之富]을 보지 못한다. (그곳에 들어갈 수
있는 방법인) 그 문門을 얻은 자는 아마도 적을 것이다.[51]

---

50) 『周禮』, 「天官冢宰」, <掌舍>: 掌舍, 掌王之會同之舍. … 爲壇壝宮. 棘門. 爲帷宮, 設旌門.
無宮, 則共人門.

여기에서는 국가의 정무를 보는 백관들이 종묘 안에 가득 차 있는 상황으로 표현되고 있다. 수 길이나 되는 담장 안에 아름다운 건축물인 종묘가 있고 수많은 백관들로 가득 찬 그 곳은, 바로 드높은 궁궐 담장 안에 있는 정전正殿과 그 앞의 정정廷[뜰]에 가득 모인 신하들로, 남면한 군주와 '조朝 의례'를[52] 행하는 수많은 백관들이 연상된다. 여기서 종묘를 단순히 사당과 같은 제사 장소로 보게 된다면, 그 '사당'과 국가의 정무를 보는 '군주의 모든 관료들'[百官]과의 조화가 적절한 배합이 되는지 의구심이 든다. 사당으로서의 종묘를 말한 것이라면, 오히려 그곳에는 경건하고도 엄숙하게 움직이며 의례를 집행하는 몇몇의 축관祝官들에 대한 묘사가 더 어울리지 않을까 생각한다.

「헌문憲問」편에도 아래와 같이 종묘 관련 이야기가 보인다. 위衛나라 영공靈公이 제후로서 무도한 인물인데도 그가 어떻게 해서 나라를 잃지 않고 잘 보전할 수 있는지에 대한 물음에, 공자는 다음과 같이 그 이유를 설명하고 있다.

> 중숙어仲叔圉가 빈객의 일을 잘 다스리고 있고[治賓客], 축타祝鮀는 종묘의 일을 잘 다스리고 있고[治宗廟], 왕손가王孫賈는 군려의 일을 잘 다스리고 있으니[治軍旅], 저들이 이와 같은데 어찌 그가 나라를 잃겠는가?[53]

여기서 '빈객賓客'의 일은 외교를 말함이고, '군려軍旅'의 일은 국

---

51) 『論語』,「子張」: 夫子之牆數仞, 不得其門而入, 不見宗廟之美・百官之富, 得其門者或寡矣.

52) '廟(묘)'자는 '朝(조)'와 '广(엄)'이 조합되어 만들어진 글자이다. 이러한 조자造字의 원리에서 본다면, 廟(묘)는 '朝(조)의 의례'를 행하는 '건축물[广]'이라는 의미가 된다.(앞 장의 제1절 참고.)

53) 『論語』,「憲問」: 仲叔圉治賓客, 祝鮀治宗廟, 王孫賈治軍旅, 夫如是, 奚其喪.

방을 말하는 것이다. '종묘'의 일은 무엇을 나타내는 것일까? 위 「선진」 편의 "종묘지사宗廟之事"에 대한 주자의 해석처럼 그것을 제사의 일이라고 볼 수 있을까? '종묘의 일을 잘 다스린다'[治宗廟]는 것에 대해서는 지금까지의 관례적인 해석으로 본다면 '제사의 일을 잘 운영한다.' 정도로 볼 수 있고, 실제로 그와 같이 해석하는 경우를 어렵지 않게 볼 수 있다. 양백준도 앞에서의 견해와 같이 '치종묘治宗廟의 일을 하는 축타'를 '제사를 관장하는 사람'으로만 해석하였다.[54] 조선에서도 그와 같은 견해가 있어 왔는데, 북학파와 교류가 빈번했던 김이안金履安(1722~1791)은, "공자가 위나라 영공을 말하면서 언급했던 축타의 '치종묘治宗廟'는 대개의 경우 제사그릇[籩豆] 담당의 일에서 소소하게 익혀지는 일들을 뽑아 말했을 뿐이니, 어찌 축타가 성誠과 경敬을 다할 수 있었다고 말하는 것이겠는가."[55]라는 언급을 하고 있다. 『홍재전서』에 보이는 또 다른 논의에서는, 성·경이 없이 말 잘하는 재주꾼밖에 안 되는 축타에게 빈객이나 군려의 일도 아닌 바로 종묘의 일에 '아주 잘 다스린다'는 의미의 '治(치)'자를 쓴 것은 너무 지나친 표현인 듯하다는 의혹의 질문을 올리고 있다.[56] 이 역시 종묘를 치조 공간이 아닌 신성한 제례 공간으로 여긴 것이다.

　나라를 잃지 않고 보전하는 세 가지 방법 중 하나인 치종묘의 일을 과연 선군에 대한 제사의 일을 잘 하는 것으로 한정할 수 있

---

54) 楊伯峻, 『論語譯注』, 中華書局, 1980, 152쪽 참조.
55) 『三山齋集』 卷7, 「書」, <答道基書院講儒>: 子言衛靈公云云, 祝鮀之治宗廟, 蓋取其習於籩豆之事而已, 豈謂其能盡誠敬也.
56) 『弘齋全書』 卷125, 「魯論夏箋」 4, <憲問篇>: 子言衛靈公章, … 祝鮀夫子之素稱佞人也, 今乃許之, 以治宗廟之才, 何歟? 軍旅·賓客, 有才則可以治之, 至於治宗廟, 不可徒取其才耳. 抑此治字不指其裏面誠敬之實, 而只指其外面取辦之如籩豆靜嘉·牲牷肥腯等事耶. 若以外面爲言則, 謂之取辦可也, 治之云者, 得無過乎? 臣於此不能無疑, 敢請明敎.

을까? 천명天命보다는 인도人道를 추구하고자 했던 공자가 방국邦國과 제후의 흥망존폐에 있어서 가장 중요한 세 가지 요소 중 하나로 외교와 국방 이외에 '제사의 일'을 강조하고자 하였을까? 한편, 일반적인 상식에서 국가를 잃지 않고 잘 보전하기 위한 필요조건이라 생각되는 내치內治가 빠져 있는 이유는 무엇일까?

▌공자는 인도人道를 추구하면서 동시에 천명天命이나 신적 존재를 완전히 도외시하지는 않았다. 그렇지만 필자는 공자가 '국가의 흥망존폐가 결정되는 (인간이 직접 실천할 수 있는) 세 가지의 중요한 요건' 안에 신에 대한 제사의 일을 포함시켰다고 판단하지 않는다. 공자는 말 그대로 '敬鬼神而遠之(경귀신이원지). 〔 귀신을 공경히 하되, 멀리한다. 〕'(「옹야雍也」)하였을 뿐이다. 『논어』에 수록된 공자의 사상과 그의 언행은, 큰 틀에서 보면 인仁의 실천과 그것을 표현하는 수단으로서의 예禮의 내용이 주를 이룬다. 그리고 이것은 위정자와 더 나아가 그를 보필하는 이들에게 요구되는 도道와 덕德의 정치사상인 것이다. 군주의 군주다움인 '덕'은 그의 인함에 있으며, 그것을 추구해 나가는 길이 바로 '도'가 되는 것이다. 따라서 『논어』를 한마디로 표현한다면 '치국治國의 방법에 대한 논의'라고 말할 수 있다. 인仁의 출발점은 바로 효孝·제悌의 실천으로 시작된다. 군주의 그것은 국가를 견고히 지탱하는 데 중요한 인격적 '수단'이다. 이렇듯 『논어』에서는 이상국가·이상사회를 이루기 위해 군주에게 효·제의 품성을 강조하고 있지만, 일반적인 조상숭배 그 자체에 대해서는 그것의 주된 논의에 포함한 것으로 보이지 않는다. ▌

'축祝'이라는 직무 자체가 (그 명칭에서 알 수 있듯) 제사에 있다고 볼 수 있겠지만, 여기서는 치종묘治宗廟가 나라를 잃지 않을 만한 좀 더 포괄적인 의미를 담고 있다고 봐야 할 것이다.

축타의 자는 자어子魚이고,57) 타는 그의 이름이다. 사어史魚라고도
부른다.58) 『논어』에는 '祝鮀(축타)'로, 『좌전』에는 '祝佗(축타)'로 기록
되어 있다. 그가 위衛나라의 축관祝官으로 있으면서 제후들의 회합에
영공靈公을 보필하여 함께 가게 되었는데, 당시 채蔡나라의 선조인
채숙蔡叔이 위나라의 선조인 강숙康叔보다 형이라는 이유로 자국의
의례 순서가 채나라보다 뒤로 배치될 상황에 처해 있었다. 그는 사친
의 형제지간으로서의 순서가 아닌 주나라 선대부터 해왔던 것처럼
'덕'으로써 순서를 정해야 한다고 담당자들을 설득해서, 자국이 채나
라보다 의례를 앞서서 행하고자 한 영공의 뜻을 관철시켰다.

┃이는 『춘추좌전』 정공定公 4년의 기록으로, 내용은
다음과 같다.

유문공劉文公이 소릉召陵에서 제후들을 모이게 하여
초楚나라를 정벌할 것을 모의하였다. … 장차 회합에 출
발하려 할 때, 위나라 자행경자子行敬子가 영공靈公에게
다음과 같이 아뢰었다. "회동會同의 일이 어려울 것입니
다. 시끄러운 언쟁들이 무성해서 잘 처리되는 일이 없
을 것입니다. 부디 축타祝佗로 하여금 수행하게 하십시
오." …

고유皋鼬 땅에 이르렀을 때 (의례를 이행함에) 장차
채蔡나라를 위衛나라의 서열보다 높게 하려고 하였다.
위후衛侯(영공)는 축타로 하여금 비공식적으로 장홍萇弘
을 만나 묻게 하였다. (축타가 장홍에게 물었다.) "도로
에서 들었습니다만 확실한지 아닌지 모르겠습니다. (의
례 행사에서) 장차 채나라가 위나라를 앞서기로 한 것

---

57) 『春秋左傳注疏』 卷54, 「定公 4年」: 傳——其使祝佗從. [注——祝佗, 大祝子魚.]; 『論語
集註』 卷3, 「雍也」: 子曰, "不有祝鮀之佞, …" [祝, 宗廟之官. 鮀, 衛大夫. 字, 子魚.]
58) 『論語』, 「衛靈公」; 『韓詩外傳』 卷7.

으로 들은 것 같은데, 확실합니까?" 장홍이 말하기를,
"맞습니다. (채나라의 선조인) 채숙蔡叔은 (위나라의 선
조인) 강숙康叔의 형이니 위나라를 앞서는 것이 또한 옳
지 않겠습니까?"라고 대답하였다.

　자어子魚(축타)가 다음과 같이 말하였다. "선왕의 관
점에서 본다면, 덕德을 높이는 것입니다. 옛날에 무왕이
상商나라를 이기고 성왕이 천하를 안정시켰을 때, 명덕
明德을 지닌 사람들을 선택해서 나라를 봉해 세워주어
서 주나라를 둘러싸 보호하는 번국藩國으로 삼았습니다.
그 때문에 주공이 (천자의) 왕실을 도와서 천하를 다스
렸습니다. … 관숙과 채숙은 상나라 유민들을 인도해서
주나라 왕실을 해치고 이간했습니다. 왕께서 이로 인해
관숙을 죽이고 채숙을 추방했는데, (채숙에게) 수레 일
곱 승乘과 70명의 무리들을 딸려 보냈습니다. 채숙의
아들 채중蔡仲이 행동을 고치고 덕을 따라서 주공이 그
를 등용해 자신의 경사卿士로 삼았습니다. … 이와 같은
데도 어찌하여 채나라로 하여금 위나라를 앞서게 하십
니까? 무왕의 동모형제同母兄弟들이 모두 여덟 명인데,
주공은 태재大宰가 되었고, 강숙康叔은 사구司寇가 되었
고, 담계耼季는 사공司空이 되었지만, (그 나머지) 다섯
명의 숙叔들은 관직이 없었거늘 어찌하여 나이를 드높
인다는 말입니까? 조曹나라는 문왕의 소昭[後代]이고,
진晉나라는 무왕의 목穆[後代]인데도, 조나라를 백작의
전복甸服에 봉한 것은 나이를 높인 것이 아닙니다. 이제
와서 나이를 높이려 한다면, 이는 선왕의 뜻에 반하는
것입니다. …"

　장홍이 열복悅服하여 유자劉子에게 고하였고, 범헌자範
獻子와 더불어서 상의하고 나서 곧 위후(영공)를 맹盟 의
례[歃血]에서 우두머리로 삼았다.[59] ▌

─────────────

59) 『春秋左傳』, 「定公 4年」: 劉文公合諸侯於召陵, 謀伐楚也. … 將會, 衛子行敬子言於靈公
曰, "會同難, 嘖有煩言, 莫之治也. 其使祝佗從." … 及皋鼬, 將長蔡於衛. 衛侯使祝佗私於
萇弘, (祝佗)曰, "聞諸道路, 不知信否, 若聞蔡將先衛, 信乎." 萇弘曰, "信. 蔡叔, 康叔之

한편 그는 시간屍諫을 한 인물로도 알려져 있는데,[60] 살아서는 몸으로 간언하고 죽어서는 시신으로 간언했던 축타에 대해 공자는 화살처럼 곧은 사람이라고 평하였다.[61]

위와 같이 축타가 당시의 국제 관계와 주나라 전체의 역사적 지식을 갖추고 있었고, 군주를 보필해서 행정의 내치를 잘한 인물로 묘사되고 있듯, 공자가 그에 대해 '치종묘治宗廟'를 잘했다고 말한 것은 단순히 제사의 일만 잘 했음을 언급한 것이 아님을 알 수 있다. 치종묘는 바로 '내치內治인 조정에서의 일을 잘 해냄'을 표현한 것이다.

한편 정조대왕은 제후가 나라를 잃지 않을 조건들 중, 종묘의 일보다 빈객의 일을 우선한 공자의 말에 대해 다음과 같은 의문을 품었다.

> 경중을 분별해서 논한다면, 당연히 '치종묘治宗廟'를 가장 먼저 말하고, 그다음으로 '치군려治軍旅'를 말하고, 그다음으로 '치빈객治賓客'을 말해야 할 것 같은데, '치빈객'을 '치종묘'의 위에 둔 것은 어째서인가?[62]

兄也. 先衛, 不亦可乎." 子魚曰, "以先王觀之, 則尙德也. 昔武王克商, 成王定之, 選建明德, 以蕃屛周. 故周公相王室, 以尹天下, … 管蔡啓商, 惎間王室. 王於是乎殺管叔而蔡蔡叔, 以車七乘, 徒七十人. 其子蔡仲, 改行帥德, 周公擧之, 以爲己卿士. … 若之何其使蔡先衛也. 武王之母弟八人, 周公爲大宰·康叔爲司寇·聃季爲司空, 五叔無官, 豈尙年哉. 曹, 文之昭也, 晉, 武之穆也, 曹爲伯甸, 非尙年也, 今將尙之, 是反先王也. …" 萇弘說, 告劉子, 與范獻子謀之, 乃長衛侯於盟.

60) 『韓詩外傳』 卷7: 昔者, 衛大夫史魚病且死, 謂其子曰, "我數言蘧伯玉之賢而不能進, 彌子瑕不肖而不能退. 爲人臣, 生不能進賢而退不肖, 死不當治喪正堂, 殯我於室, 足矣." 衛君問其故, 子以父言聞. 君造然召蘧伯玉而貴之, 而退彌子瑕, 從殯於正堂, 成禮而後去. 生以身諫·死以尸諫, 可謂直矣.

61) 『論語』, 「衛靈公」: 子曰, "直哉史魚. 邦有道, 如矢, 邦無道, 如矢."

62) 『弘齋全書』 卷73, 「經史講義」10(論語 3), <憲問>: 論以輕重之別, 則似當首言治宗廟, 次言治軍旅, 次言治賓客, 而治賓客反居於治宗廟之上者, 何也?

이러한 정조의 의혹은 종묘를 왕조의 상징적 근간인 왕실 사당으로 여긴 것에 기초한 것이다. 공자 당시의 종묘가, 군주 자신도 근신해야 하는 신성한 제례 공간으로 쓰였을 뿐만 아니라, (훨씬 더 많은 경우로) 격렬한 정치적 논쟁을 벌이는 치조 영역이기도 하였음을 전제했었다면, 정조가 품었던 의문의 방향은 달랐을 것이다.

공자의 그것은 제후국들 간 겸병兼倂이 진행되던 당시, 주도적인 강자가 아닌 자로서 지혜롭고 합리적인 이들이 취할 수 있는 정치적 견해라 할 수 있다. 이러한 빈객[외교]-종묘[내치]-군려의 순서는 실상 유교를 국시로 삼은 조선왕조가 줄곧 취하였던 국방의 정치외교노선과 같다고 할 수 있다. 조선의 중국에 대한 사대 정책은 바로 이 '치빈객治賓客'의 선상에서 논의되어야만, 보다 분명한 역사 이해가 이루어질 수 있는 것이다.

또한 공자는 군려의 일을 가장 뒤에 두고 있는데, 만약에 공자가 그것을 제일 우선적으로 언급하였다면, 이후 부국강병富國强兵을 중시했던 법가法家는 유가儒家의 말엽에 가까운 곁가지로 인식되지 않았을 것이다.

2) 『맹자』·『순자』·『예기』

아래는 『맹자』 「고자告子 하」에 수록된 글이다.

> 천자의 땅은 사방 천리인데 천리가 되지 않으면 '제후들을 (예로써) 대하기'[待諸侯]에 충분하지 않고, 제후의 땅은 사방 백리인데 백리가 되지 않으면 '종묘의 전적'을 지켜내기에 충분하지 않다.[63]

---

63) 『孟子』, 「告子 下」: 天子之地, 方千里, 不千里, 不足以待諸侯. 諸侯之地, 方百里, 不百里,

천자가 행하는 '待諸侯(대제후)'란 정기적으로 정해진 제후들의 수많은 알현 의례를 말하는 것이다. 고례古禮에는 천자와 제후들 사이에 존재하는 의례에 관한 기록들이 수없이 많다. 몇몇의 예를 든다면 다음과 같다.

① 제후들은 천자에게 매년 한 번의 소빙례小聘禮를 이행하고, 3년에 한번 대빙례大聘禮를 이행하며, 5년에 한번 조朝 의례를 이행한다.64)

② 시빙時聘의 예로써 제후들과의 우호를 결속하고, 은조殷覜의 예로써 방국들의 악행을 제거하며, 간문間問의 예로 제후들의 뜻[志]을 고하고, 신육脤肉을 보내주는 예로써 제후들과의 복을 나눈다.65)

③ 천자는 5년마다 한번 사냥을 하면서 천하를 돌아보는 순수巡狩를 행한다.66)

④ 천자에게 조근朝覲의 예를 한 이후에야 제후들은 신하인 것을 자각하게 된다.67)

⑤ 조근의 예는 군신 간의 의로움을 밝히는 것이고, 빙문聘問의 예는 제후들로 하여금 서로를 존경하게 하는 것이다.68)

한편 제후들이 지켜내야 할 '종묘의 전적'이란 '선조로부터 이

不足以守宗廟之典籍.
64) 『禮記』, 「王制」: 諸侯之於天子也, 比年一小聘, 三年一大聘, 五年一朝.
65) 『周禮』, 「秋官司寇」: 時聘以結諸侯之好, 殷覜以除邦國之慝, 間問以諭諸侯之志, 歸脤以交諸侯之福.
66) 『禮記』, 「王制」: 天子五年一巡守.
67) 『禮記』, 「樂記」: 朝覲然後, 諸侯知所以臣.
68) 『禮記』, 「經解」: 朝覲之禮, 所以明君臣之義也. 聘問之禮, 所以使諸侯相尊敬也.

어온 변치 않는 법칙이 될 만한 서적[常籍]으로, 법도의 문서'를 말하는 것이다.69) 아울러 그것을 토지의 보유로써 지켜낸다는 말은 종묘라고 하는 군주의 정전에서의 정치적·외교적·종교적 모든 의례를 그곳의 전적에 수록된 법도대로 이행할 수 있는 재정 능력의 보유 측면에서 이해할 수 있다.

다음은 인간에 대한 음악의 순화적·교화적 기능에 대해 설명하고 있는 『순자』「악론樂論」편의 글이다.

> 그러므로 음악은, 종묘의 안[宗廟之中]에서 군주와 신하들 모두가 그것을 함께 들었을 때에는 화순하고 공경스러워하지 않는 이가 아무도 없으며, 규문의 안[閨門之內]에서 부모자식과 형제들이 그것을 함께 들었을 때에는 화목하게 가까이 지내지 않는 이가 아무도 없다.70)

여기에서 종묘는 군주가 여러 신하들과 함께하는 공적인 공간으로, 규문 안은 군주가 사친들과 함께하는 사적인 공간으로 묘사되고 있다. 이는 '종묘'를 규문 안과 대비해서 군주의 공적인 '정무 공간'으로 표현한 것이다. 「애공哀公」편에 묘에 대한 또 다른 글이 보인다.

> 노나라 애공哀公이 공자에게 물어 말하길, "과인은 깊은 궁궐 안[深宮之中]에서 태어나서 婦人(부인)들의 손에서 성장하였습니다.71) 과인은 일찍이 슬픔을 알았던 적이 아직까지 없습

---

69) 『孟子注疏』卷12下, 「告子章句 下」: 不百里, 不足以守宗廟之典籍. [疏—— … 典籍, 常籍, 法度之文也. 謂先祖之典籍也.]

70) 『荀子』, 「樂論」: 故樂, 在宗廟之中, 君臣上下同聽之, 則莫不和敬. 閨門之內, 父子兄弟同聽之, 則莫不和親.

71) 『주례』와 『예기』에서의 설명들을 근거해서 본다면, 애공의 어린 시절을 보살폈던 '부인婦人'의 의미는 다음과 같다. 그것은 고대 '군주의 여자'에게 부여된 작위 명 중

니다." … "그대가 아니면 그것들을 들을 곳이 없습니다."라고 하였다.

　　공자는 다음과 같이 말하였다. "주군께서 묘문으로 들어가 오른쪽으로 돌아 조계阼階[동쪽 계단]로 올라가서는 서까래와 마룻대를 올려다보시고 안석과 대자리를 내려다보시며, '그 기물들은 그대로인데, 그분께서는 돌아가셔서 계시지 않으니', [其器存·其人亡] 주군께서는 이것으로써 슬픔을 생각하신다면 슬픔이 장차 어찌 이르지 않겠습니까?"72)

　　▮『예기』「혼의昏義」에는 여성들의 작위 및 직급 순서를 남성들의 그것과 대비하여 볼 수 있는 좋은 예가 있다. 夫人(부인)의 작위는 공公[제후 급]과 대비되고, 빈嬪의 작위는 경卿과 대비되며, 세부世婦는 대부大夫와, 그리고 어처御妻는 원사元士와 대비된다. 여기에 후后와 첩妾에 대한 기록은 따로 없지만, 후는 천자의 정부인으로서 그와 대비되는 것이고, 첩의 경우는 사士 이하 계급의 아내이므로 여기에 따로 언급하지 않았다.73) 따라서 여성들의 작위 순위는 '후后〉부인夫人〉빈嬪〉부世婦〉처妻〉첩妾'이 된다. 그런데 그 순서를 놓고 볼 때, 제후 격인 공公으로 대비되는 부인夫人과 경卿

하나로, 궁 안에서 세부世婦라는 직책으로 제사의 일 등 특정의 임무가 부여되기도 한다. 여성의 작위 명에는 위의 부인婦人 외에도 '부인夫人'·'빈嬪'·'후后' 등이 있으며, 후는 천자의 아내에게만 주어지고 제후의 아내는 부인夫人까지 이를 수 있다. 한편, 부인婦人은 사士의 아내를 말하기도 한다.(『周禮』,「天官冢宰」, <世婦> : 掌祭祀·賓客·喪紀之事, 帥女宮而濯摡, 爲粢盛. 及祭之日, 涖陳女宮之具, 凡內羞之物. 掌吊臨于卿大夫之喪; 『禮記』,「曲禮 下」: 天子有后, 有夫人, 有世婦, 有嬪, 有妻, 有妾; 公侯有夫人, 有世婦, 有妻, 有妾; 天子之妃曰后, 諸侯曰夫人, 大夫曰孺人, 士曰婦人, 庶人曰妻.)

72) 『荀子』,「哀公」: 魯哀公問於孔子曰, "寡人生於深宮之中, 長於婦人之手, 寡人未嘗知哀也. … 非吾子, 無所聞之也." 孔子曰, "君入廟門而右, 登自阼階, 仰視榱棟·俯見几筵, 其器存·其人亡, 君以此思哀, 則哀將焉而不至矣."

73) 『禮記』,「昏義」: 古者天子後立六宮, 三夫人·九嬪·二十七世婦·八十一御妻, 以聽天下之內治, 以明章婦順. 故天下內和而家理. 天子立六宮, 三公·九卿·二十七大夫·八十一元士, 以聽天下之外治, 以明章天下之男敎. 故外和而國治.

으로 대비되는 빈嬪의 서열이 (우리나라의 조선왕
조 경우와 같이) 후대의 그것과 달라진 것이 있음
을 볼 수 있다. 아울러 이 「혼의」에서의 작위 순
서는 『예기』의 또 다른 편에서의 설명과 서로 완
전히 부합되지 않는 면을 보이기도 한다. 「곡례曲
禮 하」에서는 대부의 부인을 유인孺人이라고 하고,
사士의 아내를 婦人(부인), 그리고 서인庶人의 아내
를 처라고 설명하기도 한다.74) ▌

위에서 말한 깊은 궁궐 안인 '심궁지중深宮之中'은 사친들이 기거
하는 내전을 의미하는 것이고, 돌아가셔서 계시지 않은 '그분'은
애공哀公의 선친인 정공定公을 말하는 것이다.

내용은 애공이 묘문 안으로 들어가서 선친의 자취가 묻어나는
그곳을 바라보고 있으면 어느새 그리움의 슬픔을 느끼게 된다는
이야기이다. 이는 묘廟가 선군의 손때가 묻은 여러 사물들이 있는
장소임을 말하는 것이며, 적어도 임금의 사후에 그의 영좌를 모시
기 위해 사당으로 조성된 별도의 공간이 아님을 시사한다.

아래의 『예기』「곡례 하」에 수록되어 있는 내용에는 제후의 포
괄적인 주된 책무가 표현되어 있다.

> 방국을 다스리는 제후의 나이를 묻는 경우, 그가 성장했을
> 경우는 "종묘의 일과 사직의 일을 잘 해내실 겁니다."라고 하
> 고, 어린 나이일 경우는 "아직 종묘의 일과 사직의 일을 잘 해
> 내지는 못하십니다."라고 대답한다.75)

여기서 성인이 된 제후가 해내야 하는 일인 '종묘의 일'과 '사직

---

74) 『禮記』, 「曲禮 下」: 天子之妃曰后, 諸侯曰夫人, 大夫曰孺人, 士曰婦人, 庶人曰妻.
75) 『禮記』, 「曲禮 下」: 問國君之年, 長, 曰"能從宗廟・社稷之事矣." 幼, 曰"未能從宗廟・社
稷之事也."

의 일'이라는 것은 구체적으로 무엇을 말함일까? 나라를 창업한 태조는 물론 선왕들에 대한 제사 의례는 군주의 정통성을 굳건히 해주는 상징적인 의미를 갖는다. 아울러 군주와 백관들과의 의례인 조·근례朝覲禮와 인국隣國들과의 외교 의례인 회맹례會盟禮·빈례賓禮 등의 의례 역시 중요한 군주 의례가 된다. 이것들 모두 '종묘의 일'인 것이다.

종묘에서 이행하는 각종 정치적 의례에 관해서는 『주례』에 비교적 잘 서술되어 있다. 아래는 「추관 사구秋官司寇」에 기술된 천자와 제후 의례들이다.

> 대행인大行人은 대빈大賓과 대객大客의 의례를 관장하는데, 그것으로써 (천자는) 제후들과 친우親友한다.
> '춘春'에는 제후들과 조朝 의례를 이행하여 천하를 다스리는 일을 계획한다. '추秋'에는 근覲 의례로써 방국들의 공적을 비교해 본다. '하夏'에는 종宗 의례로서 천하를 잘 다스리는 계책을 펼쳐본다. '동冬'에는 우遇 의례로써 제후들 간의 걱정거리[갈등]를 협화協和하게 해준다.
> 무시로 하는 회會 의례로써 사방의 금령을 발표하고, 성대하게 뵙는 동同 의례로써 천하를 바로잡는 다스림을 시행한다. 시빙時聘의 예로써 제후들 간의 우호를 결속한다. …
> 상공上公들의 의례는 다음과 같다. 9촌짜리 환규桓圭 옥을 쥐고 있고, … 그의 조朝 의례 자리 위치는 빈주賓主 사이의 간격이 90보이며, 수레의 굴대 끝에 선다. 그를 위한 안내자[擯者]는 다섯 명이며, 묘에서 (왕에게) 폐백을 받들어 올리는데, 3회에 걸쳐 진헌한다. 왕이 두 번 울창례鬱鬯禮로 예빈禮賓하고 상공인 빈賓이 잔을 돌린다. 잔치의 의례는 아홉 가지의 갱헌羹獻으로 하고 식례食禮는 아홉 번의 거안擧案을 한다.
> 제후諸侯들의 의례는 다음과 같다. 7촌짜리 신규信圭 옥을 쥐

고 있고, … 조 의례 자리 위치는 빈주 사이의 간격이 70보이
며, 끌채의 앞에 선다. 그를 위한 안내자[擯者]는 네 명이다. 묘
에서 (왕에게) 폐백을 받들어 올리는데, 3회에 걸쳐 진헌한다.
왕이 한 번 울창례로 예빈하고 제후인 빈이 잔을 돌린다. 잔치
의 의례는 일곱 가지의 갱헌으로 하고 식례는 일곱 번의 거안
을 한다. …

제백諸伯들은 궁규躬圭 옥을 쥐고 있는데, 그 나머지 의식은
모두 제후들의 의례와 같다.

제자諸子들은 다음과 같다. 5촌짜리 곡벽穀璧 옥을 쥐고 있
고, … 조 의례 자리 위치는 빈주 사이의 간격이 50보이며, 수
레의 멍에에 선다. 그를 위한 안내자[擯者]는 세 명이다. 묘에
서 (왕에게) 폐백을 받들어 올리는데, 3회에 걸쳐 진헌한다.
왕이 한 번 울창례로 예빈하나 제자諸子가 잔을 돌리지는 않는
다. 잔치의 의례는 다섯 가지의 갱헌으로 하고 식례는 다섯 번
의 거안을 한다. …

제남諸男들은 포벽蒲璧 옥을 쥐고 있는데, 그 나머지 의식은
모두 제자諸子들의 의례와 같다. 모든 대국大國의 고孤[附庸國(부
용국)]는 다음과 같다. 피백皮帛을 들고 있고, … 조 의례 자리
위치는 수레 앞인데, 중개인과 안내자를 두지 않는다. 묘에서
(왕을) 상견하는 의례는 없으며 술로 예우 받는다.76)

▎위 인용문의 윗부분에서 서술한, 천자가 제후
들과 조朝 의례를 이행하는 시기를 말한 '춘春'은,

---

76) 『周禮』, 「秋官司寇」: 大行人, 掌大賓之禮及大客之儀, 以親諸侯. 春朝諸侯而圖天下之事,
秋覲以比邦國之功, 夏宗以陳天下之謨, 冬遇以協諸侯之慮. 時會以發四方之禁, 殷同以施
天下之政, 時聘以結諸侯之好, … 上公之禮, 執桓圭九寸, … 其朝位, 賓主之間九十步, 立
當車軹. 擯者五人. 廟中將幣, 三享. 王禮再祼而酢, 饗禮九獻, 食禮九擧. … 諸侯之禮, 執
信圭七寸, … 朝位, 賓主之間七十步, 立當前疾. 擯者四人. 廟中將幣, 三享. 王禮壹祼而
酢. 饗禮七獻, 食禮七擧. … 諸伯執躬圭, 其他皆如諸侯之禮. 諸子, 執穀璧五寸. … 朝位,
賓主之間五十步, 立當車衡. 擯者三人. 廟中將幣, 三享. 王禮壹祼不酢. 饗禮五獻, 食禮五
擧, … 諸男執蒲璧, 其他皆如諸子之禮. 凡大國之孤, 執皮帛, … 朝位當車前, 不交擯. 廟
中無相, 以酒禮之. ※ 해석은 정현의 주注와 『설문해자』 등을 참고하였다.

오늘날의 '봄'과는 그 시후가 달랐다. 춘의 조 의
례 때 천자는 새해의 왕력王曆 반포 의례를 시행
하였으며, 그 시기는 동지冬至 즈음이 된다.[77] ▌

  군주는 이와 같이 정치적인 면에서 국가의 큰 의례들을 수행하
는 한편, 백성들을 잘 다스려야 할 책무가 있다. 백성을 잘 다스린
다는 것은 그들에게 국가를 유지할 수 있는 세금과 부역을 매기면
서, 동시에 공자가 언급한 것처럼 그들을 부유하게 해주고 더 나아
가 교육시키는 일이 될 것이다.[78] 당시 농업국가에서 백성들을 부
유하게 혹은 배부르게 해주는 일과 관련된 의식으로, '사직社稷에
서의 제사 의례'는 중요한 부분을 차지한다. 그것은 농사의 풍년을
기원하는 풍우한서風雨寒暑의 신 혹은 토지의 신, 곡식의 신 등에
대한 경건한 제사 의식으로 인식되었기 때문이다.

    ▌여기에서 필자는 사직을 농사와의 관련성만을 두
    고 언급하였지만, 사직은 사社와 직稷을 나누어서 살펴
    보아야 한다. 적어도 춘추시기에는 사社가 대군을 거느
    린 자가 출정에 앞서 교외에서 행하는 융戎 제사의 성
    격이 있었다.[79] 따라서 종묘는 물론 사직 역시 서주西周

---

77) 춘(春)과 동지冬至와의 관련성에 대한 연구는 서정화, 「『춘추』왕력① - 송대 이후 春秋
曆數의 改月·改時 논의에 대한 소고」, 『동양고전연구』 67, 동양고전학회, 2017; 「춘
추』왕력② - 주대의 역법 일고찰」, 『동양철학』 47, 한국동양철학회, 2017 등에서 상세
히 논하였다. 『춘추』 경문에서 언급되고 있는 "春王正月(춘왕정월)"이 바로 동짓달을 일
컫는다고 하는 송대 이후 여러 학자들의 필설筆舌들이 있어 왔는데, 우리나라에서는 남
구만·이규경 등이 그에 관한 상세한 논의를 진행하였다.(南九萬, 『藥泉集』 卷29, 雜著
「春秋春王正月記疑」; 李圭景, 『五洲衍文長箋散稿』, 經史篇·經傳類 「春秋經」, <春王正
月辨證說>)
78) 공자는 백성들을 부유하게 해주고 그다음에는 교육시켜야 한다고 강조한 바 있다.(『論
語』, 「子路」: 子適衛, 冉有僕. 子曰, "庶矣哉." 冉有曰, "既庶矣, 又何加焉." 曰 "富之."
曰, "既富矣, 又何加焉." 曰, "敎之.")
79) 서정화, 「고대 종묘제도의 左祖右社와 前廟後寢 설에 대한 일고찰」, 『동양고전연구』
62, 2016, 249~250쪽 참조.

와 동주東周[춘추·전국시대], 그리고 한대漢代 이후에 성립된 의미에 대한 시대별 성찰이 요구된다.

위의 『예기』 「곡례 하」에서 언급된 '제후가 잘 해내야 하는 사직의 일'은, 춘추시기의 기준에서 본다면 국가의 경제적 근간인 '직稷'과 관련된 일과, 영역 확장 및 국가 방위와 관련된 '사社'에서의 일 두 가지를 의미한다고 볼 수 있다. 전한 말에 성서된 『예기』의 내용들과 실제적인 주나라 제도 사이의 간극에 대한 주밀한 연구가 요구된다. ▌

다음은 역시 『예기』의 「곡례 하」편에 수록된, 군주의 궁 안에 갖추어야 할 필수적인 구조물들에 관한 언급이다. 그중 가장 중시되는 것은 단연 종묘이다.

군자가 장차 궁실宮室을 짓고자 계획한다면, 종묘를 먼저 짓고, 마구간과 창고[廐·庫]는 그다음이고, 거주하는 내실[居室]은 나중에 짓는다.80)

고대의 '宮室(궁실)'이란 표현은 원시적인 야생 혹은 혈거穴居에서 벗어나 문명화된 기술로 지은 가옥으로서, 일반적인 집을 일컫는 것이었다.81) 廐·庫(구고)는 국가 방위의 기반을 의미한다. '廐(구)'는 수백 마리의 병마를 키우는 마구간으로 복부僕夫를 따로 두어 관리하며, '庫(고)'는 병거 물품들을 보관하는 창고이다.82) 마지막으로 짓는 '居室(거실)'은 군주와 그 가족들이 기거하는 사적인 공간이다. 종묘와 구고 그리고 거실 등의 군주에게 필수적인 세 가지

---

80) 『禮記』, 「曲禮 下」: 君子將營宮室, 宗廟爲先, 廐庫爲次, 居室爲後.
81) 『周易』, 「繫辭 下」: 上古穴居而野處, 後世聖人易之以宮室, 上棟下宇, 以待風雨.
82) 『說文解字』, 「广部」: 廐, 馬舍也. …『周禮』曰, "馬有二百十四匹爲廐, 廐有僕夫."; 「广部」: 庫, 兵車藏也.

건축물에 정전을 상징하는 구조물을 따로 언급하지 않은 이유는 '가장 먼저 지어야 한다는 종묘'가 바로 그에 해당되기 때문이다.

> ▎『맹자』「만장萬章 상」편에서 '거실居室'의 표현을 볼 수 있다. "남녀가 '내실에 거주함[居室]'은 인륜 중에서의 대륜大倫이다.〔男女居室(남녀거실), 人之大倫也(인지대륜야).〕" 이는 남녀의 결혼 생활을 표현한 것이다.
>   본 글의 주된 논의는 주대의 종묘를 군주의 거처라고 보는 것이다. 그러나 그것은 가족들과 생활하는 '거실'과는 분명 다른 공간이다. 주대의 종묘가 군주의 정전으로서의 역할을 하였지만, 『열자』에 언급되어 있는 서주시기 목왕穆王 때의 기록은 종묘를 군주가 편히 쉴 수 있는 편전便殿과 같은 용도로도 사용하였음을 알려준다.[83] 그 구체적인 지점은 묘당廟堂 위의 실室로 추정한다.▎

다음 절에서는, '천자7묘, 제후5묘'라고 하는 선군의 묘를 보유할 수 있는 그 상한의 대수代數가 선진시대에 규정대로 이행되었는지에 대해 간략하게 논할 것이다.

3. 선군 묘의 명칭 및 소유 대수의 규정과 실제

『순자』의 「유좌宥坐」편에는 공자가 노나라 '환공桓公의 묘'를 참

---

83)『列子』,「周穆王」: 周穆王時, 西極之國, 有化人來. 入水火·貫金石, 反山川·移城邑, 乘虛不墜, 觸實不硋. 千變萬化, 不可窮極. 旣已變物之形, 又且易人之慮. 穆王, 敬之若神, 事之若君, 推路寢以居之, 引三牲以進之, 選女樂以娛之. ※ 위의 문장 "推路寢以居之(추노침이거지)"에서의 '노침路寢'은 종묘의 또 다른 표현이다. 그것에 대해서는 다음 장 첫째 절에서 상세히 논할 것이다.

관해서 그곳을 지키는 자와 '유좌宥坐의 그릇'이라는 의기欹器에 대해 문답하는 내용이 그려져 있다. 그 속에는 '환공의 묘[桓公之廟]'라는 구체적인 묘의 주체가 표현되어 있다.[84] 공자 나이 30세 정도 되었을 무렵 노나라는 소공昭公이 20년간 제후의 자리를 지키고 있었고,[85] 그 이후로도 공자의 활동 무대에는 정공과 애공까지 등장한다. 환공은 공자의 초기 활동 당시의 제후인 소공을 기준으로 해도 그 위로 7대조의 제후이다. 소공으로부터 거슬러 올라가면 '소공昭公 ← 양공襄公 ← 성공成公 ← 선공宣公 ← 문공文公 ← 희공僖公 ← 장공莊公 ← 환공桓公'으로까지 여덟 세대로 이어지며, 선군의 장례를 마치기도 전에 사망한 소공 이전의 자야子野와, 즉위하고 곧바로 시해된 선공 이전의 자악子惡과, 희공 이전의 민공閔公 및 공자반公子斑 등을 포함하면 선대의 제후 수는 더 늘어난다.[86]

전한 말에 성서된 『예기』에는 "제후는 5묘인데, 2개의 소묘昭廟와 2개의 목묘穆廟 그리고 태조묘[初祖廟]로 (모두) 다섯이 된다."라고 하여,[87] 제후의 경우는 다섯 개의 묘를 소유할 수 있다고 되어 있다. 따라서 공자 당시 환공의 묘가 존재했다고 하는 것은 그 경위가 궁금할 수밖에 없다. 당시의 노나라는 맹손씨孟孫氏 · 숙손씨叔孫氏 · 계손씨季孫氏 등의 소위 '삼환씨三桓氏'가 대부의 신분으로 제후의 공실을 좌지우지하고 노나라를 삼분해서 다스리고 있었다. 이들 3환三桓은 환공桓公의 세 후손들을 일컫는 것이다. 따라서 이들이 환공의 자손들로서 자신들의 뿌리가 되는 환공의 묘를 몇 대

---

84) 『荀子』, 「宥坐」: 孔子觀於魯'桓公之廟', 有欹器焉. 孔子問, … 守廟者曰, "此蓋爲宥坐之器." 孔子曰, "吾聞宥坐之器者, 虛則欹 · 中則正 · 滿則覆."
85) 『史記』, 「孔子世家」: 魯昭公之二十年, 而孔子蓋年三十矣.
86) 鄭太鉉, 『譯註 春秋左氏傳 1』, (社)傳統文化硏究會, 2013, 95쪽 春秋世系圖의 魯世系 도식 참조.
87) 『禮記』, 「王制」: 諸侯五廟, 二昭二穆, 與太祖之廟而五.

에 걸쳐 잘 보존시켜 권력의 거점으로 삼아왔던 것이 아닌가 생각한다.

> ▎노나라에서 대부의 가문이 공실을 압도하기 시작한 것은 선공宣公 때부터인데, 그는 적통으로 제후의 자리에 오른 자신의 이복형제 자악子惡을 죽이고 공위에 오른 제후이다. 『사기』「노주공세가魯周公世家」에 그에 대한 기록이 있다.
>
> "겨울 10월, 양중襄仲이 자악子惡과 시視를 살해하고서 퇴俀를 세웠는데, 그가 선공이다. (자악과 시의 모친인) 애강哀姜이 (친정 나라인) 제나라로 돌아가는 길에 통곡하며 저자거리를 지날 때 '하늘이시여! 양중이 무도한 짓을 행하여 적자를 죽이고 서자를 세웠습니다!'라고 하니, 저자거리의 사람들이 모두 통곡하였고, 노나라 사람들은 그녀를 哀姜(애강)이라 불렀다. 노나라는 이 사건으로 말미암아 공실은 약해지고 삼환씨들은 강력해졌다."[88] ▎

　초조 묘로서의 주공의 태묘나, 당대 제후의 묘라고 할 수 있는 종묘가 아닌 경우는, '환공의 묘'라는 명칭과 같이 그 묘의 주인 명칭을 앞에 수식어로 붙여서 표현했던 것으로 판단한다. 아울러 앞에서 언급한 초조를 포함한 4대조까지의 '제후 5묘제'라는 것은, 환공의 묘를 예로 본다면, 실상 진·한대 이후에 형성된 것으로 추정된다.

　다음 절에서는 묘에 종통이라는 의미의 '종'자를 붙여 명명할 수 있는 신분적 한계가 어디까지인지, 혹은 어떤 경우에 종묘라고 칭할 수 있었는지에 관해 고찰할 것이다.

---

88) 『史記』, 「魯周公世家」: 冬十月, 襄仲殺子惡及視而立俀, 是爲宣公. 哀姜歸齊, 哭而過市, 曰, "天乎, 襄仲爲不道, 殺適立庶." 市人皆哭, 魯人謂之'哀姜'. 魯由此公室卑, 三桓彊.

4. 종묘 명칭 사용의 신분적 한계

『예기』「왕제王制」에는 계절별로 이행되는 제사의 종류와, 경제력과 계층별로 구분된 제물 등이 서술되어 있다.

천자와 제후의 종묘 제사는 춘春에는 약礿제사라 하고, 하夏에는 체禘제사라고 하며, 추秋에는 상嘗제사라고 하고, 동冬에는 증烝제사라고 한다. 천자의 사직 제사 희생으로는 모두 태뢰太牢를 쓰며, 제후의 사직 제사 희생으로는 모두 소뢰少牢를 쓴다. 대부와 사士의 종묘 제사에는 (대부·사가) 전田을 소유한 경우라면 (육고기로) 제祭를 올리고, 전이 없다면 (그 해에 새로 돋은 식물로) 천薦을 올린다. 서인庶人들은 춘春에 부추를 올리고, 하夏에 보리를 올리며, 추秋에 기장[黍]을 올리고, 동冬에 벼를 올린다.[89]

▎'祭(제)'자는 갑골문의 자형을 보면 희생犧牲 고기와 손 그리고 제대祭臺의 모양으로 되어 있다.(한전漢典)『설문해자』에는 손으로 고기를 쥐고 있는 것이라고 설명하고 있다.[90] 따라서 '제祭'의

---

89) 『禮記』,「王制」: 天子·諸侯宗廟之祭, 春曰礿·夏曰禘·秋曰嘗·冬曰烝. 天子社稷皆大牢, 諸侯社稷皆少牢. 大夫·士宗廟之祭, 有田則祭, 無田則薦. 庶人, 春薦韭·夏薦麥·秋薦黍·冬薦稻. ※ 필자는 여기서의 "春曰礿…"과 "春薦韭…"라고 한 것에서의 春·夏·秋·冬(춘하추동)이 의미하는 시후時候를 각각 다른 것으로 판단한다. 선진시기에 이루어진 글 속에서의 춘하추동의 의미가 오늘날의 그것과 다르게 쓰였던 경우가 있기 때문이다. 그렇기 때문에 어떠한 의례 시행의 그 계절적 의미를 해석할 경우에는 그 시후가 갖는 본의를 우선적으로 파악해야 한다. 『춘추春秋』 경문經文을 예로 들 경우, 거기에서의 계절명은 동지 달부터 3개월을 春(춘)이라 하였고, 춘분 달부터 3개월을 夏(하)라고 하였으며, 하지 달부터 3개월을 秋(추)라고, 추분 달부터 3개월을 冬(동)이라고 불렀다. 그와 같은 계절명의 편차 이유에 대해 '『춘추』의 저자'가 '의도적으로 고친 것'인지 아닌지에 대한 쟁론들이 송대 이래로 있어왔지만, 결국 그것은 『춘추』 경문이 지어졌던 당시에 실제로 사용되던 계절명이었음을 논한 연구가 있다.(서정화, 「『춘추』왕력① - 송대 이후 春秋曆數의 改月·改時 논의에 대한 소고」, 『동양고전연구』 67, 동양고전학회, 2017; 「『춘추』왕력② - 주대의 역법 일고찰」, 『동양철학』 47, 한국동양철학회, 2017 참조.)

식'은 '육肉고기를 제수로 사용하는 의례'를 말하
는 것이었음을 알 수 있다. ▮

고대의 '전田'은 단순히 농사만을 짓는 곳이 아니라 사냥을 할
수 있는 장소이기도 했다. 거기에는 경작지라는 의미 외에도 사냥
[畋]의 뜻도 포함되어 있다. 따라서 대부와 사士가 분봉이나 포상
등의 이유로 전을 소유하고 있다면 그곳에서 사냥한 짐승으로 제
祭를 올릴 수 있는 것이다.

> ▮『주역』「사괘師卦」의 육오六五 효사 "사냥함에 날
> 짐승이 있다. 〔田有禽(전유금) 〕"와,『좌전』선공宣公 2
> 년 기록인 "선자가 수산에서 사냥하였다. 〔宣子田於首
> 山(선자전어수산) 〕", 그리고『회남자淮南子』「본경훈本經
> 訓」의 "산림을 불살라서 짐승을 사냥하고, 못의 물을 말
> 려서 물고기를 낚는다. 〔焚林而田(분림이전), 竭澤而漁
> (갈택이어). 〕" 등의 기록들 속에 있는 '田(전)'은 모두 사
> 냥을 뜻하는 '畋(전)'의 의미로 쓰인 것이다. ▮

앞에서 언급한 '禮(예), 不下庶人(불하서인).'의 규정대로라면,「왕
제」에서는 왜 군이 서인庶人들의 제례 물품까지 구체적으로 나열
하고 있을까? 그리고 과연 사士 계급이 묘廟를 소유할 수 있었다고
하더라도,91) 선진시대를 살았던 그들이 자신들의 묘에 '종묘'라는
표현을 쓸 수 있었을까? '종宗'은 종통宗統을 의미하는 것인데, 과
연 주나라 종법제도하에서의 사 계층에게 그러한 용어를 사용할
수 있는 자격이 부여되었는지 의문이다. 물론『예기』의 편집이 완
성된 시기가 전한 말이었고, 또 당시 한대에 변화되거나 새롭게 형

---

90) 『說文解字』,「示部」: 祭, 祭祀也. 从示, 以手持肉.
91) 『禮記』,「禮器」: 禮, … 天子七廟, 諸侯五, 大夫三, 士一.

성된 예제가 거기에 편입된 경우가 종종 있었기 때문에, 위의 내용을 주대의 제도였다고 확신하기는 쉽지 않다. 그러나 이 글에서 필자가 주목하고자 하는 것이 사士와 서인庶人들의 '종묘' 제사 여부에 한정한 것이므로, 위 「왕제」의 예문을 논의의 기반으로 삼아도 무방할 것이다.

「왕제」의 예문 중 "대부와 사의 종묘 제사 [大夫士宗廟之祭(대부사종묘지제)] "라는 말에서의 '종묘'를, 필자는 바로 '군주의 종묘'를 의미하는 것이라고 판단한다. '공실公室의 족族으로서' 군주에게 전田을 하사받아 녹을 먹고 있는 대소신료들이 나라의 중대사인 종묘에서의 제례 행사에, 하사받은 땅에서 수고롭게 사냥한 짐승을 제祭로 올리는 것은 보은과 충성심을 표현하는 의례라고 할 수 있다. 다시 말해 제후의 종묘 제례 행사에 참예하는 그 족의 대부와 사는 군주에게 하사받은 전이 있을 경우, 그곳에서 사냥한 짐승으로 제를 올리고, 하사받은 전이 없을 경우에는 새로 돋은 나물 등의 식물을 올리는 것이다.

『효경』에 경대부卿大夫의 효에 관한 내용이 있다.

> 선왕이 (본받을 수 있도록) 법法으로 삼은 의복[服]이 아니면 함부로 착용하지 않으며, 선왕이 (본받을 수 있도록) 법으로 삼은 말[言]이 아니면 함부로 인도하여 말[道]해주지 않으며, 선왕이 (왕다운) 덕德으로 삼아서 행한 것이 아니면 함부로 행하여 가지 않는다. 그러므로 (선왕의 본받을 만한) 법法이 아니면 말하지 않고, (선왕이 인도하여 말해준) 길[道]이 아니면 행하여 가지 않는다.
> ① 입[口]은 (마음대로) 선택해서 하는 말[言]이 없으며, 몸[身]은 (마음대로) 선택해서 하는 행함[行]이 없다. ② 말이 온 세상에 가득하여도 입으로 하는 과오가 없다. ③ 행함이 온 세

상에 가득하여도 (남들이) 원망하거나 미워하는 일이 없다.
　이 세 가지 단계[①, ②, ③]의 덕목을 갖추고 나서야 '그 종묘를 지킬 수 있으니', 대개 (이것이) '경대부의 효孝'인 것이다.[92]

> ▌선왕의 모든 규정을 잘 따름으로써 선조가 애써서 일궈내고 물려준 '봉지封地와 신분이라는 위대한 유산의 소유권'을 행사할 수 있는 '종묘를 잘 보전하는 것'이 '효'가 된다고 하는 것은, 이러한 효사상은 어찌 보면 '통치 권력을 굳건히 하기 위한' 정치적 이념이라는 생각이 든다. ▌

위의 내용을 정리하면, 경대부의 가家에서 그 경대부의 신분을 처음으로 봉해 받은 초조를 시작으로 한 그 '종통을 이어온 종묘를 잘 지켜낼 수 있는 것'이 바로 '경대부가 행하여야 하는 효'가 된다는 것이다. 아울러 그 효를 행하는 구체적인 방법은, 선왕이 규정한 복식[法服]과 선왕이 규정한 예법의 말[法言]과 선왕이 행한 덕행을 잘 이행하여 그 가의 영지를 봉해준 선왕의 모든 예법을 수호하는 것이다.

더 나아가 세상을 향해 하는 말과 행동들이 아무런 과오가 없고 원망받는 일이 없게 함으로써, 결과적으로 선조로부터 물려받은 자신들의 영지인 가家의 종통을 백세토록 잘 지켜낼 수 있게 하는 것, 그것이 곧 그 가를 존재하게 한 선조에 대한 보은이면서 동시에 효가 됨을 말하는 것이다. 이는 그 '족인族人'들의 화합된 힘과 충성심을 필요로 하는 일이기도 하는데, 경대부의 족인들은 바로 사士와 서인庶人들로 구성된다.

---

92) 『孝經』,「卿大夫」: 非先王之法服不敢服, 非先王之法言不敢道, 非先王之德行不敢行. 是故, 非法不言・非道不行. 口無擇言・身無擇行, 言滿天下, 無口過, 行滿天下, 無怨惡. 三者備矣, 然後能守其宗廟, 蓋卿大夫之孝也.

「왕제」에서의 부추·보리 등을 올리는 서인은 제후의 후손이거나 대부 혹은 사의 근친들로서, 귀족 신분도 물려받지 못하고 특별한 관직조차 없는 일반인의 신분에 가까워진, 그렇지만 아직까지는 공실의 태조나 선군들에게 올리는 종묘 제사 행사에서 완전히 멀어지기 이전의 상태인 사람들을 말하는 것이다. 따라서 그들은 할당된 농토에서 노동 활동을 통해 취득한 나물이나 작물을 정성껏 바치는 형식으로 공경스러움을 표현하는 것이다.

『순자』에서는 소유한 재산이 없이 맨손으로만 먹고사는 사람은 종묘를 세울 수 없다고 하여,93) 선대로부터 봉토를 물려받은 사람만이 종묘를 소유할 수 있음을 시사하고 있다. 그런데 사 계급의 묘에 종묘라는 용어를 사용한 것처럼 보이는 기록이 있다. 『의례』의 「사혼례士昏禮」는 사 계급의 혼례에 관한 절차를 기록한 것이다. 「사혼례」의 설명서라고 할 수 있는 『예기』 「혼의昏義」에서는 '종묘'라는 표현이 등장한다.

> 혼례라는 것은 장차 두 성씨의 사랑을 짝지어서, 위로는 그것으로 '종묘의 일에 종사[事宗廟]'하게 하고 아래로는 그것으로 후세를 잇게 하는 것이다. 그렇기 때문에 군자는 혼례를 중요하게 여긴다.94)

대부의 신분은 적장자 한 사람에게만 승계되기 때문에 그의 나머지 형제들은 다른 일반적인 하급 관료와 같이 '사士'의 신분이 된다. 따라서 「혼의」에서 언급한 '종묘'는 바로 그 사가 속한 족族의 종宗이 되는 '대부(혹은 그 이상의 신분)의 묘廟'를 말하는 것이

---

93) 『荀子』, 「禮論」: 持手而食者, 不得立宗廟.
94) 『禮記』, 「昏義」: 昏禮者, 將合二姓之好, 上以事宗廟, 而下以繼後世也. 故君子重之.

다. 이러한 논의가 가능한 것은, 정작 「혼의」의 본전이라 할 수 있는 『의례』「사혼례」에는 사 계급의 묘에 대해 종묘라는 명칭을 사용하고 있지 않는다는 점이다. 뿐만 아니라 『의례』의 나머지 모든 편에서도 종묘라는 표현은 찾아볼 수 없다. 그것은 『의례』가 대부분 사 계층이 관리로서 담당하거나 혹은 그들 자신이 주인공이 되는 의례가 수록된 책이기 때문이다. 『좌전』 장공莊公 대의 기록 중에 다음의 내용이 있다.

> 대개 읍邑은, '종묘'에 선군의 신주神主가 있으면 도都[國都]라
> 고 하고, 없으면 읍邑이라고 한다. 읍을 조성하는 것을 '축築'
> 이라고 하고, 도[국도]를 조성하는 것을 '성城'이라고 한다.[95]

종묘에 그 나라 '선제후[先君]'의 신주神主가 모셔져 있지 않은 지역'은 바로 대부가 다스리는 지방 소도시[邑]를 말하는 것이다. 이는 대부가 자치권을 행사하는 영토 내의 묘 역시 종묘라고 칭할수 있었음을 말해준다.

한편 필자가, '宗廟先君之主(종묘선군지주)'에 대해 '종묘와 선군의 신주'로 병렬하여 해석하지 않고 '종묘의 선군의 신주'로 보아서, '도都'라고 부를 수 있는 곳은 그곳의 종묘에 선군[先諸侯]의 신주神主가 있는 경우를 말하는 것으로 해석한 이유는 다음과 같다.

당시의 관념상, 신주가 있는 묘는 당연히 '종이 되는 자의 묘[宗廟]'가 된다. 따라서 그 문장에서의 '있음[有]'과 '없음[無]'은 종묘의 존재에 대한 유무有無가 아니라 그 종묘 안에 다름 아닌 '선제후先諸侯의 신주'가 있는가 없는가의 유무인 것이다. 이 부분에 대해 진대晉代의 두예杜預는 다음과 같이 설명하고 있다.

---

95) 『春秋左傳』, 「莊公 28年」: 傳——凡邑, 有宗廟先君之主, 曰都, 無曰邑. 邑曰築・都曰城.

종묘가 있는 지역은 그곳이 비록 읍邑[작은 소도시]이라고 할
지라도 도都라고 부르니, 종묘를 존귀하게 여기기 때문이다.
일반적인 읍을 말할 때는 여타의 축築이 되니, 예例로 삼을 것
이 아니다.96)

이는 두예가 '종묘가 있는 지역'을 바로 '선군[선제후]의 신주를
모신 종묘가 있는 지역'으로 이해하고 있는 것이며, 다른 한편으로
그는 그 종묘가 대부의 종묘일 경우를 염두에 둔 것이 아니라, '현
제후가 거처하고 있는 수도 이외의 다른 장소에도 군주의 종묘를
갖춘 국도가 있을 수 있는 경우'를 가지고 말한 것이다.

위와 같은 좌전의 언급과 그에 대한 두예의 설명에 대해 송대의
섭몽득葉夢得(1077~1148)은 『춘추좌전언春秋左傳讞』에서 다음과 같이
논평하고 있다.

도와 읍에 본래 차이점이 있다는 것은 종묘를 가지고 말한
것이 아니다. 큰 도시든 작은 도시든 비록 공경公卿의 식읍食邑·
채읍采邑의 땅이라 해도 대부가 감히 제후를 조祖로 받들 수 없
는데, 어찌 선군의 신주를 소유할 수 있었겠는가? 두예가 말
하길 '종묘가 있는 지역은 그곳이 비록 읍이라고 할지라도 도
라고 부른다'라고 하였는데, 이는 아마 예고禮考에서의 헛된
것들을 가지고 견강부회하고자 한 것이 아니라, 그저 전하여
말했을 뿐일 것이다. 『좌전』(의 저자)은 이미 도都와 읍邑을 분
변할 줄 몰랐으니, 그러므로 성城과 축築의 의미를 잘못 안 것
이다.97)

---

96) 『春秋左傳注疏』卷9, 「莊公 28年」: 傳──築郿非都也. … 邑曰築·都曰城. [注── …
宗廟所在, 則雖邑, 曰都, 尊之也. 言凡邑則他築, 非例.]
97) 『春秋左傳讞』卷2, 「莊公 28年」, <冬築郿>: 都與邑固有別矣, 不以宗廟言也. 大都·小都,
雖公卿食采之地, 然大夫不敢祖諸侯, 安得有先君之主乎. 杜預謂, 宗廟所在雖邑曰都, 此
蓋未嘗以禮考之徒欲附會, 傳云爾. 傳既不知都邑之辨, 故亦失城與築之義.

이는 섭몽득이, 두예가 군주의 종묘가 여러 도시에 설치되어 있을 수 있는 경우를 가지고 말했다는 것을 이해하지 못한 것이며, 아울러 그는 『좌전』의 글을 오인하기도 하였다. 즉, 그가 도都를 '큰' 도시로, 읍邑을 '작은' 도시로만 간주하고 (작은 도시는 물론) 큰 도시[都]를 제후의 국도가 아닌 경대부가 채읍으로 다스리는 대도시로 본 것이다. 그렇기 때문에 '비록 대도시라고 해도 어찌 그곳의 묘에 감히 선제후의 신주를 보관한다거나, 또 제후의 신주를 모신 종묘라는 명칭을 쓸 수 있었겠는가'라고 반문한 것이다.

그러나 필자는 두예의 생각과 같이 여기서 말하는 도都를 (타성他姓의 대부에게 봉해준 대도시가 아닌) 제후 자신의 공족公族의 '종宗'으로서의 직간접적인 영향력이 미치는 지역으로 판단한다. 앞에서도 언급했듯, 두예가 (군주의 종묘가 설치되어 있는) '국도'가 여러 군데 있을 수 있는 경우를 가지고 설명하였듯이, 실제로 선진시대에는 하나의 나라에 두 개 이상의 국도가 동시에 존재하는 경우를 그리 어렵지 않게 볼 수 있다. 동천東遷 이전 주나라의 호경鎬京과 낙읍洛邑이 그러하였고, 전국시대 조趙나라의 한단邯鄲과 신도信都가 그러하였다.[98] 그리고 전제田齊에서는 임치臨淄를 포함해서 무려 5도都를 두고 있었다.[99]

선진시대의 여러 국도에 대한 실례를 교토삼굴狡兎三窟이라는 고사에서 찾아볼 수 있다. 그것은 제나라의 공족대부公族大夫였던 맹상군孟嘗君(?~B.C. 279, 田文)에게 그의 책사 풍훤馮諼이 한 비유의 말이다. 교활한 토끼가 최소한의 자신의 목숨을 지키기 위해서 파놓

---

98) 조趙나라의 별도別都인 신도信都에 대해서는 『태평환우기太平寰宇記』 「하북도河北道」 참조.
99) 『史記索隱』 卷11, 「燕召公系家」 第4: (齊宣)王內令章子, 將五都之兵,[五都, 即齊也. 按, 臨淄是五都之一也.] 以內北地之衆,[北地, 即齊之北邊也.] 以伐燕.

는다는 세 개의 굴 중에 한 가지가, 바로 '임금에게 선왕의 제기祭器들을 요청해서 맹상군의 봉지인 설薛 땅에 선군의 제사를 올릴 수 있는 종묘를 세우게 하는 것'이었다. 『전국책』의 「제책齊策」에 수록된 이 이야기의 전말은 아래와 같다.

제나라 사람 풍훤馮諼이라는 자가 있었는데, … 거짓으로 맹상군의 이름을 대어, (맹상군의 봉지封地인 설 땅의) 모든 백성들에게 부채 탕감의 은혜를 베풀어 준다고 선포하고 그 차용증서들을 소각시키니, 백성들은 맹상군을 칭송해 만세를 불렀다. … 풍훤이 (돌아와 맹상군에게) 다음과 같이 보고하였다. "… 군의 집[宮] 안에는 진귀한 보배들이 쌓여 있고, … 군의 가家에서 부족하게 지니고 있는 것은 '의義'로써 하는 일뿐입니다. 그 때문에 군을 위하여 (그 차용증서로) 그냥 슬그머니 의를 사왔습니다." … 1년 후, 제나라 왕이 맹상군에게 일러 말하길, "과인은 선왕의 신하를 나의 신하로 도저히 쓸 수가 없습니다."라고 하였다. 맹상군은 (이렇게 파직되어) 봉지인 설薛 땅으로 돌아가는데, 아직 백리에도 이르지 못했는데, (설 땅의) 백성들이 노인들을 부축하고 어린아이들을 이끌고 길에서 맹상군을 환영하였다. 맹상군이 풍훤을 돌아보며 이르길, "선생이 나를 위하여 의義를 사온 것이 비로소 오늘에야 그 결과를 보게 되는군요."라고 하였다. 풍훤은 다음과 같이 대답하였다. "교활한 토끼가 세 개의 굴을 지니고 있어야 겨우 그 죽음을 면할 수 있을 뿐입니다. … 청컨대 군께서는 두 개의 굴을 다시 뚫으십시오." … …
풍훤이 맹상군을 경계시켜 말하길, "원컨대 (임금에게) 선왕先王의 제기祭器들을 청해서 설 땅에 종묘를 세우십시오."라고 하였다. (종)묘가 완성되자 돌아가 맹상군에게 다음과 같이 보고하였다. "세 개의 굴이 이미 이루어졌으니, 군께서 잠시 동안은 고침안면하면서 즐거움을 누리실 것입니다."[100]

┃여기서의 선왕先王은 주나라 천자의 선왕이
아니라 제나라의 선대 전田씨 왕들을 말하는 것이
다. 당시에는 7웅雄의 제후들[戰國七雄]이 모두 앞
다투어 스스로를 왕이라 칭[稱王]하던 시기였다.┃

종묘에 선군의 신주를 모신 곳을 '도'라고 하고 그렇지 않은 곳
을 '읍'이라고 하는데, 읍에는 축築이라는 시설물을 세우지만 도에
는 성城이라는 시설물을 세울 수 있는 것이다. 여기서 축과 성은
그 견고함과 규모 면에서의 차이를 보이는 건축물 혹은 방어시설
을 표현한 것이다.

이처럼 선제후나 선왕의 신주를 모셔 둔 지방에 있는 도성都城의
성주는 그렇지 않은 읍축邑築에 비해 그곳의 대외적인 위상과 방어
력에 훨씬 유리한 입장에 있었을 것이다. 설 땅에 선왕의 제기들을
갖춘 종묘를 세운다는 것은, 그곳이 설립 당시의 마을 규모와 상관
없이 지방의 작은 읍이 아닌 도로 승격되었음을 말하는 것이다. 아
울러 그것은 그 나라의 주요 도시라는 위상과 그곳의 방어시설을
국도의 수준으로 견고히 구축할 수 있는 자격을 동시에 지니게 되
었음을 의미하는 것이며, 따라서 주둔 군대의 수 역시 더욱 증대시
킬 수 있었을 것이다. 그렇기 때문에 바로 '그 세 번째의 굴'이 완
성되자 풍훤이 맹상군에게 '이제 잠시 동안은 고침안면하면서 즐
거움을 누리실 것'이라고 단언할 수 있었던 것이다.

이렇듯 그곳에 선군의 신주를 모신 종묘를 설치한 것은, 천자의

---

100) 『戰國策』, 「齊策」 4, <齊人有馮諼者>: 齊人有馮諼者. … 矯命以責賜諸民, 因燒其券, 民
稱萬歲. … 馮諼曰, "… 君宮中積珍寶, … 君家所寡有者以義耳. 竊以爲君市義." … 後
期年, 齊王謂孟嘗君曰, "寡人不敢以先王之臣爲臣." 孟嘗君就國於薛, 未至百里, 民扶老
攜幼, 迎君道中. 孟嘗君顧謂馮諼, "先生所爲文市義者, 乃今日見之." 馮諼曰, "狡免有三
窟, 僅得免其死耳. … 請爲君復鑿二窟." … … 馮諼誡孟嘗君曰, "願請先王之祭器, 立宗
廟於薛." 廟成, 還報孟嘗君曰, "三窟已就, 君姑高枕爲樂矣."

의례를 이행할 수 있도록 허락되었던 노나라의 주공묘周公廟가 지
닌 상징적인 위상과도 같은 것이라 할 수 있다.101)

▎제나라 설 땅에 선군의 제기祭器를 갖춘 종묘를 세
우도록 해준 왕은 민왕湣王(재위 B.C. 300~B.C. 284)이다.
민왕의 선친인 선왕宣王(재위 B.C. 319~B.C. 301) 때에도
제나라에는 이미 다섯 개의 도都를 갖추고 있었다.102) ▎

▎처음 설 땅을 봉지로 받은 이는 맹상군의 아버지인
정곽군靖郭君(B.C. 376(?)~B.C. 298(?), 田嬰)이었다.103) 그
가 설을 봉지로 하사받을 당시 초楚나라와 등滕나라 등
크고 작은 주변국들에서 상당한 반발을 하였는데, 그것
은 당시 그의 국제적인 위상이 타국에게까지도 위압적
이었을 만큼 지극히 컸기 때문이었다.104)
한편, 정곽군이 설 땅을 하사 받고 몇 달 후 그곳에
'성城'을 축조했다고 하는 기록이 있기도 하다.105) 그러

---

101) 惠士奇, 『禮說』 卷9, 「春官」 4: (孟嘗君)願請先王之祭器, 立宗廟於薛. … 孟嘗君諸之,
猶魯有周廟.
102) 『史記索隱』 卷11, 「燕召公系家」 第4: (齊宣)王因令章子, 將五都之兵,[五都, 即齊也. 按,
臨淄是五都之一也.] 以因北地之衆, 以伐燕.
103) 『史記』, 「孟嘗君列傳」: 田嬰相齊十一年, 宣王卒, 湣王即位. 即位三年, 而封田嬰於薛. ※
한편, 사마정司馬貞(唐)은 전영田嬰이 설薛을 하사받은 시기를 민왕湣王 때가 아니라 위
왕威王 때라고 정정하였다.(『史記索隱』 卷19, 「孟嘗君列傳」 第15: 湣王即位三年, 而封
田嬰於薛. [紀年, 以爲梁惠王後元十三年四月, 齊威王封田嬰于薛])
104) 『戰國策』, 「齊策」 1, <齊將封田嬰於薛>: 齊將封田嬰於薛. 楚王聞之, 大怒, 將伐齊, 齊
王有輟志. 公孫閈曰, "封之成與不, 非在齊也, 又將在楚. 閈說楚王, 令其欲封公也又甚
於齊." … 公孫閈爲謂楚王曰, "魯・宋事楚而齊不事者, 齊大而魯・宋小. 王獨利魯・宋
之小, 不惡齊大, 何也. 夫薛削地而封田嬰, 是其所以弱也, 願勿止." 楚王曰"善". 因不
止.; 『孟子』, 「梁惠王下」: 滕文公問曰, "齊人將築薛, 吾甚恐. 如之何則可."
105) 徐文靖(淸), 『竹書統箋』 卷12, 「隱王」: 十五年, 薛侯來會王于釜丘. [箋——按『索隱』曰,
"紀年以爲, 梁惠王後元十三年四月, 齊威王封田嬰于薛. 十月, '齊城薛'. 十四年, 薛子嬰
來朝." 則此會王釜丘者.] ※ 『죽서통전竹書統箋』에서 『색은索隱』을 인용해 말한 내용
중 "齊城薛(제성설)"이, 문연각 사고전서 전자판에 실려 있는 『사기색은史記索隱』의 이
문장에서는 "齊薛(제설)"로 수록되어 있다.(『史記索隱』 卷19, 「孟嘗君列傳」 第15: 湣王
即位三年, 而封田嬰於薛. [紀年, 以爲梁惠王後元十三年四月, 齊威王封田嬰于薛, 十月

나 그에 대한 비교적 상세한 기록이 수록된『전국책』에
서는, 정곽군이 그의 수많은 책사들의 적극적인 만류를
뿌리치고 설 땅에 성을 세우고자 시도하긴 하였지만,
소탐대실을 우려하는 책사의 간언대로 결국에는 축성
을 그만둔 것으로 기록되어 있다.106)

설 땅에 성을 세우는 일은, 결국 그곳에 선제후의 신주
를 모신 종묘를 설치한 그의 아들 맹상군이 이루었다. ▌

다음은 공자가 자공에게 진정한 충정과 효성에 대해 설명해 주
고 있는『순자』「자도子道」편의 기록이다.

옛날 (천자가 다스리는) 만승萬乘의 국도 안에 (천자를 일깨
워 주는) 쟁신諍臣 네 사람이 있으면 분봉해 준 강역은 줄어들
지 않으며, (제후가 다스리는) 천승千乘의 방국에 (제후를 일깨
워 주는) 쟁신 세 사람이 있으면 사직은 위태로워지지 않으며,
(대부가 다스리는) 백승百乘의 가家에 (대부를 일깨워 주는) 쟁
신 두 사람이 있으면 종묘는 헐리지 않으며, 부모에게 (부모를
일깨워 주는) 쟁자諍子가 있으면 (부모는) 예禮가 없는 행동을
하지 않게 된다.107)

위의 "백승百乘의 가家에 (대부를 일깨워 주는) 쟁신諍臣 두 사람
이 있으면 종묘는 헐리지 않는다."라는 기록에서 보듯, 대부의 가

'齊薛'. 十四年, 薛子嬰來朝.]) 이것은 제작 과정에서 城(성)자가 탈자脫字되었기 때문
으로 보인다.

106)『戰國策』,「齊策」1, <靖郭君將城薛>: 靖郭君將城薛, 客多以諫. 靖郭君謂謁者, 无爲客
通. 齊人有請者曰, "臣請三言而已矣. 益一言, 臣請烹." 靖郭君因見之. 客趨而進曰, "海
大魚." 因反走. 君曰, "客有於此." 客曰, "鄙臣不敢以死爲戲." 君曰, "亡, 更言之." 對曰,
"君不聞大魚乎? 網不能止, 鉤不能牽. 蕩而失水, 則螻蟻得意焉. 今夫齊亦君之水也. 君
長有齊陰, 奚以薛爲. 夫齊, 雖隆薛之城到於天, 猶之無益也." 君曰"善". 乃輟城薛.

107)『荀子』,「子道」: 孔子曰, "… 昔萬乘之國, 有爭臣四人, 則封疆不削. 千乘之國, 有爭臣三
人, 則社稷不危. 百乘之家, 有爭臣二人, 則宗廟不毁. 父有爭子, 不行無禮."

에 있는 묘廟 역시 종묘라고 불렀음을 알 수 있다.

한편 당시 대부가 다스리는 가의 묘를 종묘라고 칭하기는 했어도 그것을 '가묘家廟'라고 칭한 기록은 한대 이전의 전적에서는 찾아볼 수 없다. 가묘라는 명칭은 주로 당대唐代 이후의 기록에서 보이기 시작한다. 그러나 이는 고대 '대부가 다스렸던 영지라는 의미의 가' 내에 설치된 묘와는 그 위상이 다른 것이다. 그에 대해, 당대 이후 성장을 거듭한 사 계층이 자신들의 묘에 대부의 영지인 '家(가)' 자를 붙여서, 마치 고대 봉건시대의 귀족 계급이었던 대부를 자신들과 동일선상에 놓고자 했던 것은 아닌가 하는 생각을 한다.

주대의 묘廟는 천자로부터 사士 계층까지 누구나 지닐 수 있었던 일명 '집'이었다. 그것이 천자나 제후에게는 정전 내지 편전이었고, 다스리는 봉토를 소유한 대부에게도 역시 마찬가지였다. 영지가 따로 없었던 사士에게는 일종의 '사랑채'가 되는 셈이다. 당시 예禮 의식의 주체에서 배제된 서인 이하의 계층에서는, 자신의 집에 고비용의 당堂을 올리고 규격화된 구획들을 조성하는 등의 묘의 건축은, 사실상 무의미한 것이었다. 묘는 그 본질적인 기능에서, 길례吉禮·흉례凶禮·빈례賓禮·가례嘉禮 나아가 조근례朝覲禮 및 군례軍禮 등, 갖가지 의례들을 이행하는 장소로 쓰인 곳이었기 때문이다. 이러한 천자부터 사까지 누구나 소유할 수 있었던 묘라는 건축물은, 거기에 '종宗'자를 붙여서 종묘라고 부를 수 있었던 신분 역시 구분되어 있었다. 작위와 영토를 상속받은 자의 묘일 경우에만 종묘라고 칭할 수 있었다. (상속자로서의 의무이자 권리이기도 했던) 선왕·선제후·선대부 등에 대한 제사 의식을 이행할 수 있는 사자嗣子나 사손嗣孫의 묘에만 종묘라고 한 것이며, 바로 그 종과 사자·사손은 같은 의미의 말이 된다. 조祖·종宗에서 조祖는 그 신분과 영지를 처음 소유하게 된 조상이고, 종宗은 그것을 대대로 물려받은 각 세대의 (그 조祖의) 후손을 말하는 것이기 때문이다. 따라서 영지와 신분의 상속과 무관한 사 계층은 자신의 묘에 '종'자를 붙일 명분이 없는 것이다.

5. 정리

지금까지 고대 유교 전적에 묘사된 여러 기록들을 통해 선진시대 묘의 쓰임과 종묘가 상징하는 본질적 의미에 대해 고찰하였고, 당시 종묘를 언급한 몇몇 기록들에 대한 재해석을 시도해 보았다.

『논어』의 「향당」·「선진」·「자장」·「헌문」 편과, 『맹자』의 「고자 하」 편, 『순자』의 「악론」·「애공」 편, 그리고 『예기』「곡례 하」 편 등을 중심으로, 선진시기의 종묘는 군주가 거처하면서 정령을 펼치는 장소로서, 천자와 제후 더 나아가 다스리는 땅을 지닌 대부 등의 치조 공간인 정전과 같은 역할을 하던 곳이었음을 확인하였다.[108) 아울러 당시 종묘의 기능과 역할에 대한 후대 유학자들의 시각이 한대 이후 변모된 그것과 같이 거의 대부분 제사와 관련된 것으로 한정해서 인식하였음도 짚어 보았다.

종묘는 '종통의 자격을 부여받은 자의 묘'를 말하는 것이다. 주나라 때의 종통이 의미하는 것은 천자와 제후 및 대부인 선대로부터 작위와 영토를 하사받은 자이다. 서주의 종법제도에 의해 최초로 작위와 봉토를 하사받은 초조初祖에게 그것을 대대로 상속받은

---

108) 주대 종묘에 대한 보다 많은 고전들을 통한 분석은 이후의 숙제로 미룬다.

(천자를 포함해서) 제후와 대부는 족族의 종통으로서 '위位'에 오른 자이기 때문에 자신의 묘에서 선군에 대한 제사 의례를 이행하였고, 그에 따라 그들의 정전인 묘에 '종통이 되는 자의 묘'라는 의미의 '종묘'의 명칭이 형성되었다.

춘추시기 '환공의 묘' 경우와 같이, 특정한 묘는 묘주廟主의 수식어를 붙여서 일컬어지기고 하였다. '천자7묘, 제후5묘' 등의 신분에 따른 소유 묘수 규정은 물론, 순차적인 선대先代 종묘의 보유 및 관리가 당시에는 별도로 규정화되지 않았음도 알 수 있었다. 이는 이미 앞 장에서 논하였던 '족族의 촌수 개념으로서의 소·목 제도'와 더불어, 당시 선대의 종묘 관리 제도가 대수代數에 따른 좌소左昭·우목右穆의 종묘 건축물 배치와 무관한 것이었다는 방증이기도 하다.

사士 계층의 경우는 사랑舍廊으로 사용되는 개인적인 묘廟를 소유할 수는 있었지만, 선조로부터 봉토와 신분의 상속이 이루어지지 않았기 때문에 자신들의 묘에 종묘라고 칭할 수 있는 자격이 부여되지 않았다. 아울러 대부가 다스리는 가의 묘를 종묘라고 칭하기는 했어도 그것을 '가묘'라고 칭한 기록은 한대 이전의 전적에서는 찾아볼 수 없다. 그것은 당대 이후 성장을 거듭한 사 계층이 자신들의 선조에 대한 제례 의식을 하는 사당에 대부의 영지인 '家(가)'자를 붙여 가묘家廟라고 칭한 것이다.

전국 말에 성서된 『여씨춘추呂氏春秋』에는 묘의 올바른 위치에 대한 개략이 수록되어 있다. "옛날에 왕이 된 자는 세상에서 중심이 되는 곳을 택해서 국도를 세우고, 국도의 중심이 되는 곳을 택해서 집[宮]을 세우고, 집[宮]의 중심이 되는 곳을 택해서 묘를 세웠다."[109] 이 글에서 묘가 임금의 집[宮] 안에 세워지는 정전正殿과 같은 의미로 표현되고 있다. 그런데 청대의 왕인지王引之는 이 글을 통해 묘가 군주가 거처하는 곳이라고 인정하면서도, 그곳이 종묘를 가리키는 것은 아니라고 단정하여,[110] 고대 군주의 묘와 종묘는 별개의 장소였을 것이라고 생각하였다.

> ▌궁宮이 제왕의 궁전을 뜻하기 시작한 것은 진시황의 천하통일 이후부터이며, 그 이전까지 궁은 일반적인 '집'을 의미했다. 따라서 여기서의 내용은 '국도의 중심 지역에 군주의 집을 짓고, 그 집 안에 묘를 짓는다.'라는 의미가 된다.[111] ▌

선진시대에 제사 의례와 외교 의례, 정치 의례 등 다양한 의례 행위가 이루어진 곳이 바로 통치자의 묘였고, 바로 그곳에서 '종'의 자격이 있는 군주에 의해 '종'의 자격을 내려 준 선군들에 대한 제사 의례가 이루어진다는 점에서 '종'자가 부가된 것이다. 한대 이후 근세기까지 수많은 왕조를 거치는 오랜 세월 동안 '종묘는 임금의 사당이다.'라는 관념이 이미 고착화된 상태에서 '그곳은 원래 임금의 집이었다.'라는 표현을 곧바로 납득하기에는 쉽지 않았을 것이다. '종통의 자격을 물려받은 이의 묘'가 바로 '종묘'인 것이며, 그곳이 또한 조정·정전, 더 나아가 편전인 것이다.

선조들에 대한 제사 의례는 송대의 성리학을 만나면서 사 계층까지 보편화되었고, 귀족이 아닌 사대부 세력에 의해 새롭게 세워진 조선왕조는 개국과 동시에 당시로서는 혁신적인 사상이었던

---

109) 『呂氏春秋』 卷17, 「審分覽」 第5, <愼勢>: 古之王者, 擇天下之中而立國, 擇國之中而立宮, 擇宮之中而立廟.
110) 『經義述聞』 第18, 「春秋左傳 中, 七十六條」, <寢廟>: 呂氏春秋, 愼勢篇曰, "古之王者, … 而立廟." 此廟字, 亦指王者所居言之, 非謂宗廟也.
111) 『康熙字典』, 「宀部」, <宮>: 古者貴賤所居, 皆得稱宮, 至秦始定爲至尊所居之稱. 又宗廟亦曰宮.

성리학을 국가 통치이념으로 적극 수용하였다. 법 제도적 틀을 초월하여 성리학의 유교를 만인의 문화로 승화시키는 데에, 예禮는 가장 확실한 도구 역할을 하였다. 조선 말까지 우리의 사회적·문화적인 정서를 완전히 지배했던 성리학적 윤리倫理 강상綱常 이념은, 예학자들이 그토록 심도 있게 연구했던 『주자가례』의 예법을 수단화해서 널리 확산될 수 있었다. 그러나 물극필반物極必反, 성리학이 조선 사회에 안착되어 '저절로' 되어가던 즈음인 오래전부터 그것의 개혁성은 이미 사라졌고, 성리학의 틀 안에서 펼쳐졌던 과거의 유교는 더 이상 이 시대와 일체될 수 없는 이질적인 문화로 인식되고 있다.

종묘가 왕실의 사당으로 일컬어진 역사는 그것이 군주의 조정과 정전의 역할을 하였던 시기보다 월등히 긴 세월이며, 현재 중국을 비롯한 우리나라에서 종묘와 사직을 갖추고 있는 것 역시 주나라 때의 그것이 아닌 한대 이후에 다져진 제도를 기반한 것이다. 따라서 '종묘가 아주 오래 전의 과거에는 군주의 정전이었다.'라고 하는 것은, 사실상 그리 중요한 일이라고 볼 수는 없다. 그러나 필자가 주목하고자 하는 것은, 적어도 종묘가 사당의 별칭이 아니었던 시절에 이루어진 여러 기록들에 대한 해석을 함에 있어서는 보다 조심스럽게 접근해야 한다는 것이다.

'컨퓨셔스Confucius'의 '컨퓨셔니즘Confucianism', 즉 공자의 사상인 유교 사상을 가장 명확하게 표현하는 단 하나를 꼽으라고 한다면, 그것은 단연 '공자와 그 제자들과의 말[語]을 논한 것[論]'이 될 것이다. 지금 우리가 바로 그 『논어論語』의 글을 공자 시대의 문자로 읽어내야 하는 이유이다.

제4장

종묘의 배치 – 좌조우사와
전묘후침

본 장은 필자의 「고대 종묘제도의 左祖右社와 前廟後寢 설에 대한 일고찰」(『동양고전연구』 62, 동양고전학회, 2016)의 논문 내용을 첨삭하고 보완·정리한 것이다.

종묘 배치에 관한 제도에는 크게 두 가지 종류의 설이 있다. 하나는 '좌조우사左祖右社'이고, 다른 하나는 '전묘후침前廟後寢'이다. 이것은 또한 조선왕조의 궁전과 종묘·사직의 배치에 그대로 적용된 것이기도 하다.

좌조우사는 『주례周禮』 「동관 고공기冬官考工記」에서 처음으로 언급되고 있다. 이는 또한 '좌묘우사左廟右社'라고도 표현하는데, 그것은 선군의 신위神位를 모시는 종묘宗廟는 좌측으로, 농토와 곡식의 신을 모시는 사직社稷은 우측으로 배치하는 것을 말한다. 좌우의 방향은 군주의 남면南面을 기준으로 한 방위로, 좌측은 동쪽을 우측은 서쪽을 말한다.

이러한 좌조우사 제도는 우리나라의 종묘와 사직의 배치에서도 그대로 적용되었다. 태조가 한양으로 천도하여 경복궁을 지을 때 중국의 좌조우사 제도를 본떠서 종묘와 사직단을 함께 조성하였는데, 왕궁인 경복궁을 중심으로 좌측에는 종묘를, 우측에는 사직단社稷壇을 위치시켰다.

좌조우사의 언급이 수록되어 있는 『주례』는 중국의 고대 관직 제도에 관한 내용이 담긴 것으로, 「천관天官」·「지관地官」과 「춘관春官」·「하관夏官」·「추관秋官」·「동관冬官」 등의 여섯 개 편명으로 구성되어 있다. 각각의 편에는 천지天地와 춘하추동春夏秋冬이 갖는 관념적 특성과 고대의 관직 명칭을 부합시켜서 별칭을 함께 쓰고 있는데,「천관」에는 '총재冢宰',「지관」에는 '사도司徒',「춘관」에는 '종백宗伯',「하관」에는 '사마司馬',「추관」에는 '사구司寇', 그리고 「동관」에는 '고공기考工記' 등이 그것이다.「천관」인 총재는 태재太宰로서 궁내의 모든 사무를 총괄한다.「지관」인 사도는 수많은 백성들에 대한 교화敎化와 행정의 일을 맡는다.「춘관」인 종백은 각종 제사 의례를 맡는다.「하관」인 사마는 군대와 군마·병장기 등의 일을 관장한다.「추관」인 사구는 사법 및 형벌 등과 관련된 직무를 맡는다. 한편「동관」에는 토목土木과 같은 건설 사업의 직무를 맡는 관직인 '사공司空[司工]'이라는 명칭을 사용하지 않고, '고공기考工記'로 쓰고 있는데, 그것은「동관」이 앞의 다섯 편과는 다른 과정을 거치면서 편입되었기 때문이다. 그 과정에 관해서는 뒤에서 상세히 논할 것이다.

전묘후침前廟後寢의 설은 묘廟를 앞으로 배치하고, 사실私室로 쓸 수 있는 침寢을 묘 뒤에 둔다는 것을 말한다. 주자는 고대의 종묘 제도를 설명하면서 전묘후침을 언급하고 있는데,[1] 그것은 후한대 後漢代의 정현鄭玄(127~200)이『시경詩經』의 기록에 있다는 "寢廟繹繹(침묘역역)"에 대해 설명하면서 "前曰廟·後曰寢(전왈묘·후왈침)"이 라고 표현했었던 것이다.

본 장에서는 좌조우사와 전묘후침 등의 종묘 배치에 관한 두 가지 제도가 주대에 실제로 존재했던 것인지, 또 구체적으로 언제부터 어떻게 형성된 제도였는지에 관해 고전에 보이는 기록들을 중

---

1)『朱子語類』卷54,「孟子」4, <公孫丑 下>: 古之廟制, 前廟後寢, 寢所以藏亡者之衣冠.

심으로 고찰할 것이다. 우선 선진시기 종묘를 의미하는 여러 가지 표현들에 관해 살펴보겠다.

1. 종묘를 의미하는 여러 가지 표현

정현은『주례』「하관 사마官司馬」의 주에서 태침大寢이 곧 노침 路寢이라고 하였고,[2] 또『모전毛傳』에서는 노침이 정침正寢이라고 하였다.[3] 한편,『예기』「옥조玉藻」에서는 노침이 정사를 처리하는 장소인 정전으로 묘사되고 있다. "군주는 아침 해가 뜰 때가 되어서 신하들을 보고, 물러나 노침으로 가서 정사를 듣는다."[4] 따라서 태침과 노침·정침은 모두 동일어로 사용된 것이며, 그것들 모두 군주의 정전을 의미하는 것임을 알 수 있다.

침寢에 대한 이들 세 가지 표현 중 노침이 가장 먼저 나타나는데, 그것이 보이기 시작하는 이른 시기의 전적으로는『시경』과『춘추』그리고『열자』등을 들 수 있다. 한편『서경』에서는 노침路寢은 물론 '침寢'자의 사용이 전혀 나타나지 않는다. 반면, '실室'자는 우서虞書를 제외한 모든 서書에 여러 차례 등장한다.

『시경』에서의 노침에 대한 언급은「노송魯頌」<비궁閟宮>의 "路寢孔碩(노침공석), 新廟奕奕(신묘혁혁)."의 시구에서 볼 수 있다. 아울러 그 앞 "周公之孫(주공지손), 莊公之子(장공지자)."의 부분은 그 시의 성립 시기가 노나라 장공莊公(재위 B.C. 693~B.C. 662) 이후임을 나타내

---

2) 『周禮注疏』卷31, 「夏官司馬」, <大僕>: 建路鼓于大寢之門外, 而掌其政. [注──大寢, 路寢也.]

3) 『毛傳』, 「魯頌」, <閟宮>: 路寢孔碩. [傳── … 路寢, 正寢也.]

4) 『禮記』, 「玉藻」: 君日出而視之, 退適路寢聽政.

준다. 『춘추』에서는 장공 32년 기록에 "8월 계해일 공(장공)이 노침에서 돌아가셨다. [八月癸亥(팔월계해), 公薨于路寢(공훙우노침).] " 라는 기록이 보인다. 이 '公薨于路寢(공훙우노침)'의 글은 그 이후로도 선공宣公 18년과 성공成公 18년의 기록에도 보이는데, 대체로 임금의 임종은 정침, 즉 노침에서 이루어지는 것이 정례로 되어 있다.

장공 시기 이전의 내용으로 주나라 목왕穆王(재위 B.C. 976(?)~B.C. 922(?)) 때의 이야기가 『열자列子』「주목왕周穆王」편에 보인다. 서방으로부터 온 신묘한 능력을 지닌 어떤 자에게 목왕이 자신의 노침을 그가 거처하도록 내어주고 극진히 대접한다는 내용 등으로 전개되고 있다.

주나라 목왕穆王 때에 서쪽의 끄트머리에 있는 나라에서 어떤 화인化人이 왔다. (그 화인은) 깊은 물과 타오르는 불에 뛰어들고 금속과 바위를 관통하며, 산과 강을 뒤집어 바꾸고 성과 읍을 옮기며, 허공에 올라서 떨어지지 않고 실물에 닿아도 방해물이 되지 않는데, 천번 만번 변화함이 끝이 없었다. 이윽고 사물의 형태를 변화시키고 또한 사람들이 생각하는 것까지도 바꾸어 놓았다.

목왕은 그를 마치 신처럼 공경히 받들고 마치 임금처럼 섬겨서, 그에게 (자신의) 노침路寢을 내주어 그곳에 거처하도록 하였다. 삼생三牲을5) 끌어다 그에게 올렸으며, 여악女樂들을 선출해서 그를 즐겁게 해 주었다. (그러나) 화인은 왕의 궁실宮室이 (묘당廟堂의 축대築臺 높이가) 낮고 누추해서, (자신이) 거처할 수 없다고 생각하여, … 목왕은 이내 그를 위해서 (궁실을) 개축하였다. … 나라 곳간[五府]을 텅텅 털어내어 비로소 (묘당의) 축대[臺]를 완성하였는데, 그 높이가 천 길[仞]]이나 되었다.6)

---

5) 삼생三牲: 흠 없이 잘 키운 모우牝牛 등의 세 가지 산 제물.
6) 『列子』, 「周穆王」: 周穆王時, 西極之國, 有化人來. 入水火·貫金石, 反山川·移城邑, 乘

위의 신비스럽고 기이한 내용의 진위 여부를 떠나서, 화인化人이 편안히 거처하도록 자신의 노침을 제공해 주었다는 내용은, 당시 노침路寢을 임금이 거처하는 편전便殿의 용도로도 사용하였음을 알게 해 준다.

다음은 『춘추좌전』 소공昭公 26년의 기록이다. 제나라 경공景公(재위: B.C. 548~B.C. 490)이 노침에 앉아서 안영晏嬰에게 말을 건네고 있다.

> 제후齊侯가 안자晏子[晏嬰]와 함께 '노침'에 앉아 있었다. 공이 탄식하며 말하길, '아름답구나! 실室이여, 그 누가 이곳을 소유하겠는가?'7)

이 말은 진陳씨가 행하는 민심을 얻는 덕행에 대한 염려스러움의 이야기로 전개된다.

> ▎진陳씨는 전리자田釐子 걸乞을 말하는데, 그의 선조인 진陳나라 공자 진완陳完(敬仲, B.C. 706~?)이 제齊나라로 정치적 망명을 한 이후 성을 전田씨로 바꾸었기 때문에 전적들 속에서 진씨와 전씨가 혼용되어 나타난다.
> 경공 사후 제나라는 사실상 이 전씨에 의해 농락당하게 되고, 강姜씨의 제나라[姜齊]는 B.C. 386년 결국 전씨의 제나라[田齊]로 바뀌게 된다.
> 전리자에 관한 『사기』의 기록은 다음과 같다.
> "전리자 걸은 제나라 경공景公을 섬겨 대부가 되었다. 그가 백성들에게 세금을 거둘 때는 소두小斗로 받고, 그

虛不隳, 觸實不硋, 千變萬化, 不可窮極. 旣已變物之形, 又且易人之慮. 穆王, 敬之若神, 事之若君, 推路寢以居之. 引三牲以進之, 選女樂以娛之. 化人以爲王之宮室卑陋而不可處, … 穆王乃爲之改築. … 五府爲虛, 而臺始成, 其高千仞.

7) 『春秋左傳』, 「昭公 26年」: 齊侯與晏子, 坐于路寢, 公歎曰, "美哉室, 其誰有此乎."

가 백성들에게 양식을 내려 줄 때에는 대두大斗를 사용
하여, (그가) 백성들에게 음덕을 베푸는데도 경공은 금
하지 않았다. 이런 행동으로 인해 전씨(전리자 걸)는 제
나라의 민심을 얻어 (그의) 종족은 더욱 강성해지고 백
성들은 전씨를 사모하게 되었다. 안영晏嬰이 수차례 경
공에게 간언했지만 경공은 들으려고 하지 않았다.
　안영이 오래지 않아 사신으로 진晉나라를 방문했다.
진의 공족 대부인 숙향叔向과 갖은 사석에서 그는 다음
과 같이 속내를 털어놓았다. ‘제나라의 정사가 결국에
는 전씨에게 귀속되겠지요.’"8) ▌

　『좌전』의 표현에서 알 수 있듯, ‘노침’이 곧 ‘실室’인 것이다. 즉,
노침이라는 것은 천자와 제후의 정침正寢으로, 구체적으로 표현해
서 ‘정전 안의 실’을 의미하는 것이다. 따라서 ‘군주의 치조 공간’
인 정전이라는 뜻으로, ‘태침太寢[大寢] = 노침路寢 = 정침正寢’의 등
식에 ‘(정전의) 실室’이 추가된다. 『주례』, 「동관 고공기」의 <장인
영국匠人營國> 조목에 아래의 글이 보인다.

　내부에는 아홉 개의 실室이 있는데, 아홉 명의 빈嬪들이 그
곳에 기거한다. 외부에는 아홉 개의 실이 있는데, 아홉 명의
경卿들이 그곳에서 조朝 의례를 행한다. 그 국토를 아홉으로
나누어 9분分하고, 그 아홉 구역으로 나눈 지역들을 아홉 명의
경이 다스린다.9)

　여기서 ‘아홉 명의 빈[九嬪]들이 기거한다는 아홉 개의 실室’은

---

8) 『史記』, 「田敬仲完世家」: 田釐子乞, 事齊景公爲大夫. 其收賦稅於民, 以小斗受之, 其粟予
民, 以大斗, 行陰德於民, 而景公弗禁. 由此田氏得齊衆心, 宗族益彊, 民思田氏. 晏子數諫
景公, 景公弗聽. 已而使於晉, 與叔向私語曰, "齊國之政, 卒歸於田氏矣."
9) 『周禮』, 「冬官考工記」, <匠人營國>: … 內有九室, 九嬪居之. 外有九室, 九卿朝焉. 九分其
國以爲九分, 九卿治之.

'정전의 실'을 말하는 것으로 보이지는 않는다. 빈은 천자의 여러 아내들 중의 하나로, 후后・부인夫人・세부世婦 등과 같은 부인의 작위명이다.[10] 『주례』「천관 총재」<9빈九嬪> 조목에 의하면 그녀들은 궁중의 처소에서 부인婦人들이[11] 갖추고 있어야 할 부덕婦德・부언婦言・부용婦容・부공婦功 등의 덕목들에 대한 교육을 맡기도 한다.[12] 따라서 빈이 기거하는 9실은 '궁전의 내실內室'을 말하는 것이다.

'아홉 명의 경[九卿]들이 각각 자신들의 실室에서 조朝 의례를 행한다.'고 하는 것과, '나라를 9분해서 경들이 각각의 영토를 다스린다.'고 하는 것은, 그 방국邦國의 제후에게 (또는 천자국天子國에서) 봉지封地를 하사 받은 '아홉 명의 경'이라는 여러 대부들이[13] 각자의 봉지에 대한 자치권을 행사함을 말하는 것으로 이해할 수 있다. 아울러 자신들의 봉지를 다스리면서 조 의례를 거행하는 장소인 실이라는 곳이 바로 대부 자신들의 '통치 공간으로서의 실'을 말하는 것임을 짐작할 수 있다.

▎9분해서 다스린다는 그 '국國'은 제후의 영지인 '제후국'과 천자가 직영하는 영지인 '천자국' 모두를 일

---

10) 『禮記』,「曲禮 下」: 天子有后, 有夫人, 有世婦, 有嬪, 有妻, 有妾.;「昏義」: 古者, 天子後 立六宮, 三夫人・九嬪・二十七世婦・八十一御妻, 以聽天下之内治, 以明章婦順, 故天下 內和而家理.
11) 여기서의 부인婦人은 천자의 많은 아내들 중 하나이다. 신분이 '婦人(부인)'인 것이다.
12) 『周禮』,「天官家宰」, <九嬪>: 九嬪, 掌婦學之法, 以教九御婦德・婦言・婦容・婦功, 各 帥其屬, 而以時御敍于王所.
13) 주나라의 봉건제도에서 방국邦國 내 일정한 구획의 땅인 가家를 봉지로 소유하여 그곳을 대를 이어 다스리는 계층을 대부大夫라고 한다. 그들 중 비교적 강한 권력을 갖고 천자국의 왕실이나 제후국의 공실에서 고위 관료로 활동하는 이들은 경卿이라는 관직명을 갖는다. 일반 하대부下大夫와 구분하여 상대부上大夫라고도 칭한다. 한편 가家와 같은 봉지가 따로 없이 왕실이나 공실의 고위 공무를 맡은 이들도 경이라고 한다.

컫는 것이다. 『설문해자』에서는 국을 '방邦'이라고 하
고, 『석명釋名』에서는 방을 '봉[封土]'이라고 한다.14) 한
편, 경卿은 대부 중에서 특히 가장 지위가 높은 상대부
上大夫를 일컫는 말이기도 하고, 천자와 제후의 조정에
서의 고위관료를 말하기도 한다.15)

천자의 정치외교적·문화적인 영향력이 미치는 '천
하天下'를 차등분한 최대의 분할 단위가 '국國[邦·邦國]'
이 되고, 그 각각의 국을 다시 쪼개서 천자나 제후들의
(경)대부들에게 영지로 하사한 것이 '가家'이다.16)

따라서 이른바 9분 된 국國 안의 일부 영지[家]를 다
스리는 경대부는 천자의 신하와 제후의 신하 모두를 아
우르는 것이 된다. 다만 천자의 경대부는 영지의 규모
면에서 제후의 그것과 큰 차이를 보이지만, 그가 천자
의 경대부가 되기 때문에 신분상에서는 제후와 동급으
로 간주되기도 한다. ▮

이렇듯 실이 외실과 내실 두 가지 의미 모두를 포함하고 있지만,
태침·노침·정침과 같은 군주의 정전으로서의 실은 태실太室[大
室]과 세실世室이라는 표현을 사용하였다. 우선 『춘추』 「문공文公
13년(B.C. 614)」의 "大室屋壞(태실옥괴)" 사건에서 태실의 언급을 볼
수 있다. 『춘추곡량전』에서 이 사건에 대한 설명 중, "태실은 세실
이다. 주공의 경우에는 태묘라고 하고, 백금伯禽의 경우는 태실이
라고 한다."라는 언급이 보이는 것으로 봐서,17) 태실의 용어는 서

---

14) 『說文解字』, 「口部」: 國, 邦也.; 『釋名』, 「釋州國」: 大曰邦. 邦, 封也.
15) 『禮記注疏』 卷11, 「王制」: 王者之制祿爵, 公·侯·伯·子·男, 凡五等. 諸侯之上大夫
卿·下大夫·上士·中士·下士, 凡五等. [(鄭玄)注——上大夫, 曰卿.]; 徐堅(唐), 『初學
記』 卷12, 「職官部下」: 案古者天子·諸侯, 皆名執政大臣, 曰正卿. 自周以來, 始有三公·
九卿之號.
16) 『尙書注疏』 卷7, 「(商書)湯誥」: 俾予一人, 輯寧爾邦家. [(孔安國)傳——言天使我輯安汝
國家. 國, 諸侯. 家, 卿大夫.]
17) 『春秋穀梁傳』, 「文公 13年」: 大室猶世室也. 周公曰大廟, 伯禽曰大室.

주시기 초에 이미 사용되고 있었던 것으로 보인다. 침寢보다는 실室의 용어가 먼저 사용되어 왔는데, 이렇듯 '실'이라는 용어 사용이 '침'으로 바뀐 이유는 명확히 알 수 없지만, 상류층의 침상 문화 형성과 어떤 관련성이 있어 보인다.

> ▎침寢자 속에는 평상을 뜻하는 '爿(장)'이 포함되어 있다. 실室자는 금문은 물론 갑골문에서도 보이고 있는 데 반해, 침자의 현재 형태와 유사한 모습은 진대秦代에 형성된 소전체小篆體에 와서야 나타난다. 물론 침자가 진의 천하통일 이전에도 존재하였겠지만 '침상'이라는 의미를 내포한 글자로서의 침자의 형성은 실자의 형성만큼 그리 오랜 역사를 갖고 있지 않는 것으로 판단한다. 아울러 군주의 실에 침이라는 용어를 사용한 것으로 봐서, 침상을 군주 혹은 그와 상등하는 신분이 주로 사용하던 일정한 시기가 있었던 것은 아닌가 생각된다. 양동숙은 그의 연구에서 '침寢'자가 집 안에 빗자루를 세워둔 모습으로 갑골문 상에 나타나긴 하지만, 거기에 침상을 의미하는 '爿(장)'이 추가된 것은 전국시대의 문자에서부터이며, 아울러 이는 군주의 침실로 쓰인 것이라고 논하고 있다.[18] ▎

한편, 실과 침 모두 위의 사례들처럼 정전의 실 혹은 정전의 침이라는 의미로 사용되고 있지만, 그 두 가지 모두 '내실'과 '연침' 등과 같은 군주의 사적인 휴식 공간의 용어에도 사용되었다. 이렇듯 실이나 침이 군주의 처소를 가리키는 것이라고 해도 그것이 어떤 글자와 결합되어 쓰이는가에 따라 공무 장소와 사친들과의 주거 장소로 구분된다.

---

18) 梁東淑, 「韓國 五種 字典의 字源 分析과 甲骨文·『說文』과의 비교연구 III」, 『中國語文學論集』 40, 2006, 32쪽 참조.

주자는『시경』「주송周頌」의 <방락訪落>에 대한 해설에서 다음과 같은 언급을 하고 있다. "(주나라 제2대 왕인) 성왕成王은 이윽고 묘廟에서 '조 의례'를 행하였다."[19] 주자의 이 설명은 후에 명대 도종의陶宗儀의『설부說郛』에 수록되는데, 거기에는 「주송」 <민여소자閔予小子>의 설명으로 "성왕이 면상免喪하고 비로소 선왕의 묘에서 조 의례를 행하였다."라는 표현도 보인다.[20] 이러한 언급들은 당시 묘가 '조 의례'를 이행하는 장소임을 나타내는 것이다. 그렇다면 조의 의미는 무엇일까?『예기』「곡례 하」에 다음과 같은 표현이 있다. "천자가 녕寧 바로 앞에 서고, 천자의 여러 공경들은 (천자 앞의 서쪽에 서서) 동쪽을 향하고, 제후들은 (천자 앞의 동쪽에 서서) 서쪽을 향하여 (양측이 서로 마주보는 자세로) 서있는 것을 '조朝'라고 한다."[21]『주례』의 「춘관 종백」에서도 조에 대한 언급이 보인다. "빈례로써 방국들과 친밀함을 다지는데, 춘春의 계절에 뵙는 것을 '조'라고 한다."[22] 전자는 조 의례의 형식에 대하여 서술하면서 그 주체와 대상을 명확히 표현하고 있으며, 후자는 그것의 이행 목적과 시기를 말하고 있다.

조 의례는 결국 새해 첫 계절인 춘의 계절에, 주나라 천자와 그에 속한 방국의 제후들이 (혹은 제후와 그에게 속한 대부들이) 친

---

19)『詩經集傳』卷8,「周頌/閔予小子之什」, <訪落>: 訪予落止, … 以保明其身. [… ○成王旣朝於廟. 因作此詩, 以道延訪群臣之意, 言 "我將謀之, 於始, 以循我昭考武王之道, 然而其道遠矣."] ※ 주석에 대한 해석은 다음과 같다. "성왕成王은 이윽고 묘廟에서 조朝 의례를 행하였다. 그로 인해 이 시를 지으면서 도道에 대해 여러 신하들의 생각을 청하여 물어 말하기를, '내가 장차 그것(道)을 도모하려는데, 시작함에 나의 소고昭考이신 무왕의 도를 따르는 것으로써 한다만, 그러나 그 도는 (심오해서 다 이루는데) 오래 걸릴 것이다.'라고 하였다."

20)『說郛』,「頌」: 閔予小子, 成王免喪, 始朝先王之廟.

21)『禮記』,「曲禮 下」: 天子當寧而立, 諸公東面·諸侯西面, 曰朝.

22)『周禮』,「春官宗伯」: 以賓禮親邦國, 春見曰朝.

화의 예를 시행할 때, 조 의례를 주관하는 측인 천자(혹은 제후)를 중심으로 그의 우측으로는 주관자의 신하들이 그리고 좌측으로는 방문한 (주관자보다 하급의) 귀족들이 서열 별로 서서 진행하는 의례를 말하는 것이다. 아울러 이러한 의례는 주관자인 천자(혹은 제후)의 묘廟에서 시행한다.

> ▌방문한 귀족들의 자리가 동쪽이라고 한 것은, 그들이 '주관자와의 동성同姓의 친족'임을 시사한다. 빈賓과 주主는 둘 다 대등한 관계에 있지만, 빈객의 위치는 항상 서쪽으로 설정되고 주인의 위치는 항상 동쪽으로 설정된다. 따라서 이 경우 의례의 주관자와 '족族이 같은' 귀족들의 자리가 동쪽으로 배치된 것이다. ▌

양백준은 "고대에 나라를 세운 군주를 태조라고 부르는데, 그 태조의 묘를 태묘라고 한다."라고 설명하고 있다.[23] 일설에는 태묘가 천자의 묘를 가리킨다고 한다.[24] 공자가 노나라에 있는 주공의 묘인 태묘에 있을 때마다 모든 일들을 일일이 물어보면서 거동했다고 하듯,[25] 노나라에도 태묘의 존재를 확인할 수 있다. 뿐만 아니라 여러 제후국들에서 태묘의 존재가 확인된다. 아래는 『관자』의 글이다. 제나라 환공桓公(재위 B.C. 685~B.C. 643)이 태묘에서 대소신료들의 조현朝見을 받는 장면이다.

(제 환공은) 이에 백관과 유사有司들에게 명해서 방책方冊을 깎고 묵필을 준비하라고 하였다. 다음날 태묘의 문 앞 조회 장소[門朝: 門廷]에서 모두를 조현하게 해서 백리百吏들에게 법령

---

23) 楊伯峻, 『論語譯注』, 中華書局, 1980, 28쪽.
24) 羅泌(南宋), 『路史』 卷35, 「發揮」 4, <魯用王者禮樂>: 太廟, 天子之廟.
25) 『論語』, 「八佾」: 子入太廟, 每事問.

을 제정해 주었다.26)

위의 '태묘의 문조門朝에서 법령을 제정했다'는 언급은 태묘가 태조에 대한 제사를 올리는 곳일 뿐만 아니라, 정령을 반포하는 정치적인 면에서의 상징적인 장소로도 쓰였음을 보여준다. 진晉나라 역시 태묘의 존재가 확인된다. 군령에 대한 발령을 태묘에서 시행하는 내용으로, 『국어』에 수록된 영공靈公(재위 B.C. 620~B.C. 607) 대의 기록이다.

> (B.C. 611년) 송宋나라 사람이 소공昭公을 시해했다. 진晉나라의 조선자趙宣子가 진 영공靈公에게 군대를 움직여 송나라를 정벌할 것을 청하였다. … 공이 그것을 허락하였다. 이에 태묘에서 군령을 공포하였다. 군리軍吏를 불러 군악軍樂을 관장하는 악정樂正에게 경계 발령을 내리게 하였고, 3군의 종과 북을 반드시 구비해 둘 것을 명령하였다.27)

태묘가 천자의 묘를 가리킨다고는 하지만, 이처럼 실제로는 제후국들 역시 초조初祖의 묘로서 태묘를 두고 있었음을 확인할 수 있다. 한편, 『공양전』 문공文公 13년의 기록 중에 다음과 같은 글이 있다.

> '세실世室'이라는 것은 무엇인가? (주공의 장자 백금인) 노공魯公의 묘이다. 주공에게는 '태묘'라 칭하고, 노공에게는 '세실'이라 칭하며, (그 이후의 여러) 군공群公들에게는 '궁'이라고 칭한다. 이러한 '노공의 묘'를 어찌하여 '세실'이라고 일컫

---

26) 『管子』,「霸形」: 桓公, … 於是令百官有司, 削方·墨筆. 明日, 皆朝於太廟之門朝, 定令於百吏.

27) 『國語』,「晉語」5: 宋人弑昭公, 趙宣子請師于靈公以伐宋. … 公許之. 乃發令于太廟. 召軍吏而戒樂正, 令三軍之鍾鼓必備.

는가? 세실은 세의 실과 같아서 세세토록 철거하지 않기 때문
이다.28)

백금의 '세실'을 '노공의 묘'라고 표현한 것은 세실이 곧 묘라는
것을 의미한다. 이와 유사한 언급이 『예기』 「명당위」에 또 보인다.

　　노공魯公의 묘는 문文의 세실이고, 무공武公의 묘는 무武의 세
　실이다.29)

여기서도 군주의 정전인 세실을 묘라고 표현하고 있다. 아울러
세실이라는 용어는 무공武公의 '무武 세실世室'이라는 표현과 같이
초대 군주인 백금뿐만이 아니라 후대의 군주들에게도 쓰이는 용
어였음을 알 수 있다.

이상의 논의를 통해, 군주가 정무를 보는 장소인 정전의 실室을
태침 혹은 노침·정침이라 하고, 노나라 초기의 기록을 통해 더 오
래전에는 태실과 세실이라는 표현을 사용하였으며, 그 모든 용어
는 바로 '군주의 묘廟'를 표현한 것임을 알 수 있었다. 보다 구체적
인 지점으로는, 묘廟 내부의 당堂 위에 있는 실室을 말하는 것이다.
바로 그곳에서 '종宗'이 되는 자의 자격으로 선군들에 대한 제사
의식을 이행한다는 점에서 종묘宗廟라고도 칭하였다. 태실·세실
과 태침·노침·정침 등은 침소를 겸한30) 군주의 일상적인 정무

---

28) 『春秋公羊傳注疏』 卷14, 「文公 13年」: 傳──世室者何. 魯公之廟也. [注──魯公, 周公
　子伯禽.] 周公稱大廟, 魯公稱世室, 羣公稱宮. 此魯公之廟也, 易爲謂之世室. 世室, 猶世室
　也, 世世不毀也.
29) 『禮記』, 「明堂位」: 魯公之廟, 文世室也. 武公之廟, 武世室也.
30) 위에서 이미 논한 바와 같이, 주나라 목왕穆王은 자국을 방문한 화인化人이라 일컬어지
　는 어떤 이에게 자신의 노침路寢을 내주어 그가 편안히 거처할 수 있도록 해 주었다.
　(『列子』, 「周穆王」: 有化人來. … 穆王, … 事之若君, 推路寢以居之.)

공간으로서의 표현이고, 종묘는 선군들에 대한 제사 의례를 이행하는 장소로서의 표현인 것이다.

한편 태묘라고 하는 '최초로 나라를 연 선왕이 사용했던 묘'는 끝가지 보존하여, 동성同姓의 모든 귀족들을 규합할 수 있는 초조初祖에 대한 제사 의례나 새로운 법령과 전쟁의 공포公布와 같은 국가의 상징적이고도 중대한 의례 이행 장소로 사용하였는데, 이러한 태묘는 천자뿐 아니라 제후국들에서도 갖추고 있었다.

▎앞에서 언급한 『춘추』의 문공文公 13년 기록 "大室屋壞(태실옥괴)" 사건에서의 태실을 『곡량전』에서의 묘사와 같이 백금의 태실을 가리킬 수도, 또 주공의 묘인 태묘 안의 묘실廟室이라고 해석할 수도 있지만, 두 가지 모두 같은 것으로 보인다.

노나라의 초조는 백금이다. 주공은 주나라의 일등공신으로 주로 천자의 조정에서 어린 성왕을 대신한 대리청정은 물론, 소위 '제례작악制禮作樂'이라고 하는 주나라의 제도적 기틀을 굳건히 다지며 평생을 보낸 것으로 알려진 인물이다. 이러한 그의 나라를 세우는 데 조력한 공훈과 성인聖人에 버금가는 큰 업적을 기리기 위해, 주나라의 천자는 주공 사후 그의 장자인 백금이 다스리는 노나라에 천자의 의례를 이행할 수 있도록 허락하기까지 하였다.

천자국과 제후국들 각 나라에서는 일반적으로 '처음 나라를 세운 초조가 통치 행위를 해왔던 정전'을 그대로 보존하여 국가적인 큰 행사 혹은 어떤 특정한 날에 초조의 제사를 행하거나 중요한 정령을 반포하는 장소로 활용하였다. 노나라에는 주공이 정무를 보았었던 그의 '실室'이 없었기 때문에 아마 백금의 태실에 그의 신주를 함께 두었을 것으로 추정된다. 다만 그것의 명칭만 달리해서 주공에 대해서는 '태묘'라고 칭하고 백금에 대해서는 '태실'이라고 칭하였을 뿐 그 공간은 동일한 것으로 생각한다. 왜냐하면 초조의 묘를 태묘라고 부른다고 하는데 노나라의 초대 군주인 초조가 바로 백금이기 때문이다. 주나라의 초대 왕인 무왕武王과 그의 선군인 문왕文王이 단일의 존재처럼 문무文武라는 이름으로 묶어서 함께 중시되었던 것과 같이, 주공과 백금 두 부자 역시 특히 나라의 큰 의례가 있을 경우 그들의 후손들에게 함께 언급되고 중시되었다. ▌

▌군주의 정전으로서의 (종)묘와 (태)실·(세)실 등의 용어를 굳이 구분한다면, 다음과 같다.

묘는 군주의 정전으로 사용되는 건축군 전체를 말하는 것으로, 그 안의 당堂과 실室·방房, 동상東廂·서상西廂, 동서東序·서서西序, 그리고 당 아래 실외의 정廷과 위位, 묘문에 딸린 문숙門塾 등등의 세세한 곳들이 모두 포함된 것이다.

태실·세실 등의 용어는 묘 안에서 가장 중요한 처소 중 하나인 '실'로서, 큰 행사 이외의 군신 간의 일상적 정사에 대한 논의가 주로 그곳에서 이루어진 것으로 보인다. 태침·노침 등의 침寢의 경우는, 앞에서도 언급하였듯이 상류 계층의 침상 문화 형성으로 인해 만들어진 '실'의 또 다른 표현인 것이다. ▌

▌군주의 일상적인 정무 공간으로서의 역할과 선왕에 대한 제사 의례를 이행하는 장소로서의 역할이 사실상 분리되기 시작한 것은 진대秦代 이후부터라 할 수 있다. 진시황은 천하통일 직후부터 여러 곳에 황제의 권위를 과시하기 위한 궁전들과 '묘'를 각각 건설하였다. 그 묘가 '극묘極廟'이다. 처음에는 그것을 신궁信宮이라 이름하였는데, 곧바로 극묘로 개칭하였다.

여기서의 극極은 뭇별이 그것을 중심으로 선회하는 북극성의 명칭을 딴 것이다. 그가 극묘를 짓고 나서 감천궁甘泉宮의 전전前殿을 다시 지은 것은 두 건축물의 용도를 분리해서 사용하고자 한 의도였다고 할 수 있다.[31]

진시황 사후 극묘는 2세 황제 호해胡亥에 의해 '천하를 통일한 진나라'의 초조 묘로 받들어진다.[32] ▌

2. 종묘와 사직의 배치: 좌조우사 · 좌묘우사

"좌조우사左祖右社"의 표현이 처음으로 기록된 곳은 『주례』「동관 고공기」에서의 <장인영국> 부분으로, 그것은 도시를 건설하는 전문가 장인匠人의 일에 대해 서술한 것이다. 도성 및 성문과 도로, 조정 · 시가지 및 종묘 · 사직의 배치, 그리고 여러 개의 궁문과 수많은 전각들을 갖춘 거대한 궁정, 등등의 국도 건설에 대한 세세한 부분들이 장인의 직무로 기록되어 있다. 좌조우사 전후의 기록은 아래와 같다.

장인匠人이 국도 건설을 계획함에, 4방 9리에 각각의 방旁에는 문 세 개씩을 설치한다. 국도 안에는 남북으로 난 길 아홉 개와 동서로 난 길 아홉 개가 있는데, 남북으로 난 길의 너비는 9궤軌이다. 좌측에는 조祖를 두고 우측에는 사社를 두며, 앞쪽에는 조朝를 두고 뒤쪽에는 시市를 둔다.[33]

---

31) 『史記』,「秦始皇本紀」: 二十七年, 始皇巡隴西 · 北地, 出雞頭山, 過回中, 焉作信宮渭南, 已更命信宮爲極廟, 象天極. 自極廟道通酈山, 作甘泉前殿.

32) 『史記』,「秦始皇本紀」: 二世皇帝元年, ⋯ 群臣皆頓首言曰, "古者天子七廟, ⋯ 今始皇爲極廟, ⋯ 以尊始皇廟爲帝者祖廟."

33) 『周禮』,「冬官考工記」, <匠人營國>: 方九里, 旁三門. 國中九經九緯, 經涂九軌. 左祖右社, 面朝後市.

위의 "좌측에는 조祖를 두고 우측에는 사社를 둔다.[左祖右社]"라는 내용은, 선조를 모신 사당[祖]으로서의 종묘를 좌측에 설치하고 토지신을 모신 곳인 사직단[社]을 우측에 설치해서, 좌우로 서로 대칭되게 배치시킨다는 의미가 된다.

한편,『주례』의「춘관 종백」에서도「동관 고공기」의 좌조우사와 유사한 문구가 보인다. 거기에는 소종백小宗伯이라는 제사를 주관하는 이의 직분에 관한 서술이 담겨 있는데, 그 가운데 다음과 같은 내용이 있다.

> 소종백小宗伯의 직분은 건국의 신위神位를 관장하는데, 사직을 우右(로) 하고,[右社稷] 종묘를 좌左(로) 한다.[左宗廟][34]

> ▎필자는 위 글에서의 '右(우)'와 '左(좌)'를 앞의『주례』「동관 고공기」에서의 그것과 같이 '우측에 둔다[설치한다]'·'좌측에 둔다' 방식으로 의역하지 않고, '우右(로) 한다'·'좌左(로) 한다'로 직역하였다. 그렇게 한 이유는 뒤의 서술에서 밝힐 것이다. ▎

여기서의 "우사직右社稷·좌종묘左宗廟"를 네 글자로 '좌묘우사左廟右社'라고도 표현한다.

앞에서도 언급했듯이『주례』는「천관天官 총재冢宰」·「지관地官 사도司徒」와 「춘관春官 종백宗伯」·「하관夏官 사마司馬」·「추관秋官 사구司寇」·「동관冬官 고공기考工記」 등의 여섯 개 편명으로 구성된다. "좌조우사"와 "우사직·좌종묘"의 표현이『주례』라고 하는 하나의 전적 속에 수록된 내용이기는 해도, 그것들을 따로 담은 「동

---

34)『周禮』,「春官宗伯」: 小宗伯之職, 掌建國之神位, 右社稷·左宗廟.

관동官」과 「춘관春官」은 그 형성시기의 선후차가 존재한다. 「동관 고공기」는 전한 말에 『주례』의 완전한 편집을 위해 추가해서 보충한 것으로, 그 이전에는 다섯 개의 편만이 존재했을 뿐이었다. 그러한 것을 당시에 산재해 있던 자료들을 모아 동관을 새롭게 만들어서 관직의 대분류를 천·지와 춘·하·추·동에 맞게 설정한 것이다. 이는 진대秦代를 전후해 크게 유행하기 시작했던 음양사상陰陽思想과 시령사상時令思想에 맞추려는 의도를 갖고 편집한 것으로 생각된다. 따라서 「동관 고공기」에서의 좌조우사라는 구조물의 배치 관계는 그것이 주대의 제도라는 사실성에 회의가 생길 수밖에 없다. 이러한 의혹은 지금까지의 고고학적 자료에서 더욱 분명해진다. <장인영국>에서 표현된 도시 형태는 전한대 이전까지는 실제로 다른 양상으로 나타나고 있으며,[35] 좌묘우사의 명확한 배치구도는 한대 이후의 고고학적 자료에서 드러나기 시작할 뿐이라고 한다.[36]

원대元代의 오징吳澄은 「동관 고공기」가 『주례』에 편입되어 당대當代까지 내려온 과정에 대해 비교적 자세히 언급하고 있다.

『주관周官』[37] 여섯 편은 그 가운데 「동관冬官」 한 편이 빠져 있었다. 『한서』 「예문지」에서 예가禮家들을 차례로 정리하였는데, 후인들이 그것을 『주례』라고 이름 지었다. … 경제景帝

---

35) 김영재, 「중국 고대 도성계획에서 중축선의 형성과 그 의미 — 商周시기부터 『周禮·考工記』 그리고 漢 長安城까지」, 『한국도시설계학회지』 15-2, 2014, 243쪽 陳寅恪·李自智·賀業鉅 등의 재인용.
36) 박순발에 의하면 '좌묘우사左廟右社' 배치에 대한 선진시대의 고고학적 자료는 아직까지 발굴되지 않았으며, 그와 같은 건축 구조는 동한東漢의 낙양성洛陽城 이후부터 볼 수 있다고 한다.(朴淳發, 「중국 고대 도성 廟壇의 기원과 전개」, 『한국고대사연구』 71, 2013, 6쪽 참조.)
37) 『주관周官』은 『주례周禮』를 말한다.

의 아들인 하간헌왕河間獻王38)이 옛 학문을 좋아하여 『주관』
다섯 편을 구매해 취득하였다. 무제武帝는 흩어져 없어졌던 서
적들을 수소문하였고, 그것들을 찾아서 비부秘府에 감추어 보
관하였는데, 예가들과 제유諸儒들 모두 그것을 본 사람은 아무
도 없었다. 애제哀帝 때 교리비서校理秘書 유흠劉歆이 비로소 녹
략錄略에 대해 펴내고, 「고공기」를 동관인 누락된 편에 보완하
였다. … 한말漢末에 마융馬融은39) 그것을 정현에게 전하였고,
정현이 주석을 더한 것이 지금까지도 유행되고 있다. 북송대
의 장횡거와 정자程子는 그것을 매우 존신하였고 왕안석 또한
신의新義로 삼았다. 주자는 일찍이 다음과 같이 말하였다. "이
경은 주공이 지은 것이다. 그러나 지금 당장 그대로 이행하는
것은 아마 아직은 완전할 수 없을 것이다. 나중에 나오실 성인
이 아무리 그것을 원형 그대로 복원시킨다 해도 (시대에 걸맞
게) 덜어내거나 보충해야 할 것이다." … 동관이 비록 빠져 있
었어도, 지금 여전히 그 조목이 존재하고 「고공기」는 별개의
한 권이 되니, 「고공기」를 경전의 마지막 권으로 덧붙여 논한
다.40)

이를 근거로 본다면, 『주례』 「고공기」는 적어도 하간헌왕이 사
들였다는 『주관』 다섯 편의 자료 중에는 존재하지 않았고, 전한

---

38) 하간헌왕河間獻王(B.C. 171~B.C. 130): 전한의 경제景帝 유계劉啓의 제 2자子로, 이름은 덕
德이다. 유덕은 경제 전원前元2년(B.C. 155) 황자皇子의 신분으로 하간왕河間王에 수봉受
封되었다. ※ 진시황제 때부터 최고통치자를 '황제'라고 부르게 되면서, 이후부터 '왕
王'이라는 작위의 위상은 주나라 때 공후公侯 정도의 의미를 갖게 되었다.
39) 마융은 동한 중기 사람이다. 위에서 "한말漢末에 마융馬融은"이라고 표현한 것은 아마
서한과 동한 시기를 통틀어 합산한 것으로 보인다.
40) 『吳文正集』 卷1, 『雜著』, <三禮叙錄>: 周官六篇, 其冬官 一篇闕. 漢「藝文志」, 序列于禮
家, 後人名之曰周禮. … 景帝子河間獻王, 好古學購得周官五篇. 武帝求遺書, 得之, 藏于
秘府, 禮家諸儒皆莫之見. 哀帝時劉歆校理秘書, 始著于錄略, 以考工記補冬官之闕. … 漢
末馬融傳之鄭玄, 玄所註今行於世. 宋張子・程子甚尊信之, 王文公又爲新義. 朱子嘗謂,
"此經周公所作, 但當時行之, 恐未能盡. 後聖雖復, 損益可也." … 冬官雖闕, 今仍存其目,
而考工記別爲 一卷, 附之經後云.

말에 가서야 유흠劉歆에 의해 「동관」으로서 편입된 것이다. 그것이
이전의 무제武帝가 찾아내서 감추어 두었다는 자료에 속한 것인지,
혹은 유흠 자신의 자료인지 알 수 없지만, 「고공기」의 출현은 전
한 말 애제 때임에는 분명하다. 고고학적 자료의 부재뿐만이 아니
라 위의 논의대로라면, 「고공기」 <장인영국> 조목에서의 좌조우사
라는 규정이 사실상 전한시대에 성립된 것이라고 보는 시각이 신
빙성을 높여주고 있다.[41] 좌조우사, 즉 좌묘우사의 배치 형식을 도
성계획의 설계로 적용시킨 가장 이른 실례는 동한의 낙양성洛陽城
부터라 할 수 있으며, 그보다 조금 이른 시기로, 서한 말 신新나라
가 세워지기 직전인 평제平帝 때 건설한 왕망9묘王莽九廟에서 완벽
하진 않지만 좌묘우사의 배치 형식으로 접근하고자 한 시도가 나
타난다고 한다.[42] 왕망9묘에서의 사직이 묘의 서남쪽으로 배치되
어 있는 것이 일반적인 좌묘우사 배치와 조금 다른 점이다.

이제 앞에서 잠깐 논했던 「춘관 종백」에서의 "우사직·좌종묘",
즉 좌묘우사의 표현에 대해 다시 논의를 이어가겠다. 「춘관 종백」
은 확인한 바대로 좌조우사 기록이 실린 「동관 고공기」보다 훨씬
더 이전에 출현한 것이다. 전한 말에 편집된 『예기』와 후한 때의
『채중랑집蔡中郞集』에는 「춘관 종백」의 이 부분에 대한 설명으로
보이는 기록이 있다.

    ㉮ 『예기』: 건국의 신위神位는 사직社稷을 오른쪽으로 두고,
  [右社稷] 종묘宗廟를 왼쪽으로 둔다.[左宗廟]
    ㉯ 『채중랑집』: 종묘를 왼쪽으로 두는데,[左宗廟] 동쪽을 왼

---

41) 朴淳發, 「중국 고대 도성 廟壇의 기원과 전개」, 『한국고대사연구』 71, 2013, 35쪽 참고.
42) 朴淳發, 「중국 고대 도성 廟壇의 기원과 전개」, 『한국고대사연구』 71, 한국고대사학회,
    2013, 37쪽 참조.

쪽이라고 한다. … 사직을 오른쪽으로 두는데,[右社稷] 서쪽을
오른쪽이라고 한다.43)

▌『예기』에서의 "右社稷·左宗廟(우사직·좌종
묘)"의 右(우)와 左(좌)에 대한 번역과, 앞서 논했던
『주례』「춘관 종백」의 동일한 문장에 대한 번역
에서 약간의 변화를 둔 것은, 뒤에서도 논할 것이
지만 그 두 가지에 의미의 차이가 존재하기 때문
이다.
　「동관 고공기」 左祖右社(좌조우사)의 경우와 같
이, 『예기』에서의 右(우)와 左(좌)는 두 건축물들의
좌우 설계 배치의 뜻으로 해석하였고, 「춘관 종백
」에서의 경우는 소종백의 제사와 관련된 직무에
걸맞게 직역하고자 하였다. ▌

　정현 역시 위의 두 전적들에서와 같이, 「춘관 종백」을 풀이한
주석에서 "우사직·좌종묘"의 우右와 좌左를 좌우의 위치 방향으
로 간주하였고, 그 후로도 대부분의 예학자들이 그것을 종묘와 사
직의 좌우 배치 관계로 인식하였다.44)
　이처럼 전한 말에 편집된 『예기』를 포함해서 후한의 채중랑과
정현 및 그 이후의 사람들 모두 위와 같은 해석을 하고 있는 이유
는, 사실상 「동관 고공기」의 "좌조우사" 기록으로 나타난 '당시의
인식과 이해'에서 비롯된 것이다. 아울러 그보다 훨씬 앞서 형성된

---

43)　㉮ 『禮記』, 「祭義」: 建國之神位, 右社稷, 而左宗廟.; ㉯ 『蔡中郎集』(外集) 卷4, 「獨斷」:
　　左宗廟, 東曰左. … 右社稷, 西曰右.
44)　『周禮注疏』 卷19, 「春官宗伯」: 小宗伯之職, 掌建國之神位, 右社稷·左宗廟. [注──庫
　　門內雉門外之左右.] [疏──匠人亦云, 左宗廟·右社稷. 彼掌其營作, 此掌其成事位次
　　耳.]; 王昭禹(宋), 『周禮詳解』 卷18: 右社稷·左宗廟. [右社稷·左宗廟, 國中之神位也. …
　　右陰也, 而地道尊右, 社稷地類也, 故右社稷. 左陽也, 人道所向, 君子於其親, 事死如生,
　　故左宗廟.]; 李鍾倫(淸), 『周禮纂訓』 卷10: 丘氏曰, 右陰也, 地道尊右, 故社稷居之. 左陽
　　也, 人道尙左, 故宗廟居之.

「춘관 종백」의 "우사직·좌종묘"라는 글에 대한 해석의 이해를 통해, 전한대에도 그러한 인식이 형성되어 갔을 것이라 짐작된다.

그런데 한 가지 간과할 수 없는 의혹이 생긴다. 「춘관 종백」은 사실상 「동관 고공기」처럼 건설이나 도로·수레, 무기 제작 등등의 기물을 만드는 기술자들의 직무에 대한 편목이 아니다. 그것은 제사와 여타 의례들과 관련된 내용들로 구성되어 있다. 「춘관 종백」에는 가장 먼저 대종백大宗伯과 소종백小宗伯이 있다. 그 아래로 사사肆師·상사上士·중사中士·하사下士·부府·사史·서胥·도徒 등등의 계급 단위의 직급 명칭이 수록되어 있으며, 욱인郁人·창인鬯人 등과 같은 맡은 업무와 관련된 수많은 관직 명칭들이 서술되어 있다.

대종백의 직분은 방국을 세운 하늘의 신과 인간의 귀신, 땅의 신 등에게의 의례[제사]를 관장하는 일을 하며, 소종백은 건국한 이의 신위를 관장하고 사방의 교외에서 오제五帝의 조짐을 점치는 일을 맡는다.[45] 이처럼 대종백과 소종백은 제사의 일이나 점을 쳐서 조짐을 살피는 일 등과 관련된 일을 하는 사람들이다. "우사직·좌종묘"는 소종백의 직무 중 하나이다. 그런데 여기서의 좌와 우를 종묘와 사직단이라는 대형 구조물들을 좌측과 우측에 배치한다는 의미로 생각한다면, 소종백의 다른 여러 업무들과의 조화는 물론 '종백宗伯'이라는 명칭에 부합되지 않는다. 필자는 위의 左(좌)와 右(우)를 '돕다'의 뜻인 佐(좌)와 佑(우)로 보고자 한다. 『주역』의 「태괘泰卦 대상전大象傳」에 "以左右民(이좌우민)"이라는 말이 있는데, 거기서의 '左右(좌우)'를 당대唐代의 육덕명陸德明은 '돕다'인 佐佑(좌우)의 뜻으로 해석하였다.[46] 『설문해자』에서도 역시 左(좌)와 右(우)

---

45) 『周禮』, 「春官宗伯」: 大宗伯之職, 掌建邦之天神·人鬼·地示之禮. …… 小宗伯之職, 掌建國之神位, … 兆五帝於四郊.

를 '돕다[助]'의 뜻으로도 설명하고 있다.[47]

■『주역』「태괘/대상전」의 전문은 다음과 같다. "천
지가 서로 뒤엉켜 통하니, 임금은 그로써 천지의 도道를
잘 마름질해 이루고 천지의 마땅함을 가까이 보필해서,
그러한 것들로 만백성을 돕는다[左右].〔天地交泰(천지
교태), 后以財成天地之道(후이재성천지지도), 輔相天地之
宜(보상천지지의), 以左右民(이좌우민).〕" (※ 원문에서의
'財成(재성)'은 『한서』「율력지律曆志 상」에서 '마름질하
여 이룸[裁成]'으로 해석하고 있다.) ■

이상의 논의대로 "우사직·좌종묘"에서의 좌우를 '돕다'로 해석
해서 본다면, "사직에서의 (제사의) 일을 돕고[佑], 종묘에서의 (제
사의) 일을 돕는다[佐]."라는 의미가 될 것이다. 이는 그 일을 맡고
있는 소종백의 다른 직무들에서도 볼 수 있듯, 소종백 본연의 일과
도 잘 조화된다.

그런데 그것이 후에 「동관 고공기」가 성립되고 『예기』가 성서
되던 전한 말에 가면 "좌조우사"와 같이 완전히 좌우 방향의 의미
로 전환된다. 이는 왕망9묘가 보여주듯, 그때는 이미 종묘와 사직
을 좌측과 우측으로 배열하는 것이 관념화·제도화되었음을 말해
준다. 물론 그것은 시령사상 및 음양오행설의 심화된 영향 때문이
라 할 수 있다. 한편, 좌조우사의 '조祖'는 종묘에서의 제사 기능을
부각시킨 표현이다. 이렇듯 묘가 '조상신'을 의미하는 조祖자로 대
체된 것은 종묘의 역할이 정전으로서의 기능을 상실하고 선왕에
대한 제사의식을 이행하는 장소로서만 국한되어 쓰이게 되었음을

---

46) 『周易注疏』 卷3, 「泰/象傳」: 音義, … 左音佐·右音佑, 左右助也.
47) 『說文解字』, 「左部」: 左, 手相左助也.; 「力部」: 助, 左也.; 「手部」: 扶, 左也.; 「口部」: 右,
助也.; 「又部」: 右, 手口相助也.

말해준다.

「동관 고공기」의 '좌조우사'를 실제로 주대 본연의 종묘·사직 제도에 비추어 보면 그것은 모순이 된다. 원래 사社는 묘廟와 가까운 위치에 있던 것이 아니었다.『효경』에는 주공이 주나라 시조인 후직后稷에게 교사郊祀, 즉 교郊에서의 제사를 지냈다는 기록이 있다.[48]『중용』에서는 상제를 섬기는 방법인 '교사의 예'에 대해 말하고 있는데,[49] 이는 토지신인 '사社'를 '교郊'에서 제사하는 것으로, 이 역시 효경에서의 기록과 같이 '교에서의 제사[郊祀]'인 것이다.

▎위와 같이 「중용」에서는 교사郊社의 예禮로 상제를 섬긴다고 하였는데,『효경』에서는 교郊에 (주나라 시조 신始祖神인) 후직后稷을 제사지내면서 천天에 배향配享한 다고 하였다.[50] 이렇듯 郊社之禮(교사지례)에 배향하는 대상이 상제인지 천인지는 일정하게 규율되지 않은 듯 하다. 다만 기록의 선후로 보았을 때『효경』의 기록과 같이 원래는, 교사 의례에서는 후직을 위한 제사와 배천配天 의식을 이행하고, 배상제配上帝 의식의 경우는 선왕들에게 올리는 종묘 제사의 의례에서 이루어진 것으로 보인다. ▎

『상서』의 주서周書 「태서泰誓 하」 편에서도 주나라 무왕이 은나라의 제신帝辛 수受[紂王]에 대해 "교외의 사직단을 수선하지 않고 종묘에서 제향하지 않는다."라고 성토하면서 교사郊社를 언급하고 있다.[51]

토지의 신인 사社를『좌전』에서는 '후토后土'라고 하고,『설문해

48)『孝經』,「聖治」: 昔者, 周公郊祀后稷, 以配天. 宗祀文王於明堂, 以配上帝.
49)『禮記』,「中庸」: 郊社之禮, 所以事上帝也. 宗廟之禮, 所以祀乎其先也.
50)『孝經』,「聖治」: 昔者, 周公郊祀后稷, 以配天.
51)『書經』,「泰誓 下」: 今商王受, … 郊社不修, 宗廟不享.

자』에서는 '지주地主'라고 표현한다.52) 교에 대한 설명에서 『이아』에서는 '읍외邑外'를 말한다고 하고, 『설문해자』에서는 '국도와 100리 떨어져 있는 곳'이라고 설명한다.53) 따라서 교는 국도에서 멀리 떨어진 지방의 읍邑 단위 영역 밖에 있는 장소를 말하는 것으로, 군주가 거주하는 도성 안에 있는 종묘와는 좌우측으로 배치될 수 있는 것이 아니다.

『좌전』에 도성 밖의 교사와 관련된 내용들이 보인다. 민공閔公 2년(B.C. 660)의 기록이다. "군대를 거느리는 자는 묘에서 명을 받고, 사에서 신脤[社肉, 社에서 제사 올린 고기]을 받는다."54) 군주에게서 출병의 명령을 묘廟에서 받은 후에 대지의 신을 모시는 사社에서 정성껏 제사를 올리고 그 제사지낸 고기를 받는 의례가 이어진다는 내용이다. 이후 성공成公 3년(B.C. 588)의 기록에는 교사례郊社禮가 좀 더 상세하게 표현되어 있다. 아래는 그에 대한 내용으로, 주註·소疏의 설명을 가지고 해석을 보충하였다.

> 성자成子가 사社에서 신脤[社肉]을 받으면서 불경스럽게 하였다. … 방국의 대사大事는 (종묘에서 행하는) '사祀' 제사의 일과, (사에서 행하는) '융戎' 제사의 일에 있다. 사 제사에는 (선조의 제사를 마친 후, 참례자들에게 제육祭肉을55) 나누어 주는) '집번執膰'의 예가 있고, 융 제사에는 (출병의 제사를 마친 후, 사육社肉을 수장들에게 나누어 주는) '수신受脤'의 예가 있으니, 신神에게 하는 대절大節인 것이다. 이번에 성자가 그 명을 나태하게 저버렸으니, 아마 무사히 돌아오지 못할 것이다.56)

---

52) 『春秋左傳』,「昭公 29年」: 后土爲社.;『說文解字』,「示部」: 社, 地主也.
53) 『爾雅』,「釋地」: 邑外謂之郊.;『說文解字』,「邑部」: 郊, 距國百里爲郊.
54) 『春秋左傳』,「閔公 2년」: 帥師者, 受命於廟, 受脤於社.
55) "膰, 祭肉." (杜預 注)

출병 직전에 수많은 대군을 거느리고 사社에서 '융戎' 제사를 지낸다는 것은 그곳이 도성에서 떨어진 곳으로 출병하기 용이한 국경에 좀 더 가까운 위치임을 알 수 있다.

> ▌ 사社는 토지의 신이고 직稷은 곡신의 신이다. 후대에 사직단社稷壇으로 통합하여 토지의 신[土神]과 곡식의 신[穀神]을 함께 제사하게 되었지만, 엄밀히 말해 그 두 가지는 동일한 것이 아니다. 위 『좌전』의 기록들을 근거한다면, 토지의 신 혹은 토지에 대한 제사를 일컫는 '사社'는 땅에서 치루는 전쟁을 위해 이행하는 의례라고 볼 수 있다.
>
> 그것이 어떻게 또 어느 시기부터 곡식의 신과 동류의 존재로 함께 보게 된 것인지는 아직 확언할 수 없지만, 위 『춘추좌전』의 민공閔公 2년(B.C. 660)과 성공成公 3년(B.C. 588)의 기록에서와 같이, 적어도 춘추시대에는 그것이 대군大軍을 거느리는 자가 이행하는 융戎 제사의 성격이 포함되어 있었음에는 분명해 보인다. 당시의 교사郊社는, 군대의 출정 방향이 도성을 중심으로 동서남북 여러 방향이 될 수 있기 때문에 그것이 교외 어느 하나의 장소에만 존재했다고 보기는 어려울 듯하다.
>
> 한편, 사社가 직稷과 유사한 의미로 인식되고 함께 언급되기 시작한 계기와 그 시기에 대해서는 별도의 고찰이 필요할 것으로 보인다. ▌

그런데 후대에 오게 되면 교사의 의미에 변화가 생긴다. 위에서의 서술과 같이 교郊는 원래 도성과 일정한 거리상에 있는 장소를, 그리고 사社는 대지의 신에 대한 제사 의례를 집행하는 특정한 장소의 명칭이나 제사 명칭으로 주로 사용되었던 것이지만, 나중에

---

56) 『春秋左傳』, 「成公 3年」: 成子受脤于社, 不敬 … 國之大事, 在祀與戎, 祀有執膰, 戎有受脤, 神之大節也. 今成子惰棄其命矣, 其不反乎.

는 둘 다 하늘과 땅에 올리는 제사의 명칭으로 인식하게 된 것이다. 다음은 강희康熙 연간의 『일강사서해의日講四書解義』에 수록된 내용이다. 천지에 올리는 제사에 대한 정의가 고대의 기록들에 비해 일목요연하게 정리된 것처럼 보인다.

> '교郊'의 예로써 제천祭天 의례를 하는데, 동지冬至에 원구圜丘에서 하늘에 제사[祀]를 올린다. '사社'의 예로써 제지祭地 의례를 하는데, 하지夏至에 방택方澤에서 땅에 제사[祀]를 올린다. 두 가지 모두 상제上帝와 후토后土를 섬기는 방법이다.57)

> ▌'하나의 양陽이 막 생장하면서[一陽始生] 점차 양이 증가하기 시작하는 시점인 동지冬至'와 '하늘의 둥근 모양[圜]', 그리고 '외부로 볼록 올라온 언덕[丘]'을 천天에 대입하여 '하늘에 제사 올림[祭天]'을 말하고 있다. '하나의 음陰이 막 생장하면서[一陰始生] 점차 음이 증가하기 시작하는 시점인 하지夏至'와 '땅의 방형方形' 그리고 '안으로 움푹 들어간 못[澤]'을 지地에 대입하여 '땅에 제사 올림[祀地]'을 말하고 있다. 이는 시령사상時令思想과 음양사상陰陽思想을 조합한 것이다. ▌

교사의 위와 같은 의미 변화는, 진·한대秦漢代 이후의 천지·음양 관념과 시령사상의 영향 때문이다. 분명한 것은 종묘와 사직을 근접한 위치로 설명한 「동관 고공기」의 "좌조우사" 언급은 주대에 본래 존재했던 종묘·사직과는 다른 것이다. 이렇듯 좌조우사는 전국시대 즈음부터 형성된 이론상으로 존재했던 것이었다가, 한대

---

57) 『日講四書解義』卷2,「中庸」: 郊以祭天, 冬至祀天於圜丘. 社以祭地, 夏至祀地於方澤. 蓋所以奉事上帝與后土. ※ 가공언賈公彦의 설명도 참고할 만하다.(『周禮注疏』卷2,「天官冢宰」: 大宰之職, … 祀大神示亦如之. [疏——釋曰云祀大神, 謂冬至祭天於圜丘, 云祀大祇, 謂夏至祭地於方澤, … 皆如祀五帝之禮.])

이후부터는 그것이 새로운 종묘·사직 구조 형식으로 정착된다. 하늘의 상제上帝에게 예를 올리는 장소 혹은 체禘 제사를 올리는 의례가 이루어지는 곳으로 이해되었던 종묘는 하늘의 양 기운을 받는 동쪽[좌측]으로 배치시키고, 반면 토지와 곡식의 신에게 예를 올리는 장소인 사직은 땅의 음 기운을 받는 서쪽[우측]에 배치시킨 것이다.

서주西周의 예제 문화는 춘추 말과 전국시대를 거치면서 수백 년 동안 서서히 그리고 급격하게 와해되어 가는 능이陵夷의 과정을 거쳤다. 안정기를 되찾은 한대에 와서 그 자취를 복원해 내기는 쉬운 일이 아니었을 것이다. 진시황의 분서焚書 사건이 아니었더라도, 이미 수세기 동안 지속된 전국기戰國期의 혼란 속에서 계승되지 못한 옛 제도에 대해 완전하게 보존된 근거 자료들을 찾기란 어쩌면 불가능에 가까운 일이었을지도 모른다. '옛날'의 제도를 복원하기 위해 구전과 기억에 의해 서술하는 과정에서, '현재[당대當代]'의 음양오행설과 시령설時令說 그리고 참위설讖緯說까지 자연스럽게 혼입되어 기술된 것이 진·한대 이후에 형성된 문헌들일 것이다. 그것은 고제古制와 고례古禮의 연구에서, 당대當代에 만연된 학설과 관념으로의 귀결을 통해 옛 제도를 보다 쉽게 그리고 현실적으로 인식하고자 했던 학문적 경향에 의한 이해라 할 수 있다.

3. 묘와 침의 배치: 전묘후침

『이아爾雅』「석궁釋宮」에서는 묘廟와 침寢의 구조적 차이점에 대해 다음과 같이 설명한다.

> (태)실이 동상東廂과 서상西廂을 갖춘 것을 '묘'라고 한다. 동
> 상과 서상이 없이 실을 갖춘 것을 '침'이라고 한다.58)

여기서 묘와 침의 차이는 동상東廂과 서상西廂을 갖추었는지 아
닌지로 구분된다. 이를 근거로 침과 대별되는 묘의 용도를 유추할
수 있을 것이다. 침의 경우는 실室의 기능이 보다 주가 되는 구조
임을 말하는 것이며, 묘는 그곳에 실뿐만 아니라 양측의 동상과 서
상을 갖춤으로서 보다 더 다양한 기능을 수행하는 장소로 이용되
었음을 알 수 있다.

> ▌앞에서 이미 군주의 묘廟와 노침路寢・정침正寢 등
> 이 동일한 의미를 갖고 있음을 논하였다. 그런데 『이아』
> 에서는 위와 같이 묘廟와 침寢을 구분하고 있다. 『논어』
> 「공야장公冶長」 편의 "宰予晝寢(재여주침)"의 구절에서
> 보듯, 침은 침실이나 사실私室의 의미로도 쓰였음을 알
> 수 있다. 이와 같이 침을 군주의 정전이라는 의미로 쓸
> 경우는 大(태[太])・路(노)・正(정) 등의 수식어를 붙여
> 구분해 사용하였다.
> "전묘후침前廟後寢"에서의 '침寢'의 경우는 군주의 사
> 실私室을 뜻하는 것이다. ▌

채옹蔡邕(133~192)은 그 이전 시대에 존재했었던 종묘 제도에 대
해 다음과 같이 기록하고 있다.

> 종묘의 제도를 고학古學에서는 군주의 거소라고 여겼다. (대
> 개) 앞에는 조朝[朝廷]를 두고, 뒤에는 침寢[寢殿]을 두는데, 결국

---

58) 『爾雅』, 「釋宮」: 室有東西廂, 曰廟. 無東西廂有室, 曰寢.

은 앞쪽에 묘를 만들어서 조정을 본뜨고, 뒤쪽에 침을 만들어서 침전을 본뜬 것이다. 묘에는 신주를 보관하고 (그 신주를) 소昭와 목穆으로 분리해 열을 지었으며, 침에는 의관衣冠과 궤장几杖을 두어 생전에 갖추고 있었던 물건들을 본떴으니, (묘·침 모두를) 합해서 그것들을 궁宮이라고 한다. 『예기』「월령」에 "침묘寢廟에 먼저 올린다."라고 한 것과,[59] 『시경』「국풍國風」에서 "공후의 궁이네."라고 한 것과,[60] 『시경』「송頌」에서 서로 잇닿아 있는 모습을 표현해서 읊은 "침묘가 奕奕(혁혁)하네."라고 한 것, 이 내용들 모두가 바로 그 글귀들인 것이다.[61]

❙ 채옹의 이와 같은 서술은 종묘와 궁전의 역할이 구분된 후대의 인식을 반영한 것으로 이해할 수 있다. 고대의 몇몇 전적들 속에는 선진시기 군주의 (종)묘가 바로 그의 정전, 즉 후대의 궁전의 의미였음을 시사하는 언급들을 볼 수 있다.[62] 물론 일반적인 집을 의미했던 궁宮이 제왕의 그것에만 한정시켜 쓸 수 있기 시작했던 진대秦代를 지나[63] 한대漢代 이후로 더 이상 군주의 종묘를 정전의 의미로 사용하지 않았지만, 군주의 통치 장소와 제사 의례의 장소가 분리되기 이전인 선진시대에 있어서 종묘는 바로 통치자의 통치 공간과 제사 공간을 겸한 정전을 의미했다.

군주가 선군의 지위와 권위를 물려받아 선군들

---

59) 『禮記』,「月令」: 仲春之月 … 是月也, 毋竭川澤, 毋漉陂池, 毋焚山林. 天子乃鮮羔開冰, '先薦寢廟.'

60) 『詩經』,「國風/召南」, <采蘩>: … 于以采蘩, 于澗之中. 于以用之, '公侯之宮.'

61) 『蔡中郞集』,「獨斷」: 宗廟之制, 古學以爲人君之居. 前有朝·後有寢, 終則, 前制廟以象朝, 後制寢以象寢. 廟以藏主, 列昭穆, 寢有衣冠几杖, 象生之具, 總謂之宮.「月令」曰, "先薦寢廟." 『詩』云, "公侯之宮."「頌」曰, "寢廟奕奕." 言相連也, 是皆其文也.

62) 『說苑』,「政理」: 衛靈公謂孔子曰, '有語寡人, 爲國家者, 謹之於廟堂之上, 而國家治矣, 其可乎.'; 『荀子』,「樂論」: 故樂, 在宗廟之中, 君臣上下同聽之, 則莫不和敬. 閨門之內, 父子兄弟同聽之, 則莫不和親.; 『論語』,「子張」: 宗廟之美·百官之富.

63) 『康熙字典』,「宀部」, <宮>: 古者貴賤所居, 皆得稱宮, 至秦始定爲至尊所居之稱. 又宗廟亦曰宮.

에 대한 제사 의례를 이행할 수 있는 자격이 부여되
었기 때문에 그의 묘에 '종'자가 부가된 것이다. █

위의 말을 정리한다면 다음과 같다. '옛날'에는 군주가 거처하는
궁전을 종묘라고 했다. 종묘, 즉 궁전의 앞부분은 대소신료들과 정
사에 관한 논의를 할 수 있는 조회의 장소[朝]가 되고, 그 뒷부분은
군주의 침소로 그가 편안히 쉴 수 있는 장소가 되는 것이다.

'전묘후침前廟後寢'이라는 말은, 정현이『예기』「월령」편 중춘지
월仲春之月[卯月]의 "문짝[闔扇]을 수선하고, 침묘가 두루 구비되게
한다."라는 내용에 대한 주注에서 "凡廟(범묘), 前曰廟・後曰寢(전왈
묘・후왈침)."이라고 설명하면서 표현한 것이다.64) 정현의 묘침에 대
한 이러한 묘사는『주례』「하관 사마」에서 예복隸仆이 관장하는 '5
침에서 쓸어내고[埽], 버리고[除], 분뇨 등의 오물을 치우고[糞], 물
뿌려 청소하는[洒] 일'에 대한 주에서도 언급하고 있다. 그 내용은
다음과 같다.

> 5침五寢은 다섯 묘의 침이다. …『시경』에서 읊은 "寢廟繹繹
> (침묘역역)"은 (침묘가) 서로 잇닿아 있는 모습이다. '앞에 있는
> 것을 묘라고 하고,[前曰廟] 뒤에 있는 것을 침이라고 한다.[後曰
> 寢]'65)

그런데 여기서 정현이 언급한 "寢廟繹繹(침묘역역)"이라는 시구는
현존 본『시경』에서는 찾아볼 수 없다. 그것과 유사한 묘사로「소
아小雅」에서의 "奕奕寢廟(혁혁침묘)"와「노송魯頌」에서의 "新廟奕奕

---

64)『禮記注疏』卷15,「月令」: 仲春之月 … 是月也, … 乃修闔扇, 寢廟畢備. [注── … 凡
廟, 前曰廟・後曰寢.]
65)『周禮注疏』卷31,「夏官司馬 下」: 隸僕, 掌五寢之埽除糞洒之事. [注──五寢, 五廟之寢
也. …『詩』云, "寢廟繹繹", 相連貌也, 前曰廟・後曰寢.]

(신묘혁혁)" 등이 있다. 그 내용은 다음과 같다.

「소아」<교언巧言>: '혁혁한 침과 묘',[奕奕寢廟] 군자가 그것
을 만드셨네. 조리 있는 큰 지략, 성인聖人이 그것을 꾀하셨
지.66)

「노송」<비궁閟宮>: 소나무 서까래들이 묵직하고, 노침은 매
우 크니, '새로 지은 묘가 혁혁하네.'[新廟奕奕]67)

정현이 현존 본 『시경』에는 존재하지 않는 '寢廟繹繹(침묘역역)'
의 문구를 제시해서 침묘가 서로 연접되어 있다[相連]는 묘사를 하
였지만, 그와 동시대를 살았던 채옹은 앞에서도 논하였듯, '「송頌」
에서 읊은 寢廟奕奕(침묘혁혁)은 침묘가 서로 연접되어 있다는 것을
말한다.'라는 표현을 하고 있다. 정현이 표현한 '寢廟繹繹(침묘역역)'
은 실제로 당시에 존재했지만 현존 본에는 유실되어 기입되지 않
은 내용일 수 있겠지만, 정현이 『모시』의 전箋을 지었기 때문에 사
실상 그러한 가설은 성립되기 어렵다고 생각한다. 따라서 정현이
말한 "繹繹(역역)"은 '奕奕(혁혁)'의 오기로 볼 수 있을 것이다. 아울
러 채옹이 표현한 「송」의 寢廟奕奕(침묘혁혁) 역시 위 시구 중 「노송
」의 "新廟奕奕(신묘혁혁)"보다는 「소아」의 "奕奕寢廟(혁혁침묘)"를 가
리키는 것이라 볼 수 있다. 그것은 채옹이 '서로 연접되어 있는 모
습으로 서 있는 침과 묘'라는 표현을 하고자 한 것이기 때문이다.
「소아」의 "奕奕寢廟(혁혁침묘)"에 대해 『모전毛傳』에서는 "奕奕(혁
혁)은 거대한 모습[大貌]이다."라고 설명하고 있으며, 「노송」의 "新
廟奕奕(신묘혁혁)" 구절은 정현이 그의 전箋에서 "혁혁(奕奕)은 아름

66) 『詩經』, 「小雅/小旻之什」, <巧言>: 奕奕寢廟, 君子作之. 秩秩大猷, 聖人莫之.
67) 『詩經』, 「魯頌」, <閟宮>: 松桷有舄, 路寢孔碩, 新廟奕奕.

다움[姣美]이다."라고 기록하고 있다. 그렇다면 '혁혁'은 외관의 모습이 거대하면서도 아름다운 모습의 형용으로 볼 수 있을 것이다. 따라서 「노송」의 "新廟奕奕(신묘혁혁)"은 "새로 만들어진 묘가 우람스레 아름다워 보이네."로, 그리고 「소아」의 "奕奕寢廟(혁혁침묘)"는 "우람스레 아름다운 침과 묘"라는 뜻이 된다. 그렇게 보면 이 문장들에서는 두 건축물의 '서로 연접되어 있는 모습'을 느낄 수 없다. 외관의 훌륭함을 나타낸 묘사를 가지고 두 건물들이 서로 연접해 있다고 설명하기에는 모호한 점이 있다.

『설문해자』에서는 침을 누워서 쉬는 곳이라고 설명한다.[68] 그런데 묘라는 구조물 안에는 분명 그럴 수 있는 장소가 있다. 그곳은 예서의 종묘도에서도 표현되어 있고 종묘로 추정되고 있는 주대의 당상분리식 궁묘유적지에서도 찾아볼 수 있다.[69] 바로 묘廟 안의 당堂 위에서 북쪽으로 구획된 실室과 방房이다. 앞에서 목왕이 서방으로부터 온 귀한 손님에게 자신의 노침을 그의 거처로 내어 주었다는 『열자』의 이야기는 바로 군주의 편전이기도 하였던 이 묘당 위의 실室을 내어준 것이다.

이를 근거로 위에서 채옹이 말한 "前有朝・後有寢(전유조・후유침)"의 설명으로 보충한다면, 종묘 안에 있는 '조朝 의례를 행할 수 있는 정廷[앞뜰・庭]'과 '편안한 실내 공간으로서의 실・방'은, 그것들의 기능을 가지고 본다면 바로 '전묘후침'이라는 표현에 부합된다. 그렇지만 정현이 설명한 "前曰廟・後曰寢(전왈묘・후왈침)"은 묘와

---

68) 『說文解字』, 「宀部」: 寢, 臥也.
69) 종묘도는 『考工記圖』(下) '종묘'의 평면도면을 참고하고, 주대의 당상분리식 궁묘유적지는 徐良高・王巍, 「陝西扶風雲塘西周建築基址的初步認識」, 『考古』, 2002(第9期), 28쪽 圖・참고. ※ 이에 대해 앞의 제2장 2절(종묘도와 주대의 궁묘유적지)에서 이미 논하였다.

침을 전후로 연접된 상태의 별개의 건물로 설명한 것인데, 이는 위채옹의 설명과는 분명 다른 것이다.

필자는 전묘후침前廟後寢 설에 대해 다음의 두 가지 가설을 정하면서 마치고자 한다. 하나는 전조후침前朝後寢의 의미로 보는 것이다. 종묘라고 하는 군주의 치조 공간 안에, 앞쪽의 정과 중앙의 당은 조정['前朝']의 기능을 하고, 뒤쪽의 실·방은 군주가 보다 편안한 자세로 일상의 정무에 임할 수 있는 기능을 하는 곳['後寢']을 말한다. 아울러 이러한 구조는 예서의 종묘도는 물론 주대의 당상분리식 궁묘유적지에서도 확인된다.

다른 하나는, 앞쪽에는 치조 공간인 종묘 건축군을 배치하고 뒤쪽에는 사친들이 사용하는 주거용의 건축군을 배치한다는 의미로 보는 경우이다. 그러나 이를 뒷받침해줄 만한 주대의 궁묘유적지 연구 자료가 아직은 충분히 나타나지 않고 있다. 다만 필자는 아주 드문 경우이기는 하지만 후자의 예를 춘추시기 섬서성 봉상현鳳翔縣의 마가장馬家莊 3호 유적지 한곳에서 찾을 수 있다고 생각한다. 필자는 남북으로 길게 자리하여 상하 다섯 구획의 담장으로 나뉜 마가장 3호 유적지를, '군주의 정전으로서의 종묘 역할의 건축군'과, '군주가 사친들과 함께 기거하는 사적 거주 공간으로서의 건축군' 등의 공적·사적 기능을 모두 갖추어 조성한 것으로 추정하고 있다.(앞의 제2장 2절 참고) 그렇지만 마가장 3호 유적지에 관한 고고학적 논의가 아직 충분히 진행되지 않은 것으로 보인다. 따라서 이러한 필자의 추정에 대한 확신은 보다 더 다각적인 논의를 기다려야 할 것 같다.

▎마가장 3호 유적지를 군주의 조침朝寢 시설로, 또 그 주변에 있는 별도의 1호 유적지를 군주의 종묘 시설로 추정하기도 하는데,[70] 그것은 한대 이후의 '종묘'와 '청정聽政의 장소'가 전혀 별개의 장소였다는 것을 기준 했기 때문으로 보인다. 마가장 유적지는 춘추시기의 것으로서, 그것에 대한 탐구는 선진시기 궁묘의 쓰임에 대한 연구를 바탕으로 논해야 할 것으로 생각한다. ▎

4. 정리

지금까지 종묘의 여러 명칭들 및 그 배치 제도에 관해 고전에 보이는 기록들을 중심으로 살펴보았다.

고대의 여러 전적들에서 태침·노침·정침 등의 명칭들이 보이는데, 이는 군주의 정전을 의미하는 (종)묘의 또 다른 표현들이다. 보다 더 이전 대에서 태실과 세실이라는 표현을 사용하였다. 태실의 용어는 서주시기 초에도 이미 사용되고 있었던 것으로 보인다. 태실·세실과 태침·노침·정침 등의 표현은 군주의 일상적인 정무 공간으로서의 표현이고, 종묘는 군주가 '종宗'이 되는 자의 자격으로 선군들에 대한 제사 의례를 이행하는 장소로서의 표현이다.

태묘라고 하는 최초로 나라를 연 선왕의 묘는 천자뿐 아니라 제후국들에서도 잘 보존하여 갖추고 있었는데, 그들이 그토록 태묘를 중시한 것은 주나라 종법제도하에서의 정치권력 구도 속에서 이해할 수 있다. 조정의 경대부 및 방국邦國 내의 가家를 다스리는

---

70) 김영재, 「중국 고대도성계획에서 宗廟·社稷의 배치와 그 의미 — 商代에서 秦代까지: 종묘·사직의 성격과 위치변화를 중심으로」, 『大韓建築學會聯合論文集』 16-2(60), 2014, 7쪽 참조.

대부들과 같은 모든 동성 귀족들의 힘을 규합해야 하는 국가의 중대사가 발생할 경우, 그것을 반포하는 특정 장소로서 '초조가 사용했었던 묘'인 '태묘'의 상징성은 현 통치자의 묘(조)에서보다는 더욱 강력하게 작용하였을 것이다.

"좌조우사左祖右社"의 표현이 처음으로 기록된 곳은 『주례』「동관 고공기」에서의 <장인영국匠人營國> 부분이다. 한편 「춘관 종백」에도 그것과 유사한 문구라고 인식되어 온 기록이 있는데, 제사를 주관하는 소종백小宗伯의 직분 중 하나인 "右社稷・左宗廟(우사직・좌종묘)"가 그것이다. 이를 네 글자로 줄여 左廟右社(좌묘우사)라고 표현한다. 후한의 정현 및 그 이후의 많은 예학자들이 「춘관 종백」의 "우사직・좌종묘"의 左(좌)・右(우)를 방향으로 간주하여 그것을 종묘와 사직의 배치 관계로 인식하였다. 그러나 '나라를 건립한 이의 신위神位를 관장하고 사방의 교외에서 5제五帝를 점치는 일' 등을 맡고 있는 소종백小宗伯의 직분에서 본다면, 그것을 종묘와 사직의 배치와 같은 '건설'과 관련된 것으로 여긴 것은 결코 조화로운 해석이라 말할 수 없다.

左(좌)와 右(우)는 佐(좌)와 佑(우)의 의미로도 사용된다. 「춘관 종백」의 "右社稷・左宗廟(우사직・좌종묘)"는 "사직에서의 (제사의) 일을 돕고[佑], 종묘에서의 (제사의) 일을 돕는다[佐]."라는 의미로 해석해야 '종백宗伯'의 직분에 부합된다. 그렇지만 그것이 종묘・사직의 배치 관계로 해석되고 그보다 나중에 출현한 「동관 고공기」에서 그것들의 좌우 배치 건설에 대한 이야기가 등장한 것은, 전한 말기의 왕망9묘王莽九廟에서 볼 수 있듯, 당시 중국에서 만연된 음양오행설과 시령설 등의 영향으로 종묘와 사직을 좌측과 우측으로 배열하는 것이 이미 관념화되고 제도화되었기 때문이다. 실상 주나라 때의 종묘와 사직은 좌묘우사 형식처럼 서로 근접한 위치에 있을 수 없었다. 국도 안의 가장 중심이 되는 곳에 위치한 (종)묘廟와는 다르게, '사社'는 국도에서 멀리 떨어져 있는 '교郊'에 설치되었기 때문이다.

'전묘후침前廟後寢'은 『주례』 「하관 사마」와 『예기』 「월령」 편을 설명한 정현의 주에서 "前曰廟·後曰寢(전왈묘·후왈침)"이라는 말로 표현된 것이다. 그리고 정현과 동시대의 채옹은 "前有朝·後有寢(전유조·후유침)"이라는 표현을 사용하였다.

필자는 전묘후침 설에 대해 두 가지 가설을 제시하였다. 하나는, 채옹이 표현한 '전조후침前朝後寢'의 뜻으로 보는 것이다. 종묘라고 하는 하나의 전체 구조물 안에, 앞쪽의 정廷과 중앙의 당堂은 '조의례' 등을 이행할 수 있는 조정['前朝']의 기능을 하고, 뒤쪽의 실室·방房은 군주가 보다 편안한 자세로 일상의 정무에 임할 수 있는 곳['後寢']을 말한다. 이러한 구조는 예서의 종묘도는 물론 주대의 당상분리식 궁묘유적지에서도 확인된다.

또 다른 하나의 가설로는, 앞쪽에는 치조 영역으로서의 종묘 건축물, 뒤쪽에는 사친들과의 거주 영역인 주거용 건축물로서, 독립된 별개의 두 가지 건축군을 말하는 것이다. 이것의 실례는 섬서성 봉상현의 마가장馬家莊 3호 유적지에서 찾아볼 수 있다고 필자는 판단한다.

제5장

종묘 – 명당과 벽옹

본 장은 필자의 「周代의 明堂과 辟雍에 대한 小考 — 先秦時期 宗廟의 본원적 기능에 대한 궁구 과정에서 —」(『동양철학연구』 87, 동양철학연구회, 2016)의 논문 내용을 첨삭하고 보완·정리한 것이다.

본 장에서의 논의는 선진시기先秦時期 종묘에 대한 탐구를 진행하는 과정의 또 다른 줄기이다. 주대周代의 종묘는 포정布政 조제후朝諸侯 제사 등의 정치적·외교적·종교적 의례 활동을 이행하는 군주의 정전 및 조정과도 같은 곳이다. 그러한 종묘의 본원적 기능에 대한 궁구 과정에서 명당과 벽옹을 마주하게 되는 것은, 고전에 기록된 그것들의 형태와 기능의 유사성으로 보았을 때 당연한 결과일 것이다.

맹자는 옛날에 문왕文王이 펼쳤다고 한 주周나라의 이상적인 정치사상을 설명하면서 '명당明堂'을 언급하였다. 그런데 실상 명당이라는 말은 「동관 고공기冬官考工記」를 제외한 『주례』 및 십익十翼을 포함한 『주역』, 그리고 『시詩』·『서書』·『의례』 등의 고경古經들 속에서는 거의 찾아볼 수 없다. 그에 비해 '당堂'은 여러 곳에서 볼 수 있는데, 『시경』의 경우, '당'자가 「용풍鄘風」·「정풍鄭風」·「제풍齊風」·「당풍唐風」·「진풍秦風」·「회풍檜風」·「빈풍豳風」 등의 국풍國風 내 각각의 시 한 편씩에서 보이고 있고, 송頌에서는 「주송周頌」 <사의絲衣>에서 한차례 보인다.[1]

---

1) 『詩經』, 「鄘風」, <定之方中>: 望楚與堂, 景山與京.; 「鄭風」, <丰>: 子之昌兮, 俟我乎堂兮.; 「齊風」, <著>: 俟我於堂乎而, 充耳以黃乎而.; 「唐風」, <蟋蟀>: 蟋蟀在堂.; 「秦風」, <終南>: 終南何有, 有紀有堂.; 「檜風」, <羔裘>: 羔裘翱翔, 狐裘在堂.; 「豳風」, <七月>: 躋彼公堂,

「동관 고공기」편을 제외한 『주례』의 경우 '당'자가 「춘관 종백春官宗伯」에서 한차례 언급되고 있다.[2] 『주역』의 괘사卦辭·효사爻辭와 십익+翼에서는 '명당'과 '당'의 기록이 모두 없다.

『서경』에서는 주서周書 안에서만 '당'자를 볼 수 있는데, 성왕成王 즉위 초의 「대고大誥」편과 그의 임종 직전의 「고명顧命」편 두 곳에서 관찰된다. 「대고」에서의 당堂은 건축물을 지을 때 기둥이나 벽체와 같은 구조물을 세우기 전에 만드는 넓고 평평한 토대土臺 혹은 축대築臺와 같은 의미로 쓰인 것이다.[3] 「고명」에서의 그것은 동당東堂과 서당西堂의 형식으로 쓰였는데,[4] 그것은 군주의 궁묘 내에 있는 동서東序와 서서西序, 동방東房과 서방西房, 조계阼階와 빈계賓階, 좌숙左塾과 우숙右塾, 동수東垂와 서수西垂 등등과 같은 여러 지점의 세세한 명칭들과 함께 기록된 것이다.

『의례』에서도 당자를 수많은 곳에서 볼 수 있지만 명당의 기록은 존재하지 않는다. 금문金文에서도 역시 당자는 쉽게 찾아볼 수 있지만,[5] 명당의 기록은 아직까지 나타나지 않은 것으로 보인다.

이렇듯 명당이라는 표현이 비교적 후대부터 나타나기 시작한 것을 본다면, 그것이 과연 맹자가 말한 것처럼 주나라 초기부터 존

稱彼兕觥, 萬壽無疆.; 「周頌/閔予小子之什」, <絲衣>: 自堂徂基, 自羊徂牛.

2) 『周禮』, 「春官宗伯」, <男巫>: 冬, 堂贈, 無方無算. ※ 전한 말에 형성된 것으로 추정되는 「동관 고공기」편에서는 특히 <장인영국>조목에서 '명당明堂'의 용어를 볼 수 있고, '당堂'자도 여러 차례 보인다.(「考工記」, <匠人營國>: 夏后氏世室, 堂修二七. … 門堂三之二, … 殷人重屋, 堂修七尋·堂崇三尺, … 周人明堂, … 堂崇一筵, … 堂上度以筵; <匠人爲溝洫>: 堂涂十有二分.)

3) 『尙書』, 「周書/大誥」: 王曰, " … 若考作室, 旣厎法, 厥子乃弗肯堂, 矧肯構. 厥父菑, 厥子乃弗肯播, 矧肯穫."

4) 『尙書』, 「周書/顧命」: 二人雀弁執惠, 立于畢門之內. 四人綦弁執戈上刃, 夾兩階戺. 一人冕執劉, 立于東堂. 一人冕執鉞, 立于西堂. 一人冕執戣, 立于東垂. 一人冕執瞿, 立于西垂. 一人冕執銳, 立于側階.

5) 徐峰·馬廷中, 「試析周"明堂"的文化內涵」, 『文史雜志』, 2013(03期) 참조.

재했던 고유한 제도였는지, 또 그것이 구체적으로 어떠한 기능을 하던 곳이었는지에 대해 면밀히 고찰해 볼 필요가 있을 것이다. 그에 대해 다음 절에서 상세히 궁구할 것이다.

『시경』이나 『죽서기년竹書紀年』 등의 기록에 의하면, 주나라가 은·주殷周 교체기를 전후해서 호경鎬京을 영건하면서 벽옹辟雍을 만들고 그 안에 영대靈臺를 조성한 것으로 묘사되고 있다. 종묘와 태묘 명당 벽옹 등의 특정한 건축물이나 시설물 등과 관련한 주대의 제도 중에서, 그 주변 지역의 입지 환경을 비교적 자세히 논하고 있다는 점에서 벽옹은 상당히 독특하다고 할 수 있다. 벽옹은 일반적으로 주나라 천자가 귀족자제들을 위해 설립한 학궁學宮으로 알려져 있지만, 그보다 더 다양한 기능을 했던 곳으로 보인다. 따라서 이어지는 다음 절에서는, 벽옹 본연의 역할 및 그곳의 환경적인 요인에 의해 형성된 기능과, 함께 언급되고 있는 영대라는 시설물에 관한 논의를 더불어 진행할 것이다. 그리고 명당이나 종묘라는 주대 건축물의 벽옹과의 관련성에 대해서도 고찰할 것이다.

▍『죽서기년竹書紀年』은 그 죽간이 279년, 하남성 급현汲縣에 있는 (전국시대 위魏 양왕襄王의) 무덤[冢]에서 출토되었기 때문에 『급총기년汲冢紀年』이라고도 부른다. 『급총기년』은 당나라 이후 혼란기를 거치는 동안 국가적인 관리가 제대로 이루어지지 못하면서 그 대부분의 자료들이 조금씩 흩어져 없어졌다가 명대를 즈음해서 (각본刻本 형태로) 다시 등장하게 된다. 이것을 금본죽서기년今本竹書紀年이라 하는데, 그것이 다른 사료들과 부합되지 못한 부분들이 많다고 하여 이 금본今本에 대한 위서 논란이 끊임없이 제기되어 왔다. 주우증朱右曾(淸末)은 『죽서기년』의 일문逸文들을 집록輯錄한 것들에 고증

을 가하여 『급총기년존진汲冢紀年存眞』을 저술하였다. 이
것을 금본과 구분하여 고본죽서기년古本竹書紀年이라 부
른다. 왕국유王國維(1877~1927)는 주우증의 고본을 기초
로 하여 『고본죽서기년집교古本竹書紀年輯校』를 지었고,
아울러 이른바 '절반이나 되는 금본의 신봉자들을 위하
여' 다시 『금본죽서기년소증今本竹書紀年疏證』도 엮어서
그 두 가지를 함께 간행하였다.[6]

이 책에서 필자가 인용한 『죽서기년』 내용들 중에서
의 그 원문에 제기된 오류 논의는, 왕국유의 『금본죽서
기년소증』에서는 따로 보이지 않는다. 주우증의 『급총
기년존진』에서의 경우는, 주나라 무왕의 "十二年辛卯
(십이년신묘), 王…伐殷(왕…벌은)."이라고 되어 있는 은나
라 정벌 연대에 대해, 『신당서新唐書』 「역지歷志」의[7] 기
록을 들어서 "十一年庚寅(십일년경인), 周始伐殷(주시벌
은)."으로 약간의 연대 및 간지干支 수정을 가한 것이 보
인다.[8] 주우증은 또한 그 서序에서 금본에서의 의혹될
만한 점 12가지를 지적하고 있는데, 이 책에서 인용한
내용과 관련된 것 한 가지가 거기에 포함되어 있다. 후
술할 제7장 2절(주대의 체 의례: 조상신의 분립과 탈신
성화)에서 논하는 내용이다. 그에 대해 주우증이 제기한
의혹은 다음과 같다.

"금본죽서기년에서 의심할 만한 것들 열두 가지가 있
다. … 간책簡冊에서는 모두 주공이 어느 해에 죽었는지
상세하지 않다. 금본죽서기년의 성왕 21년에 '주공이
풍경豊京에서 훙거薨去하였다.'라고 기록하고서는, 그 앞
의 성왕 13년 글에는, '하夏 6월에 노나라가 주공의 묘
廟에서 체 의례를 성대하게 올렸다.'라고 하였다. 주공
이 아직 생존해 있는데 어찌 벌써 노나라에서 (주공의)

6) 백도백과 및 주우증과 왕국유의 서문 참고.
7) 歐陽修(宋), 『新唐書』 卷27上, 「志第17上/歷志」.
8) 그런데 이 '경인庚寅' 간지의 경우는, 『죽서기년』 은나라 제신帝辛 대로 기년된 "五十二
年庚寅(오십이년경인), 周始伐殷(주시벌은)." 내용에도 기록되어 있다.

묘廟를 세우는 일이 있었겠는가? (이것이) 의혹이 될 만한 것 여섯 번째이다."[9]

이 글에서 주우증은 묘를 망자를 위해 조성한 사당으로 생각하였다. 그렇기 때문에 주공이 아직 살아 있는 상태에서 그를 위해 조성한 '사당'에서 의례를 이행한 것이 납득할 수 없다고 여긴 것이다. 그러나 이 책에서 필자가 논하여 주장한 주나라 묘의 기능과 역할을 의거한다면, 주우증이 제기한 그 의혹 한 가지는 해소되었다. ▌

1. 명당

명당明堂의 용어는 진·한대 이후의 기록에 수없이 등장한다. 그러나 문왕의 발정시인發政施仁과 같은 왕정王政을 펼치는 곳이라고 했던 맹자의 설명[10]과는 다르게, 실제 춘추시대 이전을 말하는 기록들에서는 그에 대한 언급을 찾아보기 어렵다. 『춘추春秋』와 『국어國語』『죽서기년』『전국책戰國策』 등 선진시기에 성서成書되었거나 당시의 상황을 직접적으로 다룬 사서史書들 속에는 명당이란 용어가 없다.

▌선진시기에 기록된 것으로 알려지거나 추정되는 사서史書들 가운데 명당에 대한 언급이 보이는 곳은 그

---

9) 朱右曾, 『汲冢紀年存眞』: (序) … 今本之可疑者十有二, … 自來簡冊, 俱不常周公薨于何年. 今本於成王二十一年, 書'周文公薨于豐', 而前此成王十三年, 書'夏六月, 魯大禘于周公廟.' 豈有周公尙存, 而魯已立廟乎? 可疑六也.

10) 『孟子』, 「梁惠王下」: 孟子對曰, "夫明堂者, 王者之堂也. 王欲行王政, 則勿毁之矣." (齊宣)王曰, "王政可得聞與." 對曰, "昔者文王之治岐也, … 鰥…寡…獨…孤, 此四者, … 文王發政施仁, 必先斯四者, …"

리 많지 않다. 『일주서逸周書』를 제외하고, 다음에 논할
『좌전』문공 2년의 한 부분과, 『안자춘추晏子春秋』「간
하諫下」편의 "그 때문에 명당의 제도는 아래로는 윤습
潤溼함이 미치지 못하고, 위로는 한서寒暑가 들어올 수
없다."11)에서만 보일 뿐이다.

『일주서』에서는 명당의 언급이 「대광大匡」・「작락作
雒」・「명당明堂」・「주서周書 서序」등 여러 곳에서 나타
나고 있으며, 특히 「명당」이라는 편명까지 존재한다.
이와 같이 『일주서』에서 명당에 대한 언급이 다양하게
보이는 것은, 그것이 만일 전국시대 초기 이전에 성서
된 것이라고 한다면, 상당히 독특한 것이다. █

『춘추』3전 중에서는 유일하게 『좌전』문공文公 2년(B.C. 625)의
"(지나친) 용강勇剛함은 윗사람에게 해가 되니 '명당'에 오르지 못
한다."라는 기록 속에 단 한번 보일 뿐이다.12) 그런데 그것은 『일
주서逸周書』「대광大匡」편의 "용강勇剛스러움이 윗사람을 해치듯
하면 명당에 오르지 못한다."13)를 인용해서 말한 것이다. 「대광」
편의 바로 그 뒤로는 다음의 글이 이어진다. "명당은 도道[다스릴 방
도]를 명백하게 밝히는 곳이니, 도를 명백하게 밝힘은 오직 법령
[法]으로써 하는 것이며, 법령을 명백하게 밝힘은 오직 인군人君[人]
이 하는 것이다."14) 그런데 이 글 속에서 다소 법가法家의 분위기
가 느껴진다.

---

11) 『晏子春秋』內篇, 「諫下」, <景公, 欲以聖王之居服, 而致諸侯. 晏子諫>: 是故明堂之制,
下之潤溼, 不能及也. 上之寒暑, 不能入也.
12) 『春秋左傳』, 「文公 2年」: 瞫曰, "周志有之, '勇則害上, 不登於明堂.' 死而不義, 非勇也."
[낭심狼瞫이 말하였다. "『주지周志』에 다음과 같은 말이 있습니다. '(지나친) 용강勇剛
함은 윗사람에게 해가 되니 명당에 오르지 못한다.' 죽으면서 의롭지 못함은 (진정한)
용勇이 아닙니다."] ※ 여기서 언급된 '『주지周志』'는 『일주서逸周書』를 말한다.
13) 『逸周書』, 「大匡」: 勇如害上, 則不登于明堂.
14) 『逸周書』, 「大匡」: 明堂所以明道, 明道惟法, 明法惟人.

▎위에서 "법령을 명백하게 밝힘은 오직 인군이 하는 것이다."로 번역한 "明法惟人(명법유인)"에서의 '人(인)'은, 문맥상 '인군人君'을 말하는 것이다. 그것은 위 문장의 표현처럼, '명법明法'이 군주의 명당에서 이루어지는 것이기 때문이다. 『한비자韓非子』에도 '명법'과 관련된 언급이 있다. "인주人主가 법령을 명백하게 밝혀서[明法] 그것으로 대신들의 위세를 통제할 수 없다면, 백성[小人]들의 믿음을 얻을 방법[道]이 없다."15) 이처럼 한비자는 명법의 이행 주체를 '인주人主'로 표현하고 있다. 한편 『관자管子』에는 「명법明法」 편과 그것을 상세히 설명한 「명법해明法解」 편을 갖추고 있기도 한다. ▎

▎위 『일주서』 「대광大匡」 편의 원문을 이어서 정리하면 다음과 같다.

"勇如害上(용여해상), 則不登于明堂(즉부등우명당). 明堂所以明道(명당소이명도). 明道惟法(명도유법). 明法惟人(명법유인). 人惟重老(인유중로). 重老惟寶(중로유보)."

이렇게 다시 정리하는 이유는, 이 내용이 사고전서본에서는 아래와 같이 조금 다르게 구성되어 있기 때문이다.

"勇知害上(용지해상), 則不登于明堂(즉부등우명당). 明堂所以明道(명당소이명도). 明道惟法(명도유법). 法人(법인). 惟重老(유중로). 重老惟寶(중로유보)."

위 두 글들의 밑줄 친 부분을 문장의 맥락에 맞게 해석해 본다면 다음과 같다.

전자前者의 경우는, "(다스릴) 방도를 명백하게 밝힘[明道]은 오직 법령으로써 하는 것이며, 법령을 명백하게 밝힘은[明法] 오직 인군이 하는 것이니, 인군은 오직 선대의 지혜로운 대신들[老]을 소중히 여길 뿐이다."라는 내용이 된다.

---

15) 『韓非子』, 「南面」: 人主不能明法, 而以制大臣之威, 無道得小人之信矣.

사고전서 본인 후자後者의 경우는, "(다스릴) 방도를
명백하게 밝힘[明道]은 오직 (훌륭한 이를) 본받는 것으
로써 하는 것이고, (그) 사람을 본받는다는 것은, 오직
선대의 지혜로운 대신들[老]을 소중히 여기는 것일 뿐
이다."라는 의미가 된다.

이와 같이 후자의 경우에서는 법가적 요소를 희석시
켜 표현하였음을 볼 수 있다. 이 책에서는 전자의 글인
청대清代 훈고학자 주우증朱右曾의 『일주서집훈교석逸周
書集訓校釋』을 기준하였다. █

『일주서』에서 보이는 명당에 관한 언급들은 이것 외에도 여러
곳에서 찾아볼 수 있다. 「명당」편에서는, "성왕成王이 왕위를 이었
고, … 제후들과 '명당'의 위位에서 성대한 조朝 의례를 행하였다."
와, "그곳이 (풍경豊京 혹은 호경鎬京에 있는) 주나라 왕조의 '명당'
의 자리[位]이다." 등이 있다. 또 「주서周書 서序」에 "주공이 섭정의
권병權柄을 성왕에게 돌려주려 할 적에, '명당'에서 제후들과 조 의
례를 행하여서 「명당」편을 지었다."의 글이 보이고, 「작락作雒」편
에서도 명당의 언급을 찾을 수 있다.16)

그런데 앞서 보았던 「대광」편의 법가적 분위기의 글과, 특히 「주
서 서」에 수록된 또 다른 내용인 "주공이 12개월을 분배하여 다스
리는 정령政令의 법칙을 제정하여, 「월령月令」편을 지었다."17)라는
기록은, 『일주서』를 춘추시기 이전의 저작으로 확신하기 어렵게
만든다. 그와 같은 관념들은 전국시대에 본격적으로 유행하기 시
작한 것이기 때문이다. 이처럼 『일주서』의 성립 시기에 대한 불확

---

16) 『逸周書』, 「明堂」: 成王嗣, … 大朝諸侯明堂之位.; 此宗周明堂之位也.; 「周書 序」: 周公
將致政成王, 朝諸侯於明堂, 作「明堂」.; 「作雒」: 乃位五宮・大廟・宗宮・考宮・路寢・
明堂.
17) 『逸周書』, 「周書 序」: 周公制十二月賦政之法, 作月令.

실성은, 『일주서』의 글을 인용한 『좌전』 문공 2년 조의 기록이 과연 기원전 7세기경의 실제적인 담론이었는지에 대한 혼란이 생기게 한다.

주보굉周寶宏은 『일주서』의 성서成書 연대에 관해, '서주시대 성서설'과 '전국시대 성서설', '진한위진시대 성서설' 등의 세 가지 견해에 대해 소개하면서, 「대광」·「명당」·「작락」 등을 포함한 수많은 편목들을 전국시대의 것으로 판단한 굴만리屈萬里의 견해에 명확한 동조를 표하고 있다.[18] 그의 주장대로라면 위에서 논한 『일주서』 「대광」의 명당 관련 언급을 인용한 『좌전』 문공 2년 조의 이야기는, 전국시대 이후의 다른 일화를 보충해 넣은 것이거나, 혹은 '명당'이라고 하는 후대에 형성된 새로운 용어를 쓴 것이라 추정할 수 있다. 이것은 적어도 춘추시기 이전까지는 명당이라는 표현이 일반적으로 사용되지 않았음을 보여준다.

지금으로서는, 가장 이른 시기의 명당에 대한 확실한 언급은 맹자 시기부터라고 할 수 밖에 없다. 이어서 그것은 『순자』·『효경』 등의 전적들 속에서 각각 한두 차례씩 보이다가, 전국시대 말의 『여씨춘추』에서와 한대에 성서된 『회남자』·『백호통의』·『예기』·『채중랑집』 등의 여러 문헌들 속에서는 아주 흔하게 나타난다.

『맹자』에서의 명당은 앞에서도 언급했듯 '왕정王政을 펼치는 장소'로 묘사되고 있으며, 『효경』에서의 그것은 "주공이 … '명당'에서 (아버지인) 문왕文王에게 종宗의 제사[祀]를 올렸다."라는 내용으로 보아,[19] 선군에게 제사를 올리는 곳으로 표현되었음을 볼 수 있다. 한편 이는 『대대례기』의 "'태묘'에서 (군주의 친족들을) 거느

---

18) 周寶宏, 『《逸周書》考釋』, 社會科學文獻出版社(北京), 2001, 5~6쪽 참조.
19) 『孝經』, 「聖治」: 周公, … 宗祀文王於明堂.

리고 향사享祀 제사를 지내는 것은 '효'를 가르쳐 주는 것이다."라
는 내용으로 봐서,20) 『효경』에서의 '명당'과 『대대례기』에서의
'태묘'가 동일한 기능을 하는 장소로 표현되어 있음을 알 수 있다.

후한대의『채중랑집』에는 명당과 태묘가 동일한 장소임을 보다
더 직접적으로 언급하고 있는데, 거기에는 아래와 같이 명당에 대
한 보다 다양한 표현을 사용하고 있다.

> '명당'이란 천자의 '태묘'이며, 그 초조[祖]에게 종宗 제사
> [祀] 의례를 거행하면서 상제上帝를 배향하는 곳이다. … (태묘
> 의) 동측을 청양靑陽이라 하고 남측을 '명당明堂'이라고 하며,
> 서측을 총장總章이라고 하고 북측을 현당玄堂이라고 한다. 중앙
> 은 '태실太室'21)이라고 한다. … 성인聖人이 남면하여 천하의
> 정사를 들음에 밝은 곳[明]을 향해서 다스린다. 군주의 자리에
> 서 이보다 더 바른 자리는 없다. 그러므로 비록 명칭이 다섯
> 가지가 있어도 주된 용어는 '명당'을 쓴다.22)

이처럼 명당을 태묘 또는 청양靑陽·총장總章·현당玄堂 및 태실
太室 등으로 부르기도 함을 알 수 있다. 이보다 앞선 기록인『여씨
춘추』와『회남자』등에서도 위의 내용과 흡사한 방식으로 계절과
연계시켜 서술한 것을 볼 수 있다.23)

---

20) 『大戴禮記』, 「朝事」: 率而享祀於太廟, 所以敎孝也.
21) 앞의 제4장 1절(종묘를 의미하는 여러 가지 표현)에서, 태실은 군주의 묘인 종묘 및
   태묘의 또 다른 표현이라고 논한 바 있다.
22) 『蔡中郎集』卷10, 「明堂月令論」: 明堂者, 天子太廟, 所以宗祀其祖, 以配上帝者也. … 東
   曰靑陽·南曰明堂, 西曰總章·北曰玄堂, 中央曰太室. … 聖人南面而聽天下, 鄕明而治.
   人君之位莫正于此焉. 故雖有五名, 而主以明堂也.
23) 『呂氏春秋』, 「仲春紀」, <二月紀>: 仲春之月, 日在奎, … 其日甲乙, … 天子居靑陽太廟,
   乘鸞輅·駕蒼龍·載靑旂·衣靑衣.;「仲夏紀」, <五月紀>: 仲夏之月, 日在東井, … 其日
   丙丁, … 天子居明堂太廟, 乘朱輅·駕赤驪·載赤旂·衣朱衣.;「季夏紀」, <六月紀>: 季
   夏之月, 日在柳, … 其日丙丁, … 中央土, 其日戊己, … 天子居太廟太室, 乘大輅·駕黃
   駵·載黃旂·衣黃衣.;「仲秋紀」, <八月紀>: 仲秋之月, 日在角, … 其日庚辛, … 天子居總

▌『채중랑집』에서와 같은 "(태묘의) '남南'측을 '명明'당이라고 한다. 〔南曰明堂(남왈명당)〕"라는 표현과, 또 『여씨춘추』 및 『회남자』에서와 같은 "'중하仲夏의 계절'에 … 천자는 '명'당 태묘에 기거하며, … '붉은색[朱]' 상의를 입는다. 〔仲夏之月(중하지월), … 天子居明堂太廟(천자거명당태묘), … 衣朱衣(의주의).〕"라는 표현들에서 보이는, '정남향正南向'과 '중하仲夏의 계절' '명明' 그리고 '붉은색' 등은 모두 오행사상에서의 '화火'를 상징하는 것들이다. 나머지 오행에 대한 대비 역시 마찬가지이다. ▌

이러한 명당과 태묘에 대한 동남서북・중앙 및 춘하추동・계하季夏 등과 상호 연계한 표현들은 오행사상 및 시령사상에 의한 그 의미의 관념적인 변형으로 생각할 수 있다. 따라서 위와 같은 명당・태묘에 대한 방향과 계절에 적용한 갖가지 표현들은 전국시대에 크게 유행했던 특정 사상의 흐름에 영향을 받은 것들이고, 서주시대에 그 실물에 직접 사용한 명칭이라고 보기는 어렵다.

주대의 태묘나 태실・묘당・종묘 등으로 일컬어진 그것은, 군주의 정전으로서 정령의 반포와 선군에 대한 제례를 포함한 군주의 갖가지 의례가 이행되는 거처로서 기능하는 곳이었다. 특히 태묘의 경우는 초대 군주가 정전으로 사용했던 상징적인 장소로서, 온 나라의 동성同姓 귀족들을 결집시킬 필요가 있는 국가의 중대사에 대한 의례가 주로 이루어지는 곳이었다.[24]

章太廟, 乘戎路・駕白駱・載白旂・衣白衣.;「仲冬紀」, <十一月紀>: 仲冬之月, 日在斗, … 其日壬癸, … 天子居玄堂太廟, 乘玄輅・駕鐵驪・載玄旂・衣黑衣.;『淮南子』,「時則訓」: 仲春之月 … 朝于靑陽太廟. … 仲夏之月 … 朝於明堂太廟. … 仲秋之月 … 朝于總章太廟. … 仲冬之月 … 朝于玄堂太廟.

24) 주대의 종묘・태묘와 소・목 제도 및 태실・세실과 태침・노침・정침 등에 관한 연구는, 앞의 제2장(종묘의 고문자와 궁묘유적지)과 제4장(종묘의 배치 — 좌조우사와 전묘

서간徐幹(171~217)의 『중론中論』에는 "주공이 명당의 조계阼階로 올라가서 부의斧扆를 등지고 섰다."라는 글이 보인다.25) 여기에서 '조계'란 묘당 정면에 있는 좌우 두 개의 계단 중 동쪽 계단으로, 빈·주 사이의 의례에서뿐만 아니라 모든 출입에서 '주인'만이 오르내릴 수 있는 것이다. '부의'는 묘당 위에서 실室로 통하는 호戶[방문]와 유牖[들창] 사이에 설치하여 등 뒤로 기댈 수 있는 병풍과 같은 장치로, 부斧[도끼] 문양의 수로 장식했기 때문에 부의라고 하는 것이다.26) 천자는 그곳에서 남면하여 제후들을 대하는 조·근례朝覲禮를 행한다. 따라서 주공이 조계로 올라가 부의를 등지고 섰다는 그 '명당'은 바로 묘廟 위의 '당堂'을 말하는 것으로, 그곳은 주대 군주의 정전이라 할 수 있는 종묘를 일컫는 것이기도 하다. 아래는 채옹蔡邕의 글이다.

　　『예기』 「명당위」에서 "태묘를 천자의 경우 명당이라고 한다."라고 하였다. 또 이르기를, "성왕이 너무 어려서, 주공이 천자의 자리에 올라 천하를 잘 다스렸다. 명당에서 제후들과 조 의례를 거행하였으며, 제례작악制禮作樂 하고 도량형을 반포하여, 천하 사람들이 크게 귀복歸服해 왔다."라고 하였다. 성왕은 주공이 천하에 공훈이 있다고 여겨서, (주공의 후손인) 노공魯公에게 명해서 (노나라의) 태묘에서 주공에게 대대로 (천자의 의례인) 체사禘祀를 올릴 수 있도록 하였는데, 천자의 예

　　후침)에서 상세히 논하였다.
25) 『中論』, 「爵祿」: 周公… 踐明堂之祚, 負斧扆而立.
26) 『儀禮』, 「覲禮」: 天子設斧依於戶牖之間, 左右几. 天子衮冕, 負斧依.; 『論衡』, 「書虛」: 說 尚書者曰, "周公居攝, … 負扆南面而朝諸侯." 戶牖之間曰扆, 南面之坐位也. 負扆南面鄕 坐, 扆在後也.; 『禮記注疏』 卷5, 「曲禮 下」: 天子當依而立, 諸侯北面而見天子, 曰覲. [疏 ——依, 如今綈素屛風也. 有繡斧文, 所以示威也. 爾雅云, 牖戶之間謂之扆. 郭注云, 窗東 戶西也依. 此諸解, 是設依於廟堂戶牖之間, 天子見諸侯, 則依而立負之, 而南面, 以對諸 侯也.]

禮와 악樂을 쓰도록 하였다. 당 위에서 (문왕의 제례에 쓰는 아악인) '청묘淸廟'를 노래하고, 당 아래에서 관악기를 불며 (무왕의 공훈을 상징하는) '상무象舞'를 출 수 있도록 하였다.[27]

청묘淸廟의 시를 노래하는 '당 위'와 상무象舞의 춤을 추는 '당 아래'는, 바로 군주의 종묘 안에 있는 '묘당廟堂 위'와 '당하堂下의 정庭'을 말하는 것이다. 앞서 '명당은 태묘'라고 설명하고서 그 명당을 주공이 군주의 정치 행위를 이행한 장소로 묘사하고 있는 것은, 그곳이 바로 조정 즉 군주의 정전이었기 때문이다. 그리고 그곳이 바로 묘[태묘·종묘]인 것이다.

태묘와 종묘는 그 기능했었던 면에서 같은 것이지만 엄밀히 구분한다면, 태묘는 초대 군주가 사용했었던 묘로서 초조의 제례와 같은 나라의 상징적인 의례가 주로 이행되는 곳이고, 종묘는 '종'의 자격으로 선군으로부터 군위君位를 상속받아 군주가 된 자가 사용하는 묘를 말한다. 주대의 묘는 군주의 경우는 그의 정전이었고, 영지가 없는 사士의 경우는 사랑채 대청과 같은 기능을 하였다.

위에서 주공이 어린 성왕을 대신해 태묘의 명당에서 정무를 본 것은, 그곳이 문왕이나 무왕이 생전에 사용했었던 묘였음을 짐작할 수 있다.

『죽서기년』의 기록에 의하면, 서백西伯(文王)이 기근 때문에 풍경豐京으로 천도하자마자 그 이듬해에 세자(武王)에게 호경鎬京 영건을

---

27) 『蔡中郞集』卷10,「明堂月令論」:『禮記』「明堂位」曰, "太廟, 天子曰明堂." 又曰, "成王幼弱, 周公踐天子位以治天下. 朝諸侯于明堂, 制禮作樂·頒度量, 而天下大服." 成王以周公爲有勳勞于天下, 命魯公世禘祀周公于太廟, 以天子禮樂. 升歌淸廟, 下管象舞. ※ 마지막 부분의 "升歌淸廟, 下管象舞."에 대한 해석은 공영달의 글을 참고하였다.(『禮記注疏』卷31,「明堂位」: 升歌淸廟, 下管象. [疏──升歌淸廟者, 升, 升堂也. 淸廟, 周頌文王詩也. 升樂工於廟堂, 而歌淸廟詩也. 下管象者, 下, 堂下也. 管, 匏竹. 在堂下, 故云下管也. 象謂象武詩也. 堂下吹管, 以播象武之詩, 故云下管象也.])

직접 지휘하도록 하였다.[28] 그것은 당시 주나라의 군주와 세자가 정무 공간을 따로 소유하였다는 것인데, 이 경우 '묘廟를 훼毀하지 않는다.'라는 말은 선군이 사용했었던 묘를 그대로 보존해서 그를 위한 제례 및 여타 상징적인 의례 장소로 활용함을 뜻하는 것이 된다.

> ▌후에 동쪽의 낙읍洛邑으로 천도하기 이전까지 서주시대 왕도王都로 함께 기능하였던 풍경豊京과 호경鎬京은 풍·호豊鎬로 통칭하기도 한다. 현재의 중국 섬서성 서안시에 위치한다. 풍하澧河를 사이에 두고 서쪽 기슭에는 풍경이, 동쪽 기슭에는 호경이 자리한다. 한편, 하남성의 낙양시에 건설한 또 다른 수도인 낙읍을 성주成周로 칭한 것과 상대해서, 풍·호는 종주宗周라고 일컫는다. ▌

또 무왕이 목야牧野의 전투에서 은나라를 멸하고 주왕紂王의 아들 무경武庚을 은殷 땅[殷墟]의 제후로 세우고 나서, 바로 '풍경으로 돌아와 태묘에서 향례饗禮를 하였다.'라고 하였는데,[29] 호경이 아닌 풍경에 있는 태묘는 분명 그의 부왕인 문왕이 사용했었던 묘였을 것이다. 그렇다면 주공이 정무를 보았던 명당이라는 태묘가 누구의 묘였는지 분명해진다.[30] 이미 그 주인을 잃은 문왕의 태묘에서 주공은 성왕成王을 대신한 섭정 기간 동안, 이른바 '조제후朝諸侯[제후들과의 조 의례]' '제례작악制禮作樂[의례제도의 제정 및 아악의 창작 제정]' '반도량頒度量[통일된 도량형 반포]' 등을 이행하여 '천하의 대복大服'을 이끌어 내었고, 그로써 문왕의 발정시인發政施仁의 정신을 어

---

28) 『竹書紀年』, 「帝辛」: 三十五年, 周大饑. 西伯自程遷于豊. 三十六年 … 西伯使世子發營鎬.
29) 『竹書紀年』, 「周武王」: 十二年辛卯, 王率西夷諸侯伐殷, 敗之于坶野. … 立受子祿父, 是爲武庚. 夏四月, '王歸于豊, 饗于太廟.'
30) 『大戴禮記』, 「明堂」: 或以爲明堂者, 文王之廟也.

어 갈 수 있었을 것이다.

성왕은 즉위 4년에 '묘'에서 처음으로 조朝 의례를 이행하였고, 즉위 8년부터 친정을 시작하여 그 이듬해 춘 정월春正月에 '태묘'에서 소昭와 목穆의 수많은 친족들과 함께 선군들에 대한 제례를 이행하였다고 한다.[31] 여기서 묘와 태묘를 구분해 언급하고 있는데, '묘'는 호경에 있는 성왕의 부왕인 무왕이 사용했던 묘를 말하는 듯하다. 그곳에서 조 의례를 이행했다면 부왕의 묘를 그대로 대물려 사용한 것이다.

무왕의 세자 시절 호경의 영건營建과 벽옹辟雍·영대靈臺 등을 지었다는 기록이 있는 반면, 그 이후 성왕 때까지는 낙읍洛邑의 성주成周 영건 외에는 별도의 기록이 없다. 이와 같이 서주시대에는 풍경에 있는 문왕의 묘(태묘)와 호경에 있는 무왕과 성왕 부자가 사용한 묘(종묘)를 각각의 적정한 용도로 아울러서 사용한 것으로 보인다. 이러한 문헌 자료에서뿐만 아니라, 고고학적 자료 속에서도 서주시대의 전 기간 동안 문왕의 풍경과 무왕 이후의 호경이 모두 정치·경제·사회·문화적인 공동의 수도 역할을 하였다고 한다.[32]

'명당'은 정사를 펼치고[布政], 상제上帝와 선조에게 제사를 올리고, 교화敎化를 행하고, 제후나 경대부들에게 조 의례를 받는 군주의 포괄적인 정치활동 장소이며,[33] 그곳이 곧 '군주의 묘廟'(宗廟·

---

31) 『竹書紀年』, 「成王」: 四年春正月, 初朝于'廟'. … 八年春正月, 王初莅阼親政. … 九年春正月, 有事于'太廟'.; 이여규李如圭(宋)는 "有事于太廟(유사우태묘)"를 친족들이 소·목昭穆대로 그 윤서倫序에 맞게 하는 제례 행사라고 설명한다.(『儀禮集釋』 卷26, 「特牲饋食禮(第十五)」: '有事于太廟', 則羣昭羣穆咸在, 而不失其倫. 此之謂親疏之殺.)
32) 許宏 著, 김용성 譯, 『중국 고대 城市의 발생과 전개』, 진인진, 2014, 133쪽 참조.
33) 『孟子』, 「梁惠王下」: 夫明堂者, 王者之堂也. 王欲行王政, 則勿毁之矣.; 『孝經』, 「聖治」: 宗祀文王於明堂, 以配上帝.; 『禮記』, 「祭義」: 祀乎明堂, 所以教諸侯之孝也.; 「明堂位」:

太廟)인 것이다.

주대의 종묘는 군주가 거처하면서 정사의 업무를 행하는 장소로서 종묘가 있는 곳이 곧 국도가 되는 것이었지만, 한편으로 당시에는 하나 이상의 국도가 존재하기도 했다. 그것들 중 설령 군주의 주된 거처지가 아닌 곳이더라도, 그곳을 선군에 대한 제사 의례를 이행하거나 다른 제후들과의 회맹會盟이나 조 의례 등의 장소로 활용하였다.34) 그렇게 선군의 제사를 지낼 수 있는 종묘가 설치되면, 그 읍邑은 '국도'로서의 위상과 동시에 방어력을 더욱 높일 수 있는 권한이 형성된다. 그러한 실례는 교토삼굴狡兎三窟의 고사에서 찾아볼 수 있는데, 이에 대해서는 앞의 제3장 4절(종묘 명칭 사용의 신분적 한계)에서 상세히 언급한 바 있다.

또한 강력한 제후가 여타의 약소한 제후들에게 국경 밖에서 조 의례를 받기 위해 일시적으로 고대高臺의 형식을 띠는 명당을 짓기도 하였는데, 『순자』에서 그와 관련한 기록을 볼 수 있다.

> 만약 그렇게 한다면, 병사들을 변방 밖으로 다시 출병시키지 않아도 명령이 천하에 시행될 것입니다. (또) 만약 그렇게 된다면, 비록 그 일을 위해 변방의 국경 밖에 명당을 축조해서 제후들에게 조 의례를 받게 되더라도 거의 좋을 것입니다. 지금 같은 세상에는 영토를 보태는 것이 신의를 보태려는 노력보다 못합니다.35)

昔者, 周公朝諸侯于明堂之位.

34) 樂史, 『太平寰宇記』卷59, 「河北道」, <邢州>: 趙孝成王, 造檀臺有宮, 爲趙別都, 以朝諸侯, 故曰信都.; 司馬貞, 『史記索隱』卷11, 「燕召公系家」第4: (齊宣)王因令章子, 將五都之兵,[五都, 即齊也. 按, 臨淄是五都之一也.] 以因北地之衆, 以伐燕.; 『春秋左傳』, 「莊公28年」: 有宗廟先君之主曰都, 無曰邑. 邑曰築・都曰城.

35) 『荀子』, 「彊國」: 若是, 則兵不復出於塞外, 而令行於天下矣. 若是, 則雖爲之築明堂於塞外, 而朝諸侯, 殆可矣. 假今之世, 益地不如益信之務也.

여기에서 표현된 명당은 마치 변방에 당堂만 덩그러니 지어놓은 임시적인 구조물의 모습으로 표현되고 있다. 제나라 선왕宣王이 맹자에게 훼毁할지 말지를 물어본 명당은 바로 이러한 형태의 명당을 말한 것으로 보인다. 이렇듯 더 이상 소용이 없어진 명당을 맹자가 굳이 그 나라 신료들의 중론을 거스르면서까지 임금에게 훼하지 말 것을 강조한 이유는, 그 뒤에 이어질 제 선왕의 질문을 유도하고, 결국에는 자신이 진정 하고 싶었던 유가의 정치적 이상에 대한 변설을 자연스럽게 펼쳐놓기 위함이었던 것으로 보인다.

▌훼명당毁明堂과 관련한 맹자와 제나라 선왕宣王과의 대화 내용은 아래와 같다.

"제나라 선왕이 '사람들이 모두 나에게 명당을 철거[毁(훼)]하라고 하는데, 철거해야 할까요? 하지 말까요?'라고 물었다. 맹자가 대답하였다. '저 명당이라는 것은 왕의 일을 하는 사람의 당堂이니, 왕께서 왕의 정치[王政=王道政治]를 행하고자 하신다면 명당을 철거하지 마십시오.'

왕이 '왕의 정치에 대해서 들을 수 있습니까?'라고 하자, 맹자가 다음과 같이 대답하였다.

'옛날에 문왕이 기岐 땅을 다스릴 때, 경작자들에게 9분의 1의 세금을 받았고, 벼슬아치들에게는 대대로 이어 주는 녹봉이 있었습니다. 관문關門이나 시장에서는 기찰譏察은 하지만 순행하면서 하는 징세는 없었고, 못에 설치하는 물고기 잡는 장치를 금지하지 않았으며, 죄인들에게는 처자식까지 연좌시키지 않았습니다.

늙었는데 아내가 없는 이를 환鰥[홀아비]이라 하고, 늙었는데 남편이 없는 이를 과寡[과부]라고 하며, 늙었는데 자식이 없는 이를 독獨[무의탁자]이라 하고, 어린데 부모가 없는 이를 고孤[고아]라고 부릅니다. 이 네 부류는 세상에서 가장 곤궁하면서도 어느 곳에 하소연할 데 없는 백성들입니다. 문왕이 인仁을 시행하는 정치를 펼치면서[發政施仁] 반드시 이 네 부류들을 우선시하였습니다.'"36)

맹자가 강조해 말한 환·과·고·독鰥寡孤獨 우선 정책은, 오늘날 사회복지제도의 기본 정신과도 부합되는 것이다. ▌

이처럼 명당이라는 직접적인 표현은 전국시대 이후부터 찾아볼 수 있지만, 그것이 외형적으로 고대高臺의 형태를 취하고 있고 그곳에서 이루어지는 통치 질서의 소명昭明 및 그 예법을 밝히는 곳이라는 (묘)당의 여러 가지 기능적인 측면에서 본다면, 그것은 주나라의 제도임에는 분명해 보인다.37)

▌명당이 천자의 제사 의례와 정령의 반포 등이 이행되는 고대高臺 형식의 종합예제 건축물이라고 한다면,38) 이는 주대의 당상분리식堂廂分離式 궁묘유적지宮廟遺跡地에서 볼 수 있는, 당堂·실室과 상廂·서序·정庭·숙塾 등을 두루 갖춘 궁묘宮廟 안의 묘당廟堂을 말하는 것이다.39) ▌

---

36) 『孟子』, 「梁惠王下」: 齊宣王問曰, "人皆謂我毁明堂, 毁諸? 已乎?" 孟子對曰, "夫明堂者, 王者之堂也. 王欲行王政, 則勿毁之矣." 王曰, "王政可得聞與?" 對曰, "昔者文王之治岐也, 耕者九一, 仕者世祿, 關市譏而不征, 澤梁無禁, 罪人不孥. 老而無妻曰鰥, 老而無夫曰寡, 老而無子曰獨, 幼而無父曰孤, 此四者, 天下之窮民而無告者. 文王發政施仁, 必先斯四者."

37) 徐峰·馬廷中, 「試析周"明堂"的文化內涵」, 『文史雜志』, 2013(03期) 참고.

38) 沈聿之, 「西周明堂建筑起源考」, 『自然科学史研究』 41-4, 1995, 389쪽 참고.

39) 앞의 제2장 2절(종묘도와 주대의 궁묘유적지) 참고. 劉瑞, 「陝西扶風雲塘·齊鎭發現的周代建築基址研究」, 『考古與文物』, 2007(第3期), 40쪽; 徐良高·王巍, 「陝西扶風雲塘西周建築基址的初步認識」, 『考古』, 2002(第9期), 796쪽 圖1 참고. 본 책 제2장 2절의 [그림 4] (부풍 운당 건축군 유적지 평면도) 참고.

그러나 이러한 명당 제도는 전국 말의 전화戰火를 거치고 다시 진시황 이후의 혼란기를 지나는 동안, 본연의 기능과 모습대로 잘 계승되지 못하였다. 한나라 초에는 그것이 이미 실재하지 않고 기록상으로만 존재했던 상황이었다. 진·한대 이후 고서의 기록을 바탕으로 명당을 최초로 조성한 이는 한무제漢武帝이다. 그의 명당 건립은 최고 통치자를 정점으로 하는 통치 예제라는 유가적인 이상을 구축하고자 한 것이었다.[40] 무제가 비록 제남濟南 지역의 방사인 공옥대公玉帶가 바친 '황제黃帝 시대의 명당 설계도'라는 것대로 그것을 짓기는 하였지만, 실제 그 설계도에 표현된 명당의 '담벼락도 없이 덩그러니 한 채로만 이루어진' 모습은 앞서 언급했던 『순자』에서의 조제후朝諸侯 의례만을 위해 만들어진 명당의 모습이고, '띠풀 지붕'의 소박한 모습은 주대의 묘에 대한 서술과 흡사하다.[41]

▎묘廟에 대한 묘사에서 보이는 '띠풀 지붕[茅屋]'의 소박한 모습은, 건축기술이 더욱 발달했을 춘추 말이나 전국시대보다는 주나라 초기에 보다 가까운 묘의 모습이었을 것이다. 태묘는 처음에 초대 군주의 종묘로 사용된 것이었기 때문에 그것이 그대로 잘 보존된 상태라고 한다면 후대 군주의 궁묘宮廟보다는 규모와 형태 면에서 상당히 소박한 모습이었을 것이다.

춘추 말의 정치·군사·경제면에서 강력한 나라였던 제나라 경공景公(재위 B.C. 547~B.C.490) 때에 오게 되면 군주의 묘당이 고대高大하게 웅장해진다. 그와 관련해서

---

40) 洪承賢, 「前漢初 國家儀禮의 제정과 성격 ― 封禪·明堂·郡國廟에 대한 검토를 중심으로」, 『東洋史學研究』 108, 東洋史學會, 2009, 27쪽 참고.

41) 『史記』, 「孝武本紀」: 初, 天子封泰山. 泰山東北阯, 古時有明堂處, 處險不敞. 上欲治明堂奉高旁, 未曉其制度. 濟南人公玉帶, 上黃帝時明堂圖. '明堂圖中有一殿, 四面無壁, 以茅蓋.' … 於是, 上令奉高作明堂汶上, 如帶圖.;『春秋左傳』, 「桓公 2年」: '(『春秋』)夏四月, 取郜大鼎于宋, 戊申, 納于大廟.' 非禮也, 臧哀伯諫曰, "… 是以淸廟茅屋, … 昭其儉也.'"

아래의 글은 『안자춘추晏子春秋』에 수록된 내용으로, 제 경공과 그를 보좌했던 안영晏嬰과의 대화이다.

"경공이 노침路寢의 대臺[堂]를 올라가다가, 한 번에 다 오를 수가 없어서 계단 중간에서 숨을 돌렸다. 분통이 올라와 얼굴색이 푸르락누르락하면서 화를 내며 말하였다. '누가 높은 대[高臺]를 지어가지고 사람을 고통스럽게 함이 (이토록) 심하단 말이냐?'

안자晏子(晏嬰)가 말하였다. '군께서 자신에게 절제하고자 대臺를 높게 만들지 말 것을 요구하시지만, 사람들을 시켜서 그것을 높이 지으셨으니, 탓하지 마십시오. 지금 높다고 탓하시고 낮은 것 또한 죄를 물으셨으니, 감히 여쭙겠습니다. 사람들에게 이와 같이 하시는 일이 옳습니까? 옛날에는 궁실을 지을 때 편히 사는 것만으로 충분하였고 사치스럽게 하지도 않았습니다. … 지금 군께서 높은 것도 죄가 있고 낮은 것도 죄가 있다고 하시니, 하나라와 은나라의 폭군들인 걸왕桀王 주왕紂王보다 더 심합니다. 백성들의 노역이 너무 기진맥진합니다.'"[42] █

지금까지 살펴보았듯이 명당이라는 용어가 전국시대를 즈음해서 형성된 것이지만, 그것은 군주의 종묘나 태묘 안에 있는 묘당의 또 다른 표현으로, 그곳의 포정布政・조제후朝諸侯・제선군祭先君 등등을 이행하는 장소로서의 기능은 주초周初에도 이미 있어 왔던 것이다.

---

42) 『晏子春秋』內篇, 「諫篇 下」, <景公登路寢臺不終不悅晏子諫>: 景公登路寢之臺, 不能終, 而息乎陞, 忿然而作色, 不說曰, "孰爲高臺, 病人之甚也?" 晏子曰, "君欲節于身而勿高, 使人高之而勿罪也. 今高從之以罪, 卑亦從以罪, 敢問, 使人如此可乎? 古者之爲宮室也, 足以便生, 不以爲奢侈也. … 今君高亦有罪, 卑亦有罪, 甚于夏殷之王. 民力殫乏矣 …"

2. 벽옹

벽옹辟雍은 서주시대 천자 통치의 주요한 기능을 수행하던 곳으로, 왕도王都에 조성되어 있었던 건축물 내지 특정의 구조물이다. 그것의 강물이 둥글게 환포된 자연적인 주변 환경에 대한 묘사는, 그 글자들 속에서도 의미를 찾아볼 수 있다.

벽옹은 '辟雍(벽옹)'과 '辟廱(벽옹)'으로 쓰며, 시기적으로는 雍(옹)자를 먼저 사용하였다. '辟雝(벽옹)'으로 기록된 경우도 있다. 그 주변의 산하山河가 마치 '둥근 옥[璧(벽)]'처럼 환포한 모습을 하고 있다는 의미에서 '璧雍(벽옹)'으로 쓰기도 한다.

'辟(벽)'자는 '임금'·'법'·'다스리다'·'죄주다'·'(열어서) 밝혀주다'와 '피하다'·'숨다' 등 다양한 의미를 담고 있다. 갑골문에서도 찾아볼 수 있듯, 辟(벽)은 그 시원이 아주 오래된 글자이다. 사람들을 통제하여 다스릴 수 있는 형벌 도구로 상징되는 辟(벽)자 속의 '辛(신)'은 당시 임금의 백성들에 대한 역할을 보여준다고 할 만하다. 임금에게 소속된 노예나 백성들을 외부로부터 단절시켜 보호하는 동시에 형벌을 통해 그들을 통제한다는 의미를 품고 있는 '임금'의 '다스림'으로 음미된다. 가운데를 중심으로 둥글게 환포한 도넛 형태의 옥을 말하는 '璧(벽)'자 역시, 벽옹의 의미 속에서는 내부와 외부 간의 방어적 단절을 꾀한 대자연의 壁(벽[담벼락])을 상징한다 할 수 있다.

행정구획을 의미하는 성곽모양[囗] 아래에 사람이 꿇어앉은 모양[卩]의 갑골문에서의 '邑(읍)'자는, 상나라 때[殷商代]의 그곳이 사람들이 모여 사는 큰 도성임을 나타내 준다고 한다.[43] 명문銘文으로 기록된 벽옹의 '雍(옹)'자 형태는 강물[川] 주위로 새들[隹]이 서식하는 마을[口, 성곽모양]로 그려져 있다. 그보다 후대의 소전체小篆體에서는 마을을 의미하는 囗(국) 모양이 邑(읍)으로 바뀌면서 '雝(옹)'자의 형태로 변화되어 있다. 雝(옹)을 구성한 낱자들인 川(천)·隹(추)·邑(읍)에서 厂(엄)이 추가된 '廱(옹)'자 역시 '물새[隹]들이 서식하는 강물[川]이 흐르는 읍邑에 지어진 건축물[厂]'을 표현하고자한 것으로 보인다.

일반적으로 알려진 벽옹의 주변 환경에 대한 묘사를 기준 한다면, 금문金文[銘文]의 '雍(옹)'자 속의 강물은 실제로 천연의 해자 역할을 했던 것으로 추정한다. 그렇게 본다면 그 주변으로 마치 도넛 형태의 옥처럼 강물이 둥글게 환포해 있다는 벽옹을 둘러싼 자연 환경에 대한 묘사는, '辟(벽[璧])'자에서보다는 오히려 雍(옹[雝])자속에 더 잘 표현되어 있다고 볼 수 있다. 이처럼 벽옹은 '자연적인 요새와 같은 지역에 세워진 임금의 마을(혹은 궁전)'이 된다. 실제로 서주시기의 풍경豊京·호경鎬京 및 성주成周[洛邑] 등의 왕성 유적지에서는 마을의 백성들을 보호하기 위해 건설된 성곽의 흔적을 전혀 찾아볼 수 없으며, 주로 산천의 천연 장애물을 방어시설로 삼았다고 한다.[44] 아래는 『시경』에 수록된 시구이다. 벽옹에 영대靈臺를 조성하는 내용인데, 그곳이 물가 주변에 소재함을 말해주고 있다.

> 이제 막 영대를 조성하기 시작했지,[經始靈臺(경시영대)] 설계
> 도를 짜고 영건營建하지. 서인庶人과 하민下民들이 그것을 짓는

43) 梁東淑, 「韓國 五種 字典의 字源 分析과 甲骨文·『說文』과의 비교연구 XII」, 『中國語文學論集』 49, 中國語文學研究會, 2008, 45쪽 참조.
44) 許宏 著, 김용성 譯, 『중국 고대 城市의 발생과 전개』, 진인진, 2014, 165쪽 참조.

데 하루도 안 되어 완성하네. …

　왕이 영유靈囿[동산]에 계시니, 암수의 사슴들이 머리 숙여 다가오네. 암수의 사슴들은 뛰어 노닐고, 백조들이 높이 쳐든 하얀 깃에는 반짝반짝 윤이 나네.

　왕이 영소靈沼[연못]에 계시니, 탱탱하게 살진 물고기들 힘차게 뛰어오르네. …

　정사를 논의함에, 종고鐘鼓를 연주하지. 아악雅樂을 즐김에, 벽옹辟廱을 다스리지.45)

이 벽옹에 대해 『모전毛傳』에서는 '강물이 둥근 옥[璧(벽)]의 모양처럼 사방의 언덕을 둘러 감싼 모습'으로 설명하고 있다.46) 다음은 위의 시에서 노래했던 영대에 비유해서 명당에 대해 설명하고 있는 『백호통의』「벽옹」편의 글이다.

　『시경』에 이르기를 "경시영대經始靈臺"라 하였다. 천자가 명당明堂에 서계신다는 것은, 신령과 소통하고 천지에 감응하며, (달력을 제작하여) 사계절의 절기를 바로잡고 … 그러한 것들을 행한다는 것이다. 명당은 포정布政[정령의 반포]을 이행하는 궁宮이니, 나라[國] 안에서 '강의 북쪽 산의 남쪽[陽: 水北爲陽]' 장소에 위치한다.47)

다시 말하면, 명당에서는 천자가 신령과 소통하고 천지에 감응하는데, 바로 그 때문에 그곳을 '영대靈臺'라고 명명한 것이다. 이는 명당과 영대를 동일한 것으로 간주한 것이며, 아울러 명당을 '포정布政을 이행하는 천자의 궁宮'으로 표현하여 그곳이 군주의

---

45) 『詩經』, 「大雅/文王之什」, <靈臺>: 經始靈臺, 經之營之. 庶民攻之, 不日成之. … 王在靈囿, 麀鹿攸伏. 麀鹿濯濯, 白鳥翯翯. 王在靈沼, 於牣魚躍. … 於論鼓鐘. 於樂辟廱.
46) 『毛詩』, 「大雅/文王之什」, <靈臺>: 於樂辟廱. [傳—— … 水旋丘如璧曰辟廱.]
47) 『白虎通義』卷4, 「辟雍」: 詩云 "經始靈臺". 天子立明堂者, 所以通神靈・感天地・正四時…者也. 明堂, … 布政之宮, 在國之陽.

청정聽政 장소인 (종)묘임을 말해주고 있다. 명당의 위치가 큰 강물의 북쪽 자리인 '양陽'의 위치에 건설된다고 한 것은, 좌우로 완만하게 흐르는 남쪽의 강을 향해서 자리하고, 그 강 주변에 자연스럽게 형성된 구릉을 북쪽으로 등진 배산임수의 전형적인 도성의 모습이기도 하다. 그리고 그것이 앞에서 언급한 벽옹의 주변 환경에 대한 묘사와 흡사함을 알 수 있다. 영대와 명당 그리고 벽옹은 모두 공통점을 지니고 있는 것이며, 적어도 명당은 앞 절에서 논했듯이 비록 그 용어가 후대에 형성된 것이지만, 영대와 동일한 기능의 장소를 말하는 것임은 분명해 보인다. 제나라 경공景公 때 이야기 속에서도 '노침의 대臺'를 '영대靈臺'로 비유하여 영대가 곧 군신 간의 정치 의례 활동이 진행되는 군주의 묘당廟堂임을 알려주고 있다. 『안자춘추晏子春秋』에 경공이 노침路寢, 즉 묘당 위의 태실太室의 대臺가 너무 높아서 한 번에 오르기가 숨 가쁜 상황에 대해 노기를 나타내는 이야기가 있고, 은나라의 주왕紂王이 화려한 궁궐의 '영대靈臺'를 아주 높이 지었다는 안영의 이야기가 이어지고 있다.[48]

금문金文에서는 벽옹 외에도 벽지辟池나 대지大池 등의 명칭을 사용하였으며, 당시 벽옹에서의 주된 교육 내용은 사射[활쏘기]·어御[말타기]였다고 한다.[49] 물가로 환포되었다는 벽옹의 묘사대로라면 벽지나 대지 등의 이칭異稱이 더 자연스러워 보인다. 영유靈囿와 영소靈沼를 갖춘 배산임수의 천혜의 장소에서 귀족의 젊은이들이 말

---

48) 『晏子春秋』內篇, 「諫篇 下」, <景公登路寢臺不終不悅晏子諫>: 景公登路寢之臺, 不能終, 而息乎陛, 忿然而作色, 不說曰, "孰爲高臺, 病人之甚也." 晏子曰, "… 殷之衰也, 其王紂作爲頃宮靈臺. …"

49) 李春艶, 「從靑銅器銘文看西周的大學敎育」, 『社會科學論壇』, 2015(06期), 237~239쪽 참조. ※ 예禮·악樂·사射·어御·서書·수數의 육예六藝 가운데 주된 학습 내용이 사射[활쏘기]·어御[말타기]였던 것은, 전쟁이 빈번했던 당시의 여건에서 본다면 당연한 일이었을 것이다.

달리고 활 쏘는 훈련을 연마하는 모습이 그려진다. 周代의 유물인 <맥준麥尊[麥樽] 명문銘文>에는 벽옹의 주변 환경 및 그 기능과 관련해서 다음과 같은 기록을 볼 수 있다.

> 王이 벽형후辟邢侯를 (조정으로) 나오게 해서 형邢 땅에 후侯로 봉해주었는데, 2월에 (형邢)후侯가 종주宗周(풍경 내지 호경)에서 (왕을) 뵈었다. … 다음날에는 벽옹에 있으면서, 왕이 대풍大豐을 위해 배에 올라 타셨다. 왕은 크게 받들어 올리실 (물)새[大龔禽]를 쏘아 맞히셨다. (형)후는 붉은 깃발을 매단 배에 올라타서 따라갔다.[50]

위의 글에서는 벽옹이 학궁學宮으로서의 기능보다는 대풍大豐을 기원하기 위한 제례 장소가 있는 곳으로 묘사되고 있다. 아울러 왕이 '배'에 올라타서 제물祭物로 쓸 '대공금大龔禽'을 쏘아 맞춘 이야기는 그곳 벽옹辟雍이 물새를 어렵지 않게 볼 수 있는 장소였음을 알려준다. 이와 같이 임금이 풍년의 기원 의식에 쓸 제례 물품을 직접 마련하기 위해 배를 타는 장면은 고전의 기록에서도 찾아볼 수 있다. 아래는 『여씨춘추』「계춘기季春紀」와 『예기』「월령月令」편에 공통으로 수록된 내용이다.

> 계춘季春[辰月]에는, … 천자는 선제先帝에게 국의鞠衣를 올린다. (천자가) 주목舟牧에게 명해서 (갈라져서 누수 되는 곳이

---

50) <麥尊 銘文>: 王令辟邢侯出口, 侯于邢, 雩若二月, 侯見于宗周. … 翊日才[在]璧[壁]醴, 王乘於舟爲大豐. 王射大龔禽. 侯乘於赤旗舟從. ※ 이 명문銘文은 염정삼, 「점복(占卜)과 제사(祭祀)에 관한 문자 연구 — 중국 문화의 종교적 기원과 그 연속성에 대하여」, 『서강인문논총』 26, 서강대학교 인문과학연구소, 2009, 230쪽 <作冊麥方尊銘文>을 참고한 것이고, 석문釋文은 백도백과의 '맥준麥尊'과 염정삼의 논문 229쪽 및 <작책맥방준명문作冊麥方尊銘文> 등을 모두 참고하였다. 맥준麥尊[麥樽]은 그 실물이 일찍이 유실되었다고 한다.

있는지 살피기 위해) 배를 뒤집어 보게 한다. (주목이) 뒤집어
보고 바로 세우기를 다섯 번씩 하고 나서, '여기에 배가 준비
되었습니다.'라고 천자에게 고하고 나면, 천자는 비로소 배에
올라탄다. (천자는 참다랑어를 낚아서 돌아온다. 천자는) 침묘
寢廟에서 참다랑어[鮪]를 올리고 나서, 곧이어 보리(의 수확)를
위하여 (보리가) 튼실하게 익기를 기원한다.[51]

▎『예기』「사의射義」편에서도 "천자가 장차 제
례를 이행하고자 할 경우에는, 먼저 택澤에서 습
사習射를 해야 한다."[52]라는 글이 보인다. ▎

위의 명문銘文과 고전의 두 글에서 왕[天子]이 사냥한 것이 날짐
승[禽]과 어류[鮪]로 그 품목은 다르지만, 그가 제수 마련을 위해
친히 배에 승선하는 내용은 동일하다. 아울러 『여씨춘추』와 『예기
』에서의 천자의 사냥 목적이 '보리가 잘 익기를 기원'하기 위한 것
인데, 앞서 논한 명문이 새겨진 용기가 바로 '맥준麥尊[보리술잔]'이
라는 것에서, 두 이야기 속에서 제사를 통해 풍년을 기원하고자 하
는 곡물의 공통점을 발견할 수 있다.

한편 군주가 머물러 있는 장소에서 본다면, <맥준 명문>의 기록
에서는 왕이 벽옹에 있으면서 행하는 의례이며, 『여씨춘추』와 『예
기』에서의 경우는 천자가 침묘寢廟에 있으면서 행하는 의례이다.
그렇다면 벽옹과 침묘는 어떻게 다를까?

『죽서기년』「제신帝辛」편에는, 주왕紂王 36년 서백西伯(이후의 文王)
이 세자 발發(이후의 武王)에게 호경을 영건하게 하였는데, 그 이듬해
그곳에 벽옹을 짓고 또 3년 뒤에는 영대를 지었다는 내용이 수록

---

51) 『呂氏春秋』, 「季春紀」; 『禮記』, 「月令」: 季春之月, … 天子乃鷹鞠衣于先帝. 命舟牧覆舟,
   五覆五反, 乃告舟備具于天子焉, 天子焉始乘舟. 鷹鮪于寢廟, 乃爲麥祈實.
52) 『禮記』, 「射義」: 天子將祭, 必先習射於澤.

되어 있다. 그리고 영대 건설 후 12년 만에 결국 희발姬發(武王)은 아버지의 뜻을 이어 은나라 정벌을 시작한다.

> 제신帝辛(紂王, 殷 마지막 왕) 36년 서백西伯이 그의 세자 발發에 게 호경을 영건하도록 하였다. 제신 37년 (서백의) 주나라가 벽옹辟雍을 지었다. 제신 40년 주나라가 영대靈臺를 지었다. 제 신 52년 경인庚寅 주나라가 은나라 정벌을 시작하였다.[53]

『시경』의 「대아」 <문왕유성文王有聲> 시에는 호경에 있는 벽옹이 만인이 귀복歸服해 오는 장소로 묘사되고 있다.

> 사방에서 일렁이듯 몰려드네. 황왕皇王이신 임금님[辟], 황왕 은 위대한 군주[烝]이시네.
> 호경鎬京의 벽옹辟廱으로, 서에서·동에서·남에서·북에서, (열복悅服하는) 생각이 없다면, 귀복歸服하지 않는다네.[54]

사방의 제후들이 마치 황하가 바다로 흘러들듯 몰려와서 집결한 그 벽옹에서 왕이 서있는 중심 위치는 당연히 높은 축대인 영대였을 것이며, 또 그곳이 바로 이른바 명당이고 동시에 왕의 청정聽政 장소인 것이다. 그 '호경'의 벽옹은 문왕보다는 무왕이 주로 활동했던 궁묘 터이며, 그곳은 바로 주나라의 종묘를 일컫는 것이기도 하다. 『대대례기』「명당」편에서는 벽옹이라는 둥글게 환포된 물길 안쪽으로 명당을 세우는데, 그 명당은 다른 말로 묘廟·호

---

53) 『竹書紀年』, 「帝辛」: 三十六年, … 西伯使世子發營鎬. … 三十七年, 周作辟雍. … 四十年, 周作靈臺. … 五十二年庚寅, 周始伐殷.
54) 『詩』, 「大雅/文王之什」, <文王有聲>: 四方攸同. 皇王維辟, 皇王烝哉. 鎬京辟廱, 自西自東·自南自北, 無思不服.(『說文解字』, 「攴部」: 攸 : 行水也. 从攴从人, 水省. [段玉裁 注解――行水順其性, 則安流攸攸而入於海. … 水之安行爲攸.]; 「冂部」: 同, 合會也. ※ 번역은 『모시주소毛詩注疏』를 참고하였음.)

궁蒿宮·노침路寢이라고도 함을 분명히 말해주고 있다.

　명당이라는 것은 옛날에 있었던 것이었는데, … (그 터의) 벽옥璧玉처럼 밖으로 둥글게 환포된 물길의 모습 때문에 벽옹辟雍이라고 한다. … 혹자는 명당을 문왕文王의 묘廟라고 하기도 한다. … 주나라 때에는 … 호蒿가 무성하고 크게 자랐었다. 그것으로 궁의 기둥을 만들어서 이름하여 호궁蒿宮이라 불렀으니, 그것은 천자의 노침路寢인 것이다.[55]

　아래 채옹의 설명은 보다 더 구체적이다. 청묘淸廟·태묘太廟· 태실太室·명당明堂·태학太學·벽옹辟廱 등을 모두 동일한 실체의 범주 안에 넣고 있다.

　그곳에서의 종묘 제사를 올리는 예모禮貌를 취한다면 청묘淸廟라고 하고, 그 정실正室이라는 면모를 취한다면 태묘太廟라고 한다. 그 (임금의) 존숭스러움을 취한다면 태실太室이라고 하고, 그곳이 밝은[明] 쪽을 향한 점을 취한다면 명당明堂이라고 한다. 그 4문에 설치된 (문숙門塾의) 배움터라는 기능을 취한다면 태학太學이라고 하고, 그 4면이 도넛 모양의 벽옥璧玉과 같이 빙 둘러싼 물길이란 점을 취한다면 벽옹辟廱이라고 한다. 이름을 달리 부리지만 일삼는 것을 동일하게 하니 그 실체는 하나인 것이다.[56]

---

55) 『大戴禮記』, 「明堂」: 明堂者, 古有之也, … 外水曰辟雍. … 或以爲明堂者, 文王之廟也. … 周時, … 蒿茂大. 以爲宮柱, 名蒿宮也, 此天子之路寢也. ※ '外水(외수)'는 '도넛 모양으로 둥글게 환포된 물길'[璧水]을 말한다.(馬端臨, 『文獻通考』 卷73, 「郊社考6/明堂」: 外水曰辟雍. 韓詩說, 辟圓如璧, 雍以水. 不言圓·言辟者, 取辟有德. 不言辟水·言雍, 雍和也.)

56) 『蔡中郎集』 卷10, 「明堂月令論」: 取其宗祀之貌, 則曰淸廟, 取其正室之貌, 則曰太廟. 取其尊崇, 則曰太室, 取其鄕明, 則曰明堂. 取其四門之學, 則曰太學, 取其四面周水圜如璧, 則曰辟廱. 異名而同事, 其實一也.

▌'청묘淸廟'의 표현은, 비교적 이른 시기의 자료인 『시경』에서도 찾아볼 수 있는데,[57] 그것은 명당의 표현보다 앞서 보이는 것이다. 『시경』이후로 『좌전』(「환공 2년」)과 『순자』(「예론」)에서도 나타난다. 특히 『순자』에서의 청묘는 상례喪禮에 관한 내용과 병렬하여 언급되고 있다.[58] 바로 그러한 점으로 인해 위의 『채중랑집』에서 청묘를 예모禮貌와 결부시켜 설명한 듯하다. ▌

'벽옹辟雍'은 '군주의 청정聽政 지점'을 포괄하는 보다 넓은 의미의 장소라 할 수 있다. 바로 그 안에서 제례祭禮·조제후朝諸侯·포정布政·양로養老·교화敎化 등의 군주의 다양한 의례 활동을 하는데, 큰 범주에서 본다면 그 모든 활동들은 군주의 정치·외교 의례인 것이다. '양로養老' 역시 단순한 노인 공경의 의미가 아니라 교화의 형식을 띤 정치 의례이다. 고대 유교 경전에서 언급하고 있는 '노인[老]'은 일반적인 '늙은이'를 일컫는 것이 아니다. 그것은 선군을 섬겼던 고위관료 출신의 치사자致仕者들이거나 선군의 서제庶弟들로서, 지혜로움과 노련함을 겸비한 이들을 말한다. 바로 그 때문에 군주가 그들을 부모와 손윗사람처럼 섬기는 '부사父事'·'형사兄事'를 하는 것이다.[59] 아래는 『백호통의』 「향사鄕射」 편의 글이다.

---

57) 『詩經』, 「周頌/淸廟之什」, <淸廟>: 於穆淸廟, 肅雝顯相. 濟濟多士, 秉文之德. 對越在天, 駿奔走在廟. 不顯不承, 無射於人斯.

58) 『荀子』, 「禮論」: 三年之喪, 哭之不反也, 淸廟之歌, 一唱而三歎也.

59) 『禮記』, 「王制」: 有虞氏養國老於上庠, 養庶老於下庠. 夏后氏養國老於東序, 養庶老於西序. 殷人養國老於右學, 養庶老於左學. 周人養國老於東膠, 養庶老於虞庠.; 『禮記注疏』卷20, 「文王世子」: 適東序, 釋奠於先老. [注——親奠之者, 己所有事也. 養老東序, 則是視學於上庠.] 遂設三老·五更·羣老之席位焉. [注——三老·五更, 各一人也. 皆年老, 更事致仕者也. 天子以父兄養之, 示天下之孝弟也. 名以三五者, 取象三辰五星, 天所以照明天下者. 羣老無數, 其禮亡, 以鄕飮酒禮言之. 席位之處, 則三老如賓, 五更如介, 羣老如衆賓, 必也.]; 荀悅, 『前漢紀』, 「高祖皇帝紀」 3: 孝經云, "故雖天子, 必有尊也, 言有父也." 王者必父事三老, 以示天下, 所以明有孝也.

"왕이 된 자가 3로三老를 아버지처럼 섬기고 5경五更을 형님처럼 섬긴다는 것은 어째서인가? (부모에 대한) 효성과 (윗분에 대한) 공손함의 덕을 펼쳐서 온 세상에 보이고자 하기 때문이다. 그러므로 비록 천자라고 해도, 반드시 (누군가를) 존숭하는 마음을 지녀야 하니, (그럴 경우는) 아버지가 계심을 말하는 것이고, 반드시 (누군가를) 우선시 하는 마음을 지녀야 하니, (그럴 경우는) 형님이 계심을 말하는 것이다.

천자가 벽옹辟雍에 임하여 웃옷을 벗어 희생의 제물을 친히 가르는 것은 3로들을 존숭하는 것이니, 아버지의 상象으로 여기기 때문이다. … 『예기』「제의祭義」에 이르기를, '명당에서 (천자가 선조에 대한) 제사 의례[祀]를 올림은 그것으로써 제후들에게 그의 효행[孝]을 가르쳐 주는 것이다. 태학에서 3로와 5경들에게 연향 의례[享]를 행하는 것은 그것으로써 제후들에게 공손함[悌]을 가르쳐 주는 것이다.'라고 하였다."[60]

영대는 벽옹 안에 설치된 정치외교적·종교적으로 중요한 기능을 하던 고대高臺의 구조물을 말하는 것이다. 종묘 안 고대의 토대 위에 건설되는 '당堂'은 주대 군주의 집무처인 묘당廟堂을 말하는 것이며, 영대는 바로 그곳과 비견된다. 그러나 영대가 종묘와 같은 완전한 궁묘의 형태를 갖춘 것인지, 혹은 누각과 같은 고대의 형태만 갖춘 것인지는 분명하지 않다. 묘당은 그 뒤쪽의 (태)실 및 그 아래에 펼쳐져 있는 뜰인 (조)정과 더불어 주나라 군주의 주된 청정 장소였다. 그 모든 지점들을 아우르는 건축물이 묘[종묘·태묘]인 것이며, 벽옹은 바로 호경에 있던 종묘를 가리키거나 혹은 보다 넓은 의미로 그 주위의 자연적 요새에 둘러싸인 마을 부분까지를 포

---

60) 『白虎通義』卷4, 「鄕射」: 王者父事三老, 兄事五更者何. 欲陳孝悌之德, 以示天下也. 故雖天子, 必有尊也, 言有父也. 必有先也, 言有兄也. 天子臨辟雍, 親祖割牲, 尊三老, 父象也. … 禮記祭義云, "祀于明堂, 所以敎諸侯之孝也. 享三老·五更于太學者, 所以敎諸侯悌也."

함하는 것으로 판단한다.

『주례』「동관 고공기」의 "左祖右社(좌조우사), 面朝後市(면조후시)."
에 대한 설명에서 동한東漢 때의 정현鄭玄은 다음과 같이 논하고 있
다. "왕궁은 (왕이) 거처하는 곳이다. '조祖'는 종묘를 말하고, 면面
[면해 있음]은 향함[向]과 같다. 왕궁은 세로로 난 길들 중 가장 중앙
의 길에 대면하여 있다."[61] 이것은 정현이 좌측의 종묘와 우측의
사직단 사이 중심에 왕이 거처하는 왕궁을 설정하여 말한 것이다.
왕이 거처하는 그곳이 조조朝[조정]를 향向해 있다고 하니 조정의 북
쪽에 있다는 뜻이 된다.

정현의 이와 같은 언급에 당대唐代의 가공언賈公彦은 다음의 말을
더 보태고 있다. "나의 생각에는, 유향劉向(B.C. 77(?)~B.C. 6)의 『별
록別錄』을 보면, … '명당과 벽옹을 좌측으로 하고, 종묘와 사직을
우측으로 한다.'라고 하였는데, (그것이) 예禮의 규정과 부합되지
않았기 때문에 정현이 그 말들을 모두 따르지 않았다."[62]

서한西漢 말에 등장한 「고공기」에서의 '左祖右社(좌조우사)' 언급
은, 종묘를 뜻한다는 祖(조)라는 글자를 보았을 때 분명 그것을 선
조의 제례 장소로 인식한 것이다. 정현의 설명과 가공언이 인용해
비판한 유향의 『별록』에서의 관점 모두, 비록 종묘의 좌우 위치를
달리하고 있지만 그들 모두 그것을 제례 시설로 간주하였음을 알
수 있다. 특히 유향은 종묘와 명당 그리고 벽옹까지 모두 전혀 별
개로 인식하였다.

---

61) 『周禮注疏』卷41, 「冬官考工記」, <匠人營國>: 左祖右社, 面朝後市. [(鄭玄)注——王宮所
居也. 祖, 宗廟. 面, 猶鄉也. 王宮, 當中經之涂也.]
62) 『周禮注疏』卷41, 「冬官考工記」, <匠人營國>: 左祖右社, 面朝後市. [(鄭玄)注——王宮所
居也. …] [(賈公彦)疏——按劉向『別錄』… 云"左明堂·辟廱, 右宗廟·社稷." 皆不與禮
合, 鄭皆不從之矣.]

이렇듯 한나라 때만 해도 종묘·사직·명당·벽옹 등등에 대한 논의들이 하나로 통일되지 못하고 분분하였음을 볼 수 있는데, 이는 그것들에 대한 '명확한 인식의 부재'에서 비롯된 것이다. 바로 그 주나라 문화에 대한 명확한 인식 부재로 인해 한대漢代 이후 의례제도에 대한 여러 가지 설說이 등장하게 된 원인은, 다음의 두 가지 상황 때문으로 판단한다.

'중국에서 주나라의 문화적 영향력이 첨차로 사라져 간 이후 수백년 동안 몇 차례의 혼란기를 거치면서, 주나라 예제문화의 정상적인 전승이 이루어지지 않았다.' 그 반면, '의례제도를 중시했던 유가儒家의 위상이 한무제漢武帝 통치기간 이래로 상승되어 감에 따라, 이전 대의 예제문화에 대한 관심과 문화적 향유 욕구가 증대되었다.'

3. 정리

『맹자』에서 문왕의 발정시인發政施仁과 같은 왕정王政을 펼치는 곳이라고 한 명당은, 그 용어를 한대 이후의 수많은 기록에서 볼 수 있지만, 정작 춘추시대 이전의 기록에서는 거의 찾아보기 어렵다. 명당은 묘廟 안에 축조된 고대高臺의 형태를 하고 있는 당堂을 말한다. 그것은 분명 서주 초 문왕과 무왕의 시기에도 실재했던 것이지만, 춘추 이전까지는 일반적으로 사용되었던 용어는 아니다.

명당은 태묘·태실·종묘·묘당 등 다양한 명칭으로 불린다. 그곳은 포정布政과 교화를 행하고, 상제와 선군에 대한 제례 및 제후나 경대부들과의 조 의례를 이행하는 정전正殿의 기능을 했던 군주의 포괄적인 정치활동 장소이다.

명당이라는 표현은 전국시대에 유행하기 시작했던 오행五行 및 시령사상時令思想에 의해 새롭게 형성된 용어이다. 진·한대에 들어서 그러한 사상이 광범위하게 정착되는 과정에서 명당의 용어 역시 수많은 전적들 속에서 흔하게 접할 수 있게 된다. 이러한 종묘의 묘당과도 같은 명당에 대한 관념이 전란의 시기를 거치면서 서한西漢 초에는 그 본연의 기능과 모습이 완전하게 계승되지 못하고 막연한 상상과 구전으로 근근이 전해졌을 뿐이었다. 공옥대公玉帶가 무제武帝에게 바친 아주 소박한 모습의 '황제黃帝 시대의 명당 설계도'라는 것이 그 한 예이다. 그것은 황제라는 전설 속의 인물을 차용했을 뿐만 아니라, 서주 초기부터 전국시대까지 수백 년간의 당연히 있었을 건축 기술과 양식의 변화 발전 상황이 전혀 고려되지 않은 것이다.[63] 한대 이후로는 종묘를 군주의 청정 장소가 아닌 제례 시설로만 간주하였으며, 동시에 종묘와 명당을 전혀 별개의 구조물로 인식하였다.

호경에 만들어졌던 벽옹은, 산하가 마치 '둥근 옥[璧(벽)]'처럼 둥글게 환포된 모습의 자연 환경으로 묘사된다. 그것은 '辟廱(벽옹)' 혹은 '璧雍(벽옹)'으로도 쓴다. 금문金文의 雍(옹)자 속에는 강물['川'] 과 강 주변의 물새['隹']가 노니는 행정구역['囗'(=邑)] 등의 낱자로 구성되어 있음을 볼 수 있다. 그것은 어느 특정한 환경 요소를 지닌 마을을 지칭하는 것이다. 따라서 '그 주변이 둥글게 환포된 강물로 인한 천연 해자를 갖춘' 벽옹의 환경적 묘사는, 오히려 그것의 辟(벽)자에서보다는 雍(옹[雝])자 속에서 더 잘 표현된다 할 수

---

63) 공옥대 바쳤다는 '황제黃帝 시대의 명당 설계도'에 대해서는, 다음 장(제6장 주나라의 국도와 풍수지리 이론 - 제1절 주대의 의례 전당)에서 논의를 계속 이어갈 것이다.

있다. 그런데 한편 雍(옹)자에서 보이는 '건축물[宀]' 형태 때문에, 벽옹이 바로 그러한 마을의 중심부에 있는 통치자의 거소로 생각되기도 한다.

『시경』「대아」에서의 벽옹을 언급한 부분은, 은나라를 멸하고 천하를 평정했던 문왕과 무왕 시절을 노래한 것들이다. 그 시구 속에는 영대靈臺도 함께 볼 수 있는데,『백호통의』「벽옹」편의 설명에 의하면 영대는 '포정布政을 이행하는 천자의 궁'을 말하는 것이며 다른 말로 명당으로도 표현한다. 이는 다시 말해 당시 군주의 청정 장소인 종묘인 것이다. 구체적인 지점을 말한다면 종묘나 태묘 안의 묘당[堂]이 곧 영대이고 명당인 것이다.

『채중랑집』「명당월령론」에서는 벽옹辟雍과 태묘太廟 청묘淸廟, 그리고 명당明堂 태실太室 태학太學 등을 모두 동일한 실체로 설명하였다.『대대례기』「명당」편에 의하면, 벽옹 안쪽으로 명당을 세우는데 그 명당은 다른 말로 묘廟·호궁蒿宮·노침路寢이라 부른다고도 한다. 따라서 서주 초의 영대가 후에 음양오행설과 시령설 등의 영향으로 명당으로 그 명칭이 바뀌었음을 알 수 있으며, 그 또한 다양하게 분화되었음을 볼 수 있다. 노침은 태침太寢과 태실이라고도 하는데, 여기서 침과 실은 묘당 위의 북쪽에 있는 '실室'을 말하는 것임을 앞의 제4장 1절에서 논한 바 있다. 일반적인 (종)묘의 구조를 보면 거기에는 대문에 딸린 문숙門塾이 있다. 학궁學宮이나 태학은 바로 그곳을 말한다.

고대 유가 경전에 보이는 명당과 벽옹에 대한 기록들은, 진·한대의 초기 감여堪輿 술수가術數家들이 길지吉地에 대한 이론적 기반을 형성하는 데 적지 않은 영향을 끼친 것으로 보인다. 그에 대한 것은 다음 장에서 상세히 논하겠다.

제6장

주나라의 국도와
풍수지리 이론

본 장은 필자의 「周代의 國都가 風水地理 初期理論에 미친 영향」(『동방문화와 사상』 1, 동방
문화대학원대학교 동양학연구소, 2016)의 논문 내용을 첨삭하고 보완·정리한 것이다.

명당明堂은 고대의 수많은 기록들 속에 군주의 포정布政·청정聽政 장소로 등장하면서도, 다른 한편 지리술수地理術數 분야에서는 그것이 좋은 기운이 감도는 길지吉地의 고유명사로 일컬어져 왔다. 오늘날에는 후자의 인식이 더 지배적이다. 본 장에서는 유교와 풍수 이론에서 논하는 명당의 개념을 정리하고, 두 사유 체계에서 명당이 의미하는 공통적인 부분과 아울러 그 의미의 분화 과정을 중심으로 논의를 진행할 것이다.

필자가 주대 종묘제도의 궁구 과정에서 마주한 것은 맹자가 제齊 선왕宣王에게 유세하면서 강조했던 그 '명당'뿐만이 아니었다. 필자는 풍수의 이론 가운데 큰 비중으로 언급되고 있는 길지로서의 명당과 맹자가 말한 명당이 혹 어떠한 관련성이 존재하는 것은 아닐까 하는 의혹을 갖게 되었다. 본 장은 그것을 찾아가는 과정을 서술한 것이다.

유가儒家의 발정시인發政施仁을 행하는 왕정王政의 장소라고 했던 맹자의 설명을 놓고 본다면, 명당은 분명 유가에서 지향하는 정치적 이상향의 특정 장소였다. 유교에서 비롯된 이러한 명당이라는 말을 풍수지리 이론에서 더 집중적으로 접할 수 있게 됨으로써, 주인의 물건을 빌려간 객이 그것을 소유하게 된 양상을 보여

왔다. 그로 인해 정치적政治的 이상향理想鄉의 대명사에서, 심하게는 개인의 구복적求福的 사욕私慾의 대상으로서의 개념으로 변질되기도 하였다.

뒤의 본론에서 논의할 명당의 시원始原과 그리고 그것의 희소성으로 보았을 때, 현대적 의미의 명당 터 역시 환鰥・과寡・고孤・독獨들을 어루만져 줄 수 있는 위치에 있거나 그러한 마음의 자세를 지닌 이들만이 공익적 차원에서 소유할 수 있어야, 그 땅이 명당의 혈을 응결시킨 진정한 이유가 충족되는 것이라고 필자는 생각한다.

1. 주대의 의례 전당

1) 명당과 그 기능

명당에 대해, 하・은・주 시대 이전의 황제黃帝라는 인물이 최초로 만든 것이라고 하지만, 이를 실제적으로 증명할 수 있는 근거는 전혀 없다. 한무제漢武帝는 바로 그 '황제의 명당'이라는 것을 최초로 조성한 군주이다. 그는 방술가方術家인 공옥대公玉帶가 바친 황제 시대의 명당 도면을 그대로 믿고 그것을 문수汶水 강가에 '옛 모습' 그대로 짓도록 명하였다. 그것은 당시 이미 명당이라는 이름만 남아 있을 뿐 그 실체가 잔존해 있지 않았기 때문이다. 아래는 그에 대한 『사기』「효무본기孝武本紀」와「봉선서封禪書」에서의 서술이다.

　　원래 천자는 태산에서 봉封 의례를 한다. 태산의 동북쪽 기슭에 옛날에는 명당의 장소가 있었는데, 그 곳은 험준한데다가 환히 트이지도 않았다. 주상(武帝)께서 (태산군의) 봉고奉高 현 근방에 명당을 조성하고 싶어 하였지만, 명당 제도에 대해 잘 알지 못하였다. 제남濟南 사람 공옥대公玉帶가 황제黃帝 시대 의 명당도明堂圖를 바쳤다. (그 도면에는 다음과 같이 되어 있었다.)

명당도 안에는 하나의 전殿이 있다. (전의) 4면에는 벽이 없는데, 띠풀[茅]로 지붕을 덮었고 배수로를 통하게 하였다. 궁의 담장을 빙 둘러서 복도複道를 만들었고 (그) 위로는 누대가 있다. (궁의) 서남쪽으로 들어가기 때문에 '곤륜昆侖'이라 부르기로 규정하였는데, 천자는 그 (궁의 출입문인) 곤륜으로 들어가 명당에서 상제에게 절하고 사례祠禮를 이행한다.

이에 주상께서 봉고현에 명령을 내려 문수汶水 강가에 공옥대의 명당도와 똑같이 명당을 짓도록 하였다.[1]

▌봉封 의례: 흙을 쌓아 단壇을 만들어 하늘에 제례를 하는데, 하늘의 공功에 보답하는 것이기 때문에 '봉封'이라고 부른다고 한다.[2] ▌

『사기』에서 묘사한 명당도의 모습을 정리한다면 다음과 같다. 중간에 통로가 있는 두 겹의 담장[複道]과, 그 위로 누각[樓]이 올려져 있고, 그러한 담장으로 둘러친 '궁宮[집]'이 있다. 그 궁의 출입문은 서남쪽 담장에 연해 있다. 담장을 관통하는 배수 시설도 있다. 궁 안에는 단 하나의 소박한 모습의 전각이 있는데, 사방 벽체도 없는 띠풀 지붕의 형태이다. 그 전각의 계단을 통해 당堂 위에 올라서면, 그곳이 곧 명당이다. 명당의 '명明'은 그것의 용도와 특

---

1) 『史記』, 「孝武本紀」·「封禪書」: 初, 天子封泰山. 泰山東北阯, 古時有明堂處, 處險不敞. 上欲治明堂奉高旁, 未曉其制度. 濟南人公玉帶, 上黃帝時明堂圖. 明堂圖中有一殿. 四面無壁, 以茅蓋, 通水. 圜宮垣, 爲複道, 上有樓. 從西南入, 命曰昆侖, 天子從之入, 以拜祠上帝焉. 於是, 上令奉高作明堂汶上, 如帶圖.
2) 『史記正義』 卷28, 「封禪書」 第6: 此, 泰山上, 築土爲壇, 以祭天, 報天之功, 故曰封.

성을 고려한 수식어이다. 바로 이 명당에서 제왕으로서의 상제上帝에 대한 제례 및 포정布政 등의 의례를 거행한다.

그런데 『한서』「교사지郊祀志 하」에서는, 위 『사기』「효무본기」및 「봉선서」에 수록된 "園宮垣(환궁원)"의 글 앞에 '水(수)'자를 더 추가하여 "水園宮垣(수환궁원)"으로 기록하고 있다. 그렇게 되면 그 앞뒤의 문장들에 대한 번역이 아래와 같이 서로 다르게 된다.

우선 『사기』의 원문과 해석을 다시 정리하겠다.

> 『史記(사기)』: 以茅蓋, 通水. '園宮垣', 爲複道, 上有樓.,
> ⇨ 띠풀로 지붕을 덮었고,[以茅蓋(이모개)] 배수로를 통하게 하
> 였다.[通水(통수)] '궁의 담장을 빙 둘러서'[園宮垣(환궁원)] 복도를
> 만들었고,[爲複道(위복도)] (그) 위로는 누대가 있다.[上有樓(상유루)]

아래는 『한서』의 원문과 해석이다. '水(수)'자가 더해짐으로써 생긴 앞뒤 문맥의 변화에 맞게 번역하였다.

> 『漢書(한서)』: 以茅蓋. 通水, '水園宮垣.' 爲複道, 上有樓.
> ⇨ 띠풀로 지붕을 덮었다.[以茅蓋(이모개)] 물길을 관통하게 하
> 였는데,[通水(통수)] '(그) 물길이 궁의 담장을 빙 둘러 있다.'[水
> 園宮垣(수환궁원)] 복도를 만들었고,[爲複道(위복도)] (그) 위로는 누
> 대가 있다.[上有樓(상유루)]

필자가 『사기』에서의 '水(수)'자를 '배수로'라고 명쾌히 해석할 수 있었던 것은, 이미 앞의 제2장에서 논한 바와 같이, 주대의 궁묘유적지 조사 결과에 나타난 담장 사이로 관통해 흐르는 배수 시설 도면을 볼 수 있었기 때문이다. 아울러 그러한 것은 당연하게도 근세기 이후에나 확인될 수 있는 것이기도 하다.

『한서』의 글은 '水(수)'자가 하나 더 추가된 것 때문에 마치 '하천'이 그 궁[집]을 빙 둘러 흐르고 있는 것처럼 묘사된다. 그리고 그것 때문에 그 앞 "通水(통수)"의 의미가 그 집을 관통해 흘러가는 하천으로 해석되게 된다.

필자는 위의 두 가지 원문 중에서 무제武帝 당시의 저작물인『사기』의 기록을 정확한 것이라 단정한다. 아울러 그것보다 후대의 저작물인『한서』의 기록은, (당시에도 어렵지 않게 접할 수 있었던) 강물이 그 주위를 환포해 흘러간다는 벽옹辟雍에 대한 환경 묘사로 인해, 명당과 벽옹을 같은 개념으로 인식했던 누군가에 의해 수水자가 하나 더 덧붙여진 것으로 판단한다. 벽옹의 그와 같은 자연적 입지 환경에 대해서는 뒤이어 바로 상세히 논하겠다.

▌앞 장에서도 이미 언급하였듯, 필자는 주나라의 종묘와 명당을 동류의 구조물로 판단하였고, 벽옹 역시 그것과의 깊은 관련성을 주장하였다.
　당시 국도 밖에 임시의 명당을 설치하여 그곳에서 외교 의례는 물론 갖가지 군주 의례를 거행하기도 하였지만, 군주의 통치 장소를 의미했던 그것이 각 제후국들의 모든 지역에서 완전하게 동일한 환경을 갖추고 있었다고 보기는 어려울 것이다. '옛날'에 태산의 동북쪽 기슭에 있었다는 명당의 실체를 현재로서는 확인할 수 없다. 그러나 공옥대의 명당도, 제나라의 태산 지대에 존재하였을 법한 명당의 모습이었을 것이다. ▌

명당은 고전의 여타 기록들 속에서 갖가지 기능을 하는 곳으로 묘사되고 있는데, 제왕이 이행하는 '포정布政'의 전당殿堂, '조朝 의례'의 전당, '제례'의 전당, '존현尊賢·교화敎化'의 전당 등으로 정리된다.

(1) 명당 - 정치·외교 의례의 전당

그곳의 포정布政 및 조제후朝諸侯 등을 거행하는 정치·외교 장소로서의 언급은 다음과 같다.

①『맹자』: 제나라 선왕이 "사람들이 모두 나에게 명당을 철거하라고 하는데, 철거해야 할까요? 하지 말까요?"라고 묻자, 맹자는 다음과 같이 대답하였다. "저 명당이라는 것은 왕의 일을 하는 사람의 당입니다. 왕께서 왕의 정치를 행하고자 하신다면, 그것을 철거하지 마십시오." … "옛날에 … 문왕이 인仁을 시행하는 정치를 펼치면서,[發政施仁] 반드시 (환鰥·과寡·고孤·독獨 등) 이 네 부류(의 사람)들을 우선시하였습니다."3)

②『순자』: 변방의 국경 밖에 명당을 지어서 제후들에게 조朝 의례를 받는다.4)

③『예기』: (주나라 초대 왕인) 무왕武王이 붕어崩御함에, (그의 아들) 성왕成王이 너무 어려서, (왕의 숙부인) 주공이 천자의 자리[位]에 올라 천하를 잘 다스렸다. (섭정) 6년에 명당에서 제후들과 조 의례를 거행하였고[朝諸侯] 의례제도를 제정하고 아악을 만들었으며[制禮作樂] (통일된) 도량형을 반포하여[頒度量], 온 세상에서 대대적으로 귀복歸服해 왔다.5)

④『백호통의』: (천자의) 명당은, 지붕은 원형이고 토대는 방형으로[上圓下方] 여덟 개의 창과 네 개의 문[闥]을 두는데, 포

---

3)『孟子』,「梁惠王下」: 齊宣王問曰, "人皆謂我毁明堂, 毁諸? 已乎?" 孟子對曰, "夫明堂者, 王者之堂也. 王欲行王政, 則勿毁之矣." … "昔者, … 鰥·寡…獨·孤, … 文王發政施仁, 必先斯四者."

4)『荀子』,「彊國」: 築明堂於塞外, 而朝諸侯.

5)『禮記』,「明堂位」: 武王崩, 成王幼弱, 周公踐天子之位以治天下. 六年, 朝諸侯於明堂, 制禮作樂·頒度量, 而天下大服.

정布政하는 궁으로서 국도에서 강물의 북쪽 위치[國之陽]에 자리한다.6)

위 맹자의 설명은 명당이 곧 '왕이 인仁의 정치를 펼치는 장소'임을 말한 것이다. 『순자』에서는, 막강한 힘을 갖고 있는 제후가 다른 제후들에게 조 의례를 받기 위해 변방에 짓는 가설물로 명당을 묘사하고 있다. 『예기』에서의 경우는, 주공이 섭정자로서 제후들과 거행하는 조 의례뿐만 아니라, 원근의 수많은 방국邦國과 부용국附庸國들의 귀복 의례를 받는 장소로 묘사되고 있다. 가장 후기의 저작인 『백호통의』역시 명당을 포정布政의 전당으로 묘사하고 있다. 한편 그 형태에 대한 묘사에서 『백호통의』는, 앞에서 『사기』에서 언급한 공옥대가 무제에게 올렸다는 '황제시대 명당도'의 모습에서 거론되지 않았던 상원하방上圓下方의 형태와 강물과의 배치 상태 등을 설명하고 있다. 그 마지막 기록인 "在國之陽(재국지양)"이라는 명당의 입지 환경에 대한 묘사는, 다음 절에서 후술할 벽옹辟雍과의 관련성을 염두에 두고 한 설명으로 보인다.

▌위 『백호통의』에서의 명당에 대한 묘사 일부는 그 것보다 앞서 성서된 『대대례기』「명당」편에서도 찾아 볼 수 있는 것이다.7)
　명당에 대한 다른 이론은 전한 말 애제哀帝 때에 출현한 「동관 고공기」에서 찾아볼 수 있다.8) 거기에서는 『백호통의』·『대대례기』등의 "上圓下方(상원하방)"이나,

---

6) 『白虎通德論』 卷4,「辟雍」: 天子 … 明堂, 上圓下方·八窓四闥, 布政之宮, 在國之陽.
7) 『大戴禮記』,「明堂」: 明堂者, 古有之也. 凡九室, '室而有四戶·八牖', 三十六戶·七十二牖. 以茅蓋屋, '上圓下方'.
8) 「고공기」의 성립 시기에 관한 논의는, 앞의 제4장 2절(종묘와 사직의 배치: 좌조우사·좌묘우사) 참고.

「효무본기孝武本紀」에 수록된 "四面無壁(사면무벽), 以茅蓋(이모개). [4방의 벽채가 없이 띠풀로 덮은 지붕]" 등의 형태나 재료 등에 대한 묘사보다, 주로 그 규모에 대한 논의를 섬세하게 기록하고 있다. 동시에 『대대례기』의 명당 '9실九室'과는 다르게 「동관 고공기」는 5실五室 제도로 서술하고 있다.9)

이처럼 명당에 대한 설명들이 학자나 전적들에 따라 동일하지 않았던 것은, 당시 그것에 대해 막연한 상상과 불명확한 구전에 의지할 수밖에 없었기 때문이다. ▌

(2) 명당 - 제례의 전당

위와 같이 군주의 정치・외교 의례의 전당이었던 명당은 그 외에 제례 거행 장소로서도 기능하였는데, 그에 대해 아래와 같은 기록들을 볼 수 있다.

① 『효경』: 주공이 … 명당에서 문왕에게 종사宗祀 의례를 이행하여 상제上帝를 배향하였다.10)

② 『예기』(「악기」): 명당에서 (선군에게) 사祀 의례를 이행하여 하민下民들이 효행할 줄 알게 한다.11)

③ 『예기』(「제의」): 명당에서 (선군에게) 사祀 의례를 이행하는 것은, 그러한 의례로써 (천자가) 제후들에게 그 효행할 것을 가르쳐 주는 것이다.12)

---

9) 『周禮』, 「冬官考工記」, <匠人營國>: … 周人明堂, 度九尺之筵, 東西九筵, 南北七筵, 堂崇一筵. 五室, 凡室二筵. 室中度以几, 堂上度以筵, 宮中度以尋.
10) 『孝經』, 「聖治」: 周公, … 宗祀文王於明堂, 以配上帝.
11) 『禮記』, 「樂記」: 祀乎明堂, 而民知孝.
12) 『禮記』, 「祭義」: 祀乎明堂, 所以教諸侯之孝也.

(3) 명당 - 존현·교화의 전당

아래는 명당에서의 존현尊賢·교화敎化의 기능에 대해 서술하고 있는『백호통의』의 글이다. 거기에는 그 이외에도 명당의 제례 전당으로서의 역할 및 내정을 위한 인재 발탁과 각종 제도 정비·시행 장소로서의 기능 등을 총체적으로 설명하고 있다.

> 『백호통의』: 천자가 명당을 세우는 것은, 그곳에서 (제례를 통해) 신령과 소통하고, 천지에 감응하며, 4계절의 역법曆法을 바로잡고, 가르쳐 변화된 이를 배출하며, 덕德을 지닌 이를 종宗으로 삼고, 도道를 지닌 이를 중히 여기며, 유능한 이에게 지위를 높여주고, 성과 있는 이에게 포상하는 일, 그러한 것들을 위한 것이다.[13]

지금까지 명당의 여러 가지 기능들을 검토해 보았다. 다음은 벽옹에 대해서 살펴보겠다.

2) 벽옹의 기능과 입지 환경

앞에서 논한 명당이라는 이름이 전국시대의 기록에서부터 나타나고 있는데 반해, 벽옹辟雍은 그보다 이전 시대인 은·주殷周 교체기 즈음을 서술한 기록에서부터 찾아볼 수 있다. 『죽서기년竹書紀年』에는 은나라 마지막 왕인 주왕紂王 36년·37년에 호경鎬京 영건과 벽옹 건설을 연이어 진행한 것으로 기록되어 있다. 그리고 그때는 주나라가 주변의 여러 나라들과 연합하여 은나라 정벌을 시작하

---

13)『白虎通義』卷4,「辟雍」: 天子立明堂者, 所以通神靈, 感天地, 正四時, 出教化, 宗有德, 重有道, 顯有能, 襃有行者也.

기 약 15년 전이 된다.14)

(1) 벽옹 - 정치·외교 의례의 전당

아래 『시경』「대아」 편의 <문왕유성文王有聲>에서는, 벽옹이 동서남북의 수많은 나라에서 주나라 왕에게 귀복해 온 곳으로 표현되고 있다.

> 사방에서 일렁이듯 한곳으로 모여드네.[四方攸同] 황왕皇王이신 임금님, 황왕은 위대한 군주시라네. 호경鎬京에 있는 벽옹辟廱으로, 서에서 동에서 남에서 북에서, (열복悅服의) 생각이 없다면, 귀복歸服하지 않지.15)

> ▍맨 앞 구절 "사방에서 일렁이듯 한곳으로 모여드네.[四方攸同]"에서의 '攸(유)'자를, 『이아爾雅』「석언釋言」에서 "攸, '所'也.(유, 소야.)"라고 한 것과 같이, '장소'나 대명사 정도의 의미로 볼 수 있을 것이다. 그러나 필자는 그 앞 소절의 시구인 "풍수의 강물이 동쪽으로 흘러드네.[豐水東注(풍수동주)]"의 글로 보아서, 그것을 '(바다로 흘러 모여드는 수많은 강줄기의) 강물과 같은 일렁임' 정도로 해석하였다. 허신許慎과 단옥재段玉裁의 '攸(유)'자에 대한 설명은 그러한 해석에 힘을 실어준다. "'攸(유)'는 '물길을 흘러가게 하는 것'이다.(『설문해자』)" "'물길을 흘러가게 하는 것'은 물의 성질을 따르는 것이니, 편안한 흐름을 흘러가고

---

14) 『竹書紀年』,「帝辛」: 三十六年春正月, … 西伯使世子發營鎬. 三十七年, 周作辟雍. … 五十二年庚寅, 周始伐殷. 秋, 周師次于鮮原. 冬十有二月, 周師有事于上帝. 庸·蜀·羌·髳·微·盧·彭·濮, 從周師伐殷.

15) 『詩經』,「大雅/文王之什」, <文王有聲>: 四方攸同. 皇王維辟, 皇王烝哉. 鎬京辟廱, 自西自東·自南自北, 無思不服.

흘러가게 해서 바다로 들어가게 하는 것이다. …
물길의 편안한 흐름을 '攸(유)'라고 한다."(『설문
해자 주注』)16) ▌

▌맨 뒤의 원문 구절인 "無思不服(무사불복)"에
대한 해석을, "(열복悅服의) 생각이 없다면, 귀복歸
服하지 않지." 대신에, "귀복하지 않는 이가 없
다." 내지 "귀복하지 않기를 생각하는 이가 없다."
로 볼 수도 있을 것이다. 『맹자』에 시경의 이 구
절을 인용한 것이 보인다. "(맹자가 말했다.) 힘으
로 인仁함을 대신하는 자는 패자 노릇을 하게 되
는데, 패자 노릇 함에는 반드시 대국을 소유해야
한다. 덕德[(임금)다움]으로 인함을 실천하는 자는
왕 노릇을 하게 되는데, 왕 노릇 함에는 (나라의
규모가) 커질 것을 기다리지 않는다. (상나라를 세
운) 탕왕은 (사방) 70리로써 하였고, (주 천자국의
기틀을 세운) 문왕은 (사방) 100리로써 하였다.
힘으로 남을 귀복시킨 경우는, 진심의 귀복[心腹]
이 아니라 (그 사람의) 힘이 (자신을) 구제하지 못
하였기 때문이다. 덕으로 남을 귀복시킨 경우는,
'마음속에서 기뻐[悅]하면서 성심으로 귀복[服]한
것'이니, 이를테면 70 제자가 공자에게 귀복한 일
같은 경우이다. 『시경』에서 읊은 '自西自東(자서자
동)·自南自北(자남자북), 無思不服(무사불복).'은 그
러한 것을 설명한 것이다."17) ▌

위의 내용은 명당의 경우와 같이 벽옹 역시 천자의 통치·외교

---

16) 『說文解字』, 卷4, 「攴部」: 攸, 行水也.; 『說文解字 注』, 「攸 注解」: 行水順其性, 則安流攸
攸而入於海. … 水之安行爲攸.
17) 『孟子』, 「公孫丑上」: 孟子曰, "以力假仁者霸, 霸必有大國. 以德行仁者王, 王不待大. 湯
以七十里, 文王以百里. 以力服人者, 非心服也, 力不贍也. 以德服人者, 中心悅而誠服也,
如七十子之服孔子也. 『詩』云, '自西自東·自南自北, 無思不服.' 此之謂也."

장소로 기능한 곳이었음을 말해 주고 있다.

(2) 벽옹 - 연향 의례의 전당

아래의 기록들은 천자가 연향宴饗 의례를 펼치는 전당으로의 벽옹을 설명한 것들이다.

> ① 『염철론鹽鐵論』: 지금 모든 지역의 멀리 떨어져 있는 나라의 군주들이 폐백을 받들어 바치는 것은, 천자의 크고 훌륭한 덕을 마음에 품고서 중국의 예禮와 의절儀節을 관찰하고자 한 것입니다. 그러므로 명당과 벽옹을 설치해서 그들에게 보여주는 것입니다.[18]

위는 명당과 벽옹을 동시에 언급하고 있다. 여기서 연향이라는 직접적인 표현은 없지만, 외국의 국빈이 중국에 와서 직접 관찰하고 체험할 수 있는 '중국의 예禮와 의절儀節'로서, 연향 의례는 가장 일반적으로 접하는 의례이다.

> ② 『설원說苑』: 벽옹은 천자가 향음鄕飮의 의례를 거행하는 장소이다.[19]

> ③ 『설문해자』: 천자는 벽옹에서 향음饗飮의 의례를 이행한다.[20]

위의 『설원』과 『설문해자』 두 기록을 보면, '鄕飮(향음)' 의례를

---

18) 『鹽鐵論』卷7,「崇禮」: (賢良曰)今萬方絶國之君奉贄獻者, 懷天子之盛德, 而欲觀中國之禮儀. 故設明堂・辟雍以示之.

19) 『說苑』,「佚文」: 辟雍, 天子鄕飮之處.(陳耀文(明), 『經典稽疑』卷下,「詩/泮水辟雍」: 泮諸侯鄕射之宮, 辟雍天子鄕飮之處.[『說苑』.])

20) 『說文解字』卷10,「广部」: '廱', 天子饗飮辟廱.

'饗飮(향음)'으로도 쓰고 있음을 알 수 있다. 그리고 그 의례의 이행 장소를 천자의 벽옹으로 설정하고 있다.

일반적으로 향음례, 즉 향음주례는 '향鄕 단위의 행정구역'에서 그 '향의 대부大夫'가 고을의 수령과 같은 자격으로 주관하는 지방 의례로 알려져 있으며, 그것은 『의례』「향음주례鄕飮酒禮」에서 근거하기도 한 것이다.21) 그런데 위의 『설원』과 『설문해자』에서의 설명은 그와는 다른 각도로 묘사하고 있다. 향음에서의 '향'을 고을이나 마을[鄕]의 의미로 보면, 향음례는 '향읍의 대부가 주최하는 음주 의례'가 된다. 그와 달리 향을 연향[鄕=饗]의 뜻으로 본다면, 그것은 『설원』과 『설문해자』에서의 표현대로 그냥 '연향과 음주의 의례'가 된다. 이 두 전적들이 『의례』보다는 훨씬 후대의 저작물이지만, 필자는 향음례에서의 향의 본뜻이 마을이 아닌 연향으로부터 시작된 것이라 생각한다.

고문자학의 측면에서 보면, 鄕(향)은 마을보다는 연향의 의미가 먼저 있었다. 갑골문과 서주시기 금문에서의 그것은 마을이라는 의미를 전혀 담고 있지 않다. 거기에서 그것은 음식이 담긴 용기를 가운데 두고 양쪽에서 두 사람이 서로 마주 앉아 음식을 먹는 모습으로 표현되어 있다.22)

갑골문은 물론 서주시기 <오사위정五祀衛鼎 명문>과 <괵계자백반 명문>에서의 鄕(향)자 형태를 면밀히 관찰해 보면, 그것의 조자造字 당시 본뜻이, 두 사람의 빈賓과 주인[主]이 음식을 담은 거대한 용기 앞에, 경건한 예를 갖춘 자세로 서로 마주한 모습의 의미로 표

---

21) 서정화,「儒敎的 傳統婚禮의 理念과 展開過程 - 朝鮮 中·後期의 家禮書를 中心으로」, 東方文化大學院大學校 博士學位論文, 2015, 25쪽 참고.
22) 梁東淑,「韓國 五種 字典의 字源 分析과 甲骨文·『說文』과의 비교연구 XII」『中國語文學論集』 49, 2008, 46~47쪽 참조.

현되었음을 확인할 수 있다.23) 또한 그 모습은 卿(경)자의 형태이며, 따라서 卿(경)의 조자 당시 본뜻을 아울러 알 수 있게 된다.24) 그러다가『설문해자』의 소전小篆에 오면, 鄕(향)자 속의 좌우 양측 낱자가 경건한 자세의 두 사람 모습에서 고을의 의미로 변화된 것을 볼 수 있다.25) 향의 의미가, 주대를 거치면서 점차로 연향과 함께 마을의 의미로도 그 뜻이 확대되어 간 것이다. 비록 필자가 서주시대 <오사위정 명문>과『설문해자』소전의, 천년이라는 시차를 둔 두 자료 속에서의 변화만을 확인하였지만, 향의 자의字義 변화는,『의례』에서의 향음주례・향사례 등의 향례鄕禮를 놓고 본다면, 그러한 변화는 이미『의례』의 형성 시기 이전에 이루어진 것으로

---

23) 서주시대 공왕共王(재위: B.C. 923~B.C. 900) 5년에 제작된 <오사위정五祀衛鼎 명문>에서의 鄕(향)은, 갑골문의 그것과 같은 연향을 의미하는 형태로 쓰였다.(백도백과 <위정衛鼎[五祀衛鼎]>의 원문 해석 및 오사위정도책五祀衛鼎圖冊들 중 탁본 사진 참조.)
<괵계자백반 명문>은 앞의 제2장 1절에서 논한 바 있다. 그 탁본 자료와 명문의 내용 및 해석을 여기에 다시 수록한다. 아래의 그림은 【그림 2】(<괵계자백반 명문> 탁본)에서 廟(묘)자 대신에 鄕(향)자의 금문 서체에 도드라짐 표시를 한 것이다.

<괵계자백반 명문>: 王孔加子白義[儀]. 王各[格]周廟宣廝, 爰鄕. ➪ 해석: 왕은 자백子白의 위의威儀에 매우 크게 상찬賞讚하였다. 왕은 주나라 묘廟의 선사宣榭에 이르러서 (큰) '잔치[鄕]'를 열었다.
24) 卿(경)자 속의 좌우 낱글자는 오늘날의 卯(묘)자와 같아 보이지만, 그것의 고문자에서의 모습은 전혀 다른 형태와 의미를 갖고 있다.
25) 梁東淑, 위의 논문(2008), 46쪽, 鄕(향)자의 변화 과정을 담은 자형 그림 참고.

판단한다.

그렇게 향의 자의 변화가 이루어진 이유는 정확히 확인할 수 없지만, 빈례賓禮 다시 말해, 빈주賓主 의례라고 하는 주나라의 의례 제도에서 연유한 것은 아닌지 추정해 본다. 빈례[賓主儀禮]는 원거리의 지도자들이 서로 만나 사회적 결속 내지 국가적인 외교 결속을 꾀하기 위한 의례이다. 거기에는 반드시 빈주賓主 간의 연향이 곁들여지는데, 그렇게 서로 만나 연향[鄕] 의례를 벌이는 각 지역의 지도자들은, 자연스럽게 각자의 향읍[鄕]을 대표하게 되었을 것이다. 상나라 이후 주나라 때 이루어진 이와 같은 자원字源 변형의 예는 앞의 제2장 1절에서 논한 朝(조)자의 자원연변字源演變 과정에서도 찾아볼 수 있다.

(3) 벽옹 - 존현·교화의 전당

다음의 기록들은 벽옹을 학궁學宮 및 천하 교도敎導의 전당으로 설명한 것들이다.

> ① 『설원』(「건본建本」): (스승도 없이) 홀로 배우고 학우學友가 없으면, 생각이 좁고 견문이 적다. 그러므로 "벽옹에는 (태양과 같은 광명한 사람인) 소인昭人을 두고, 반궁泮宮에는 현인賢人을 둔다."라고 하는 것이다.26)

> ② 『설원』(「수문脩文」): 천자는 벽옹에서, 제후는 반궁에서, 덕의 교화를 행한다.27)

---

26) 『說苑』, 「建本」: 獨學而無友, 則孤陋而寡聞. 故曰, 有昭辟雍, 有賢泮宮.
27) 『說苑』, 「脩文」: 天子辟雍, 諸侯泮宮, 所以行德化.

③『백호통의』: 왕이 된 자는 3로三老들을 아버지처럼 섬기고 5경五更들을 형처럼 섬기는데 어째서일까? 효孝[효성]·제悌[공손함]의 덕을 펼쳐서 온 세상 사람들에게 보여주고자 한 까닭이다. … 천자가 벽옹에 임해 있을 때에는 (3로·5경들에 대한 효·제의 마음을 표하기 위해) 친히 웃옷을 벗고서 희생의 제물을 직접 가른다.28)

▌ 여기서의 3로三老와 5경五更은 모두 선대에 활동했던 치사자致仕者들로, 능력과 덕을 두루 갖춘 이들을 의미한다. 그 앞에서(①『설원』「건본」) 언급된 소인昭人과 현인賢人도 그에 해당한다. ▌

위와 같은 기록들은 벽옹의 기능과 역할 및 그 활용 주체에 있어서 앞 조에서 논한 명당과의 차이점을 구분하기 어렵게 만든다. 이미 앞에서 서술한 바와 같이, 벽옹의 건설이 사서에서 구체적인 기년과 함께 수록되어 있고 또 동시에 당시의 민요였던『시경』의 가락 속에 그에 대한 노래가 담겨져 있는 점 때문에, 명당보다 벽옹의 존재가 더 사실적으로 느껴지지만, 실상 후한 말기의 채옹은 명당과 벽옹을 동일한 실체로 결론짓고 있다.29) 이는 명당이 곧 벽옹이거나, 더 나아가 공간적인 면에서 하나가 다른 하나의 내부에 부속되어 있다고 판단하게 한다.

▌ 고전에 기록된 벽옹의 주변 입지 환경에 대한 상세한 묘사를 가지고 판단한다면, 벽옹 내부에 명당이 있는 것이다. 주대의 명당과 벽옹의 상호 관련성에 대한

---

28)『白虎通德論』卷4,「鄕射」: 王者父事三老, 兄事五更者何? 欲陳孝悌之德, 以示天下也. … 天子臨辟雍, 親祖割牲.

29)『蔡中郎集』卷10,「明堂月令論」: 取其鄕明, 則曰明堂. 取其四門之學, 則曰太學, 取其四面周水圜如璧, 則曰辟雍. 異名而同事, 其實一也.

(4) 벽옹의 입지 환경

채옹은 "그 4면이 마치 벽옥璧玉처럼 둥글게 환포된 물길로 에워싸인 모습을 취할 경우, (그것을) 벽옹辟廱이라고 한다."라고 하였고,30) 『대대례기』에서는 "외수外水를 벽옹辟雍이라고 한다."라고 하였다.31) 마단림馬端臨(1254~1323)에 의하면, '외수'는 '도넛 모양의 벽옥처럼 둥글게 환포된 물길'을 말하는 것이다.32)

한편, 벽옹의 4면이 물길로 환포되었다고 하는 표현은 그곳을 삼각주三角洲와 같은 섬으로 보이게 한다. 그러나 벽옹에 대해 완전한 섬이라고 설명한 기록은 어디에도 찾아볼 수 없다. 이는 단지 벽옹을 감싼 강물의 흐름이 그곳을 중심으로 둥글게 에돌아 흘러나감을 강조하고자 한 표현으로 봐야 한다. 자연 지리적 요건을 감안한다면, 물길의 환포가 약화되거나 없어지는 부분에는 크고 작은 구릉이 자리하게 되는데, 이는 배산임수背山臨水와 유사한 형태이다. 채옹은 「독단獨斷」 편에서 학궁學宮과 관련해서 벽옹을 다시 언급하였다. 그는 이러한 벽옥 모양의 물길에 대해 '보이는 모습의 요약'을 위한 표현이라 설명하고 있다.

> 하·은·주 3대의 국학國學에 대한 별칭이 있다. 하나라는 '교校'라고 하였고, 은나라는 '서序'라고 하였고, 주나라는 '상庠'이라고 하였다. 천자국(의 학궁)을 벽옹辟雍이라고 하여, '4

---

30) 『蔡中郞集』 卷10, 「明堂月令論」: 取其四面周水圜如璧, 則曰辟廱.
31) 『大戴禮記』, 「明堂」: 外水曰辟雍.
32) 『文獻通考』 卷73, 「郊社考6/明堂」: 外水曰辟雍. 韓詩說, 辟圜如璧, 雍以水. 不言圜·言辟者, 取辟有德. 不言辟水·言雍, 雍和也.

면으로 흐르는 물이 마치 벽옥璧玉과 같다.'라고 말한 것은, 그런 식으로 해서 관찰되는 모습을 요약[節]한 것이다. 제후국(의 학궁)을 반궁頖宮이라고 하는데, 반頖이란 '半(반)'을 뜻하며 그 의미 또한 앞의 (천자국의) 경우와 같다.33)

> ▌위와 같은 "하나라는 '교校'라고 하였고, 은나라는 '서序'라고 하였고, 주나라는 '상庠'이라고 하였다. [夏曰校(하왈교), 殷曰序(은왈서), 周曰庠(주왈상).] "라는 식의 표현은, 특히 하夏나라의 경우 채옹 당시에도 이미 1,500년 이상의 시차가 존재하고, 더구나 하 왕조 당시의 역사적 기록물이 존재하지 않는 상황에 비추어 보면, 단순히 구전된 이야기를 가지고 한 전개에 지나지 않는다. 그러나 고대 중국에서는 그와 같은 하·은·주 문화에 대한 등렬식 문장 형식이 특이한 일이 아니었다.34) ▌

이는 물길의 환포가 절반[半] 정도를 감싸고 있다는 제후국의 학궁인 반궁頖宮[泮宮]과 비교하여, 천자국의 벽옹이 물길 환포 둘레의 각도 규모가 제후국의 그것보다 좀 더 크다는 것을 강조한 것일 뿐, 그곳을 섬으로 본 것이 아님을 알 수 있다. 벽옥璧玉 모양의 벽옹辟雍에 대해 채옹이 말한 "관찰되는 모습을 요약한 것"이라는 표현은 전한 초기 『모시毛詩』에서의 논의를 따른 것이다.35)

한편, 위의 서술에서 반궁의 '반'은 '半(반)'을 말한다고 한 것은,

---

33) 『蔡中郎集(外集)』卷4, 「獨斷」: 三代學校之別名. 夏曰校, 殷曰序, 周曰庠. 天子曰辟雍, 謂流水四面如璧, 以節觀者. 諸侯曰頖宮, 頖, 言半也, 義亦如上.

34) "夏后氏世室, … 殷人重屋, … 周人明堂."(「冬官考工記」, 『蔡中郎集』); "夏后氏五十而貢, 殷人七十而助, 周人百畝而徹."(『孟子』); "夏后氏以松, 殷人以柏, 周人以栗."(『論語』)

35) 『毛詩』, 「大雅/文王之什」, <靈臺>: 於論鼓鐘, 於樂辟廱. [傳——水旋丘如璧, 曰辟廱, 以節觀者.]

그 주변 입지 환경의 특성을 표현하고자 한 것인데, 그에 대한 고찰은 다음 조목에서 이어가겠다.

3) 반궁의 기능과 입지 환경

앞에서 언급하였듯이 『시경』에서의 벽옹에 대한 묘사를 은·주 교체기 즈음 천자국의 문왕과 무왕을 노래한 시에서 찾아볼 수 있는 반면, 반궁泮宮은 주공의 장자 백금伯禽이 봉해 받은 노나라에 대한 시에서 확인할 수 있다. 반궁 역시 호경에 있었던 벽옹과 같이 학궁의 기능은 물론 군주의 통치 의례와 연향 의례의 전당으로서의 기능을 한 곳이다.

(1) 반궁 - 통치 의례의 전당, 연향 의례의 전당

아래는 단옥재段玉裁(1735~1815)의 반궁泮宮을 설명한 글이다. 그가 비록 주나라 문물을 설명한 고대의 인물들과는 그 시기적으로 상당한 격차가 있긴 하지만, 그 문자훈고학자로서의 업적으로 보았을 때 그의 논설들은 중요한 자료가 되기에 충분하다.

> (『설문해자』의) "제후가 향사례鄕射禮를 거행하는 궁이다."
> 에서, '제후'자 앞에는 '반궁泮宮(은)'이라는 두 글자가 있어야
> 한다. '饗(향)'을 대서大徐(서현徐鉉, 916~991)는 '鄕(향)'이라고 주
> 석하였는데, 여기에서는 그의 아우 소서小徐(서개徐鍇, 920~974)
> 의 주석36)에 의거하였다.37) 饗(향)이란 향음주鄕飮酒의 의례이

---

36) 徐鍇(南唐),『說文繫傳』(卷21).
37) 『설문해자』에서의 "諸侯'鄕'射之宮"을, 단옥재의 주에는 "諸侯'饗'射之宮"으로, '향'자
　　를 바꾸어 표현하고 있다.

다. 『시경』(「대아」의) <행위行葦>와 (「송송」의) <반수泮水> 시
모두 제후의 향음주 의례를 노래하고 있다. … '옹雝(옹)'자에 대
한 『설문해자』의 전자篆字[小篆體] 글씨 서체의 다음에, "천자는
벽옹辟雝에서 향음鄉飲 의례를 한다."라고 한 것 역시 향음주鄉
飲酒 의례를 말한 것이다. 사射[활쏘기] 의례를 말하지 않은 것
은, 향饗 의례를 말함으로써 사射 의례와 연관시킨 것이다. (정
현의) 『박오경이의駁五經異義』「영대靈臺」 편에서는 다음과 같이
(한영韓嬰의) 『한시설韓詩說』을 인용하였다. "벽옹은 (…) 천하
사람들을 교화시켜 주는 곳이니, 봄에는 사射 의례를 하고 가
을에는 향饗 의례를 하여 3로를 높이고 5경을 섬긴다." 「노송
魯頌」(의 <반수泮水> 시)에서 "思樂泮水(사락반수)"라 하고, 또
"旣作泮宮(기작반궁)"이라 한 것에 대해, 『모전毛傳』에서는 다음
과 같이 설명하였다. "반수泮水는 반궁泮宮의 강물이다. 천자는
벽옹辟雝이고, 제후는 반궁이다." … 허신의 (『설문해자』) 글에
는 '頖(반)'자가 없는데, 대개의 예가禮家들이 頖(반)자를 제자制
字하여 썼지만 허신은 (그것을) 채용하지 않았다. 『소대례기』
[『예기』]에서 '頖宮(반궁)'을 (「왕제王制」·「예기禮器」·「명당위明
堂位」 등의 세 편에서)[38] 세 번 언급하였다.[39]

  노나라의 반궁泮宮이 제후의 통치 장소라고 하는 직접적인 설명
은 없지만, 적어도 제후가 친히 거행하는 향음례 등 특정 의례의
이행 장소임을 알 수 있으며, 이 역시 제후의 통치 행위와 직간접
적으로 관련된 곳이 된다.

---

[38] 『禮記』,「王制」: 天子曰辟雝, 諸侯曰頖宮.;「禮器」: 故魯人將有事於上帝, 必先有事於頖
宮. 晉人將有事於河, 必先有事於惡池. 齊人將有事於泰山, 必先有事於配林.;「明堂位」:
米廩, 有虞氏之庠也. 序. 夏后氏之序也. 瞽宗, 殷學也. 頖宮, 周學也.
[39] 『說文解字 注』,「泮 注解」: (泮) 諸侯饗射之宮, 諸侯上當有泮宮二字. 饗, 大徐作鄉, 今依
小徐. 饗者, 謂鄉飲酒也. 詩行葦泮水, 皆言諸侯鄉飲酒之禮. … 雝篆下曰, "天子饗飮辟
雝." 亦謂鄉飲酒. 不言射者, 言饗以關射. 『五經異義』引"韓詩說", "辟雝, (…)所以教天下,
春射秋饗, 尊事三老五更." 「魯頌」曰, "思樂泮水." 又曰, "旣作泮宮." 毛曰, "泮水, 泮宮
之水也. 天子辟雝, 諸侯泮宮." … 許書無頖字, 蓋禮家制頖字, 許不取也. 小戴三云頖宮.

『시경』의 <문왕유성文王有聲>에서 노래한 호경에서의 '동서남북 사방의 천하 사람들의 귀복'이라는 표현과 다르게, 노나라라는 제후국에 속한 반궁은 '그 주변 남동 지역 오랑캐들의 복속' 정도로 표현되고 있다. 아래 『시경』 「노송魯頌」 편의 <반수泮水> 시에서는, 전장에서 돌아온 장수들의 공로를 치하하고 그와 관련된 존현尊賢 및 통치자로서의 의식을 거행하는 반궁의 기능들이 종합적으로 표현되고 있다.

　　즐겁구나, 반수泮水의 강가에서, 미나리[芹]를 캐고 있지.

　　노후魯侯가 맹렬히 이르셨네,
　　그 날아가는 용 문양의 붉은 깃발[旂]을 보고 있으니,
　　그 붉은 깃발들 여기저기서 펄럭이고,
　　난새[鸞] 모양 방울 소리, 딸랑 딸랑 딸랑 딸랑.
　　하급 병사든[小(兵)] 지위 높은 장군이든[大(將)] 할 것 없이,
　　아주 먼 곳에서부터 임금님을 따라 나아갔다네.
　　… …

　　노후가 맹렬히 이르셨네,
　　그 말의 높은 발돋움이 힘차구나.
　　… …

　　노후가 맹렬히 이르셨네,
　　반궁泮宮[泮]40)에 계시면서 음주飮酒의 의식을 베푸시네.
　　이윽고 맛좋은 술 마시면서,
　　고달팠던 행로에 (노련하고 지혜로운) 노신老臣들에게 길이 은혜를 베푸시네.

---

40) 『說文解字』, 卷12, 「水部」: 泮, 諸侯鄉射之宮.

저기 기니긴 길을 순행하여,
여기 수많은 무리의 추악한 포로들[醜]을 꿇어앉혔네.
··· ···

밝디 밝은 노후께서, 그 (군주다운) 덕을 밝게 펴셨네.
이전에 반궁泮宮을 지어 놓았더니,
회이淮夷 지역의 오랑캐들이 복종해 오는 곳이 되네.
(범처럼) 용맹한 호신虎臣들은,
반궁에서 (적장의) 머리[馘]를 진헌하네.
옥사獄事를 잘 다루었던 고요皐陶처럼 심판을 잘 보는 현능
한 신하들은,
반궁에서 (전장의) 죄수들[囚, 포로]을 진헌하네.

가지런히 정렬한 수많은 하급 장수[士]들,
(군인다운) 덕德의 마음 능히 넓힐 수 있었네.
씩씩한 위용이었지 정벌 길에서,
동남 지역의 저 오랑캐들에게.

꽉 들어찬 거대한 대열,
소란스럽게 떠들지도, 자화자찬의 양명揚名도 하지 않네.
시끄럽게 다투는 송사로 하소연하지도 않고,
반궁에서 (자신들의) 공로를 진헌하여 바치네.41)

❚ 위 시에 대한 해석은 필자가 여러 주석들을
참고하여 직역을 기반으로 구성하였다.
'茷(발)'자를 예로 들 경우, 모형毛亨은 '茷茷(패
패·발발)'을 '법도를 지니고 있음을 말한 것'이라

---

41) 『詩』, 「魯頌」, <泮水>: 思樂泮水, 薄采其芹. 魯侯戾止, 言觀其旂, 其旂茷茷, 鸞聲噦噦. 無
小無大, 從公于邁. ··· 魯侯戾止, 其馬蹻蹻. ··· 魯侯戾止, 在泮飲酒. 既飲旨酒, 永錫難老.
順彼長道, 屈此群醜. ··· 明明魯侯, 克明其德. 既作泮宮, 淮夷攸服. 矯矯虎臣, 在泮獻馘.
淑問如皐陶, 在泮獻囚. 濟濟多士, 克廣德心. 桓桓于征, 狄彼東南. 烝烝皇皇, 不吳不揚.
不告于訩, 在泮獻功.

하였고(『모시주소毛詩注疏』 권29), 소철은 그것을 '비앙飛揚'으로 해석하였다.(『시집전詩集傳』 권19) 한편 단옥재는 다음과 같이 말하였다. "〈반수泮水〉에서의 그 비룡의 붉은 기가 '筏筏(발발)'한다고 함은, 즉 「소아」〈출거出車〉에서의 송골매 문양의 붉은 깃발[旟(여)]과 거북 뱀 문양의 검정색 깃발[旐(조)]들이 '旆旆(패패)'한다고 하는 것과, 〈채숙采菽〉에서의 그 날아가는 용 문양의 붉은 깃발이 '淠淠(패패)'한다고 하는 것과 같다. 그러므로 〈소변小弁〉에서의 '萑葦淠淠(환위패패)' 역시 당연히 '萑葦筏筏(환위패패·환위발발)'이라고 말할 수 있게 된다. 원래는 풀과 잎이 무성함을 말한 것이지만, 그것을 인신引伸하여 (수많은) 정기旌旗[깃발]들을 형상화한 것이다."(『설문해자 주』, 「筏(패) 주해」)

　이와 같이 하나의 글에 대한 여러 해석이 존재하고 있기 때문에, 본 논의에서는 시의 전체적인 흐름과 직역을 중심으로 해석하였다. ▌

　위의 시에서 반궁은, 마치 군주가 음주飲酒 의례를 즐기는 곳, 그곳을 짓고 나니 회이淮夷의 오랑캐들이 복종해 오는 곳, 적장의 머리를 베어 바치고 포로들을 바치는 곳, 전장을 함께 다녀온 장병들이 자신들의 공훈을 서로 떠벌리거나 선양하려 하지 않은 채 군주에게 훈공을 바치는 장소 등으로 묘사되고 있다. 바로 그것은, 반수泮水 가에 있다는 그 반궁이 군주의 연향 및 통치 의례가 이루어지는 특정한 장소임을 나타내 주고 있는 것이다. 아울러 그 시가 「노송魯頌」 편으로 편집되어 있는 것은, 반궁이 노나라에 소재한 특정 장소임을 말해 주는 것이기도 하다.

▌『예기』「왕제王制」편에서부터 시작된 "제후들의 경우는 반궁이라고 한다. 〔諸侯曰頖宮(제후왈반궁)〕"의 언급은, 『채중랑집』「독단獨斷」편에서와 『사기』「봉선서封禪書」및 『한서』「교사지郊祀志」에서도 그대로 기록하고 있다. 이는 마치 반궁이 대부분의 제후국들과 관련된 것처럼 보이게 한다. 그러나 반궁이 있는 곳을 노나라로 한정해서 정리하고 있는 기록 또한 존재하는데, 아래는 『예기』「예기禮器」편의 글이다.

"노나라 사람(魯 제후)이 상제에게 장차 제사 의례의 일이 있으려고 할 경우에는, 반드시 '반궁頖宮'에서 우선적으로 제사 의례의 일이 있게 한다. 진나라 사람(晉 제후)이 황하에서 장차 제사 의례의 일이 있으려고 할 경우에는, 반드시 '악지惡池'에서 우선적으로 제사 의례의 일이 있게 한다. 제나라 사람(齊 제후)이 태산에서 장차 제사 의례의 일이 있으려고 할 경우에는, 반드시 '배림配林'에서 우선적으로 제사 의례의 일이 있게 한다."42) ▌

(2) 반궁 - 존현·교화의 전당

지금까지의 논의에서는 반궁이 학궁學宮으로서의 단서를 전혀 찾아볼 수 없는데, 아래의 글에서는 그곳이 천자국의 벽옹과 대비된 제후국의 태학太學으로 서술되고 있다.

① 『사기』: 천자의 경우는 명당과 벽옹이라 하고, 제후들의 경우는 반궁이라 한다.43)

② 『설원』: 완성된 사람은 덕을 지니게 되고, 일반 학생들은 성취 과정이 있게 되는 것, (그것이) 태학大學의 교육이다. …

---

42) 『禮記』「禮器」: 魯人將有事於上帝, 必先有事於頖宮. 晉人將有事於河, 必先有事於惡池. 齊人將有事於泰山, 必先有事於配林.

43) 『史記』, 「封禪書」: 天子曰明堂·辟雍, 諸侯曰泮宮.

그러므로 "(천자국)의 벽옹에는 소인昭人을 두고, (제후국의) 반궁에는 현인賢人을 둔다."라고 하는 것이다.44)

군주가 국인들의 교육에 힘쓰고 현자를 높이는 정신을 잘 보여주고 있다.

(3) 반궁의 입지 환경

노나라 반궁의 주변 환경은 호경의 벽옹 입지 환경과 유사한 모습으로 묘사되고 있다. 아래는 허신許愼(58(?)~149(?))이 『설문해자』에 수록한 '반泮'에 대한 설명이다.

> 반泮은 제후가 향사례鄕射禮를 거행하는 궁이다. 서남쪽은 물길로 되어 있고, 동북쪽은 담장 같은 경계로 되어 있다. (조자造字의 측면에서) '水(수)'와 '半(반)'이 모두 주요 글자들이 되며 '半(반)'은 성음聲音의 역할도 된다.45)

주나라의 벽옹과 같이 노나라의 반궁 역시 물길의 환포 등의 입지 여건을 고려해 조성된 곳임을 알 수 있으며, 그것에 더해서 배산임수背山臨水 지역임을 논하고 있는 것이 독특하다. 이는 앞의 조목에서 논했던 『백호통의』「벽옹」편 명당의 소재에 대한 묘사였던 "在國之陽(재국지양)"과 흡사한 것이다.

❙ "在國之陽(재국지양)"에서의 '陽(양)'자는 볕이 잘 드는 양지의 땅으로서, 강물의 북쪽과 산·구릉의 남쪽,

---

44) 『說苑』, 「建本」: 成人有德・小子有造, 大學之敎也. … 故曰, 有昭辟雍, 有賢泮宮.
45) 『說文解字』, 卷12, 「水部」: 泮, 諸侯鄕射之宮. 西南爲水, 東北爲牆. 从水从半, 半亦聲. ※ 허신의 이 글에 대한 단옥재의 주는, 바로 앞에서 반궁이 제후의 통치 행위와 직간접적으로 관련된 곳임을 설명하면서 논하였다.

그 사이의 안온한 지역을 일컫는 것이다. 조선왕조가
수도로 삼았던 한양을 예로 들 경우, '漢(한)이라는 이름
의 강'[漢江]의 북쪽에 있으면서 산[북한산]의 남쪽에 위
치하기 때문에 '漢陽(한양)'이라는 이름이 형성된 것이
다. 따라서 "在國之陽(재국지양)"은 "국도에서의 (조선의
漢陽(한양)과 같은) 陽(양)이 되는 위치에 자리 잡음"의
뜻이 된다. ▌

주나라 당시 중국의 동서 양쪽으로 치우쳐 있었던 반궁과 벽옹
두 지점의 거리상 여건에도 불구하고, 문왕文王의 아들이자 무왕武
王의 아우로서 풍경豊京 및 호경鎬京에서 은·주 교체기를 함께 활
동했을 주공의 경험적 토대 및 그가 무왕 사후 약 7년간 종주宗周
[풍경과 호경]에서 섭정을 해 온 것을 가지고 본다면, 두 지역의 입지
환경적 유사성은 결코 우연이 아닐 것이다.

모형毛亨·모장毛萇 두 사람이 『시경』에 전傳을 붙인 『모전毛傳』에
주석서[鄭'箋']를 썼던 정현鄭玄은, 벽옹과 반궁의 모습에 대해 그들
과는 다른 관점을 보이고 있다. 우선 모형 등의 논의는 아래와 같다.

> 반수泮水는 반궁泮宮의 강물이다.[46]

> 강물이 구릉에서 선회하는 것이 마치 벽옥璧玉과 같다고 해
> 서 '벽옹辟雝'이라고 부르는데, (그 말은) 관찰되는 모습을 요
> 약한 것이다.[47]

반면, 모형 등의 논의와 대비되는 정현의 관점은 아래의 글에
잘 나타난다.

---

46) 『毛詩』, 「魯頌」, <泮水>: 思樂泮水, 薄采其芹. [傳——泮水, 泮宮之水也.]
47) 『毛詩』, 「大雅/文王之什」, <靈臺>: 於論鼓鐘, 於樂辟雝. [傳——水旋丘如璧, 曰辟雝, 以
   節觀者.] ※ 벽옹에 대한 『모전毛傳』에서의 관점은 앞에서도 언급하였듯 채옹의 논의에
   서도 찾을 수 있다.

벽옹辟廱이란 것은, 옹廱 강물의 바깥쪽에 흙을 쌓아 (그) 원형의 모습이 마치 벽옥璧玉과 같아서, 사방을 돌아보며 관찰할 경우 (사방으로 쌓은 흙무더기가) 고른 모양이 되는 것이다. (반수泮水의) 반泮은 절반[半]을 표현한 것이다. 절반의 물길[半水]이란 것은, 대개 동쪽과 서쪽은 문門이어서 남쪽으로는 물(의미 상 배수도의 물)을 통하게 하고 북쪽으로는 아무것도 없기 때문이다. 천자와 제후의 궁은 (그와 같이) 제도가 달라서, 그 때문에 형태들이 그렇게 된 것이다.[48]

'벽옹辟廱'이란 이름이 생기게 된 이유에 대해, 한쪽에서는 구릉과 함께 선회하는 강물 주변이라는 자연발생적 형태로 설명한 반면, 다른 쪽에서는 둥글게 도는 강물과 그 외부 쪽에 쌓아 올린 인위적인 축대를 들어 설명하고 있다. '반수泮水'에 대해서도, 한쪽은 반궁泮宮을 감싸 도는 강물이라는 주변 대자연을 바라보는 관점에서의 입장이고, 다른 쪽에서는 어떠한 건물의 좌우로 대문을 낸 형식과 그 남쪽으로 통하게 한 배수 시설로 반궁泮宮의 '반수半水'가 된 이유에 대해 설명하고 있다. 이는 약 400년이라는 시차를 두고[49] 벽옹과 반궁의 환경에 대한 이해가 서로 달랐음을 말해주는 것이다.

▎고대의 문물제도에 관한 여러 전적들에서의 서로 다른 시각들이 있어 왔고, 뿐만 아니라 위의 모형·정현 등의 『모시주소毛詩注疏』나 또 『예기』와 같이 동일한 전적 내에서 조차 다양한 시각들이 공존하기도 한다.

---

48) 『毛詩注疏』 卷29, 「魯頌」, <泮水>: 思樂泮水, 薄采其芹. [箋云――辟廱者, 築土雝水之外, 圓如璧, 四方來觀者, 均也. 泮之言半也. 半水者, 蓋東西門, 以南通水北無也. 天子諸侯宮, 異制故形然.]

49) 정현鄭玄의 생몰 연대는 127~200년이며, 대모공大毛公인 모형毛亨의 경우 그 생몰 연대를 알 수 없지만 순자荀子에게 시詩[『詩經』]를 배웠다고 전해진다.

그리고 바로 그 때문에 역대의 후학들에게 의혹스러움
과 당혹감을 떨칠 수 없게 하였다.

주대周代의 종묘제도 등 그 의례 제도에 관한 논의를
진행하는 과정에서, 필자 역시 처음에는 다기망양多岐亡
羊의 혼란을 피해갈 수 없었다. 따라서 고대의 갖가지
논의들의 진위 여부에 대한 다각적인 고찰의 노력과 그
시대적인 고증은 물론, 출토 자료들과의 고고학적·사
상사적 비교 연구 등은 아주 중요하다 할 수 있다. 그럼
에도 불구하고 아직까지 한정된 자료에 의존할 수밖에
없는 것이 선진시대의 예학禮學 분야 연구의 한계이며,
따라서 빈약한 현존 자료들을 바탕으로 한 사실적인 추
리와 상상이 일정부분 요구되기도 한다. ▌

2. 풍수지리 초기 이론서에서 명당과 혈

본 절에서는 풍수학의 초기 이론에서 보이는 길지吉地로서의 명
당明堂과 혈穴에 관해 서술하고, 아울러 위에서 논하였던 주대周代
의 명당·벽옹·반궁과 그것과의 관련성에 대해 궁구할 것이다.
그에 앞서 우선 음택 풍수陰宅風水를 낳은 묘장墓葬 문화가 발달한
시기와 그 계기를 살펴보고, 이어서 감여堪輿 및 풍수 명칭의 형성
배경을 논할 것이다.

1) 묘장 의례와 음택풍수

풍수는 음택陰宅과 양택陽宅으로 구분되어 발전하였다고 하는
데,[50] 그렇다면 그중에서 어떤 것이 시원이 될까? 서한西漢 초까지

만 해도 망자의 매장 장소는 궁묘宮廟의 그것보다 중요하게 인식되지 않은 듯하다. 회남왕淮南王 유안劉安(B.C. 179~B.C. 122)은 『회남자淮南子』에서 매장 장소 및 망자를 위한 의례에 대한 당시의 일반적인 인식을 보여주고 있다.

> 만승萬乘의 군주[天子]가 죽으면 그 몸을 광야廣野에 매장한다. 명당 위에서 그 인귀人鬼의 신에게 제사를 지내는 것은, 그 신이 (시신이라는) 형체보다 중요하기 때문이다. 그러므로 신주神主가 만들어지면 형체는 (신주에) 종속된다. (시신의) 형체가 더 중요하다고 여기게 되면, (인귀의) 신은 안거할 곳이 없게 된다.[51]

이러한 특성은 고고 자료에 대한 연구에서도 드러난다.[52] 동시에 선진시기 군주의 정전이었던 종묘에서의 선조 제례에 대한 서술을 많은 곳에서 볼 수 있는 반면, 당시 묘지墓地에서의 의례가 (종)묘에서의 그것에 비해 그리 많지 않은 것 또한 그러한 인식을 방증한다. 따라서 적어도 전한 초 이전의 매장 의례와 상례·제례 문화 속에서는 상지설相地說에 입각한 장풍藏風·득수得水의 풍수 이론이 음택에 적용될 수 있는 여지가 형성되지 않았음을 알 수 있다. 아래의 글은 묘소墓所에서 이행하는 제사 의례의 시원을 엿볼 수 있는데, 그것은 한나라 때로부터 시작된 것이라고 한다.

---

50) 천인호, 「일본 고도 평안경(교토)의 풍수 사신: 평가와 문제제기」, 동아시아문화연구소, 『동아시아문화연구』 64, 2016, 238쪽 참조.

51) 『淮南子』, 「詮言訓」: 萬乘之主卒, 葬其骸於廣野之中. 祀其鬼神於明堂之上, 神貴於形也. 故神制則形從. 形勝則神窮.

52) 先秦時代 및 漢代의 墓葬文化에 대한 문헌적·고고학적 연구는, 劉毅, 『中國古代陵墓』, 南開大學出版社(天津), 2010 참고.

사마광司馬光이 지은 문언박文彦博의 선친 사당[廟] 비문碑文 기록에 다음의 글이 있다. "선왕의 제도에서, 천자로부터 백관들에 이르기까지 모두 묘묘廟를 소유하고 있었다. 군자가 궁실을 영건하려 할 때에는 종묘를 먼저 짓고 나서 (가솔들과) 거처하는 내실은 나중에 지었다. 진秦나라 때에 이르러 성인을 비방하고 비웃으며 예전을 모두 없애버렸고, 군주를 높이고 신하를 낮추는 일에 힘써 왔다. 이에 천자 외에는 감히 종묘를 영건한 자가 없었다. 한나라 치세의 고관대작들은 대부분 무덤이 있는 곳에 사당을 지었는데, 도읍 안에서는 그러한 일이 드물었다."53)

▌사당[廟]: 사마광司馬光(1019~1086)이 살았던 시대의 '묘묘廟'는 '사당祠堂'을 뜻하는 것이다.▐

▌(선왕의 제도에서의) 묘묘廟: 지금까지 이 책에서 논하였듯이, 정치적·외교적·종교적인 수많은 군주 의례가 진행되었던 주나라 때의 묘묘廟는, 정전이나 조정과 같은 군주의 통치 장소였다. 초대 군주가 사용했었던 묘를 태묘太廟라고 하고, 대대로 종의 자격으로 위에 오른 군주가 종의 자격으로 선군들에 대한 제례를 이행하는 장소라는 의미에서 그의 묘를 종묘宗廟라고 일컬었다. 태묘의 경우는, 초대 군주에 대한 제례는 물론 큰 전쟁과 정령의 반포 등과 같은 전 국가적 중대사에 관련된 의례를 이행하는 상징적인 장소로서 활용되었고, 오랫동안 철거[毁]하지 않고 보존하기도 하였다. 한편 후대에 건축물로서의 종묘 제도라고 알려진 소·목昭穆 제도는, 적어도 주대에는, 그것이

---

53) 『文獻通考』 卷104, 「宗廟考」 14, <諸侯宗廟>: 司馬溫公作, 文潞公先廟碑記曰, "先王之制, 自天子至於官師, 皆有廟. 君子將營宮室, 宗廟爲先, 居室爲後. 及秦非笑聖人, 蕩滅典禮, 務尊君卑臣. 於是天子之外, 無敢營宗廟者. 漢世公卿·貴人, 多建祠堂於墓所, 在都邑則鮮焉. …"

군주 족친들 간의 이진법적 촌수 개념으로 쓰인
것이었다. 주대周代의 소·목昭穆 제도에 대해서
는, 제2장의 3절(소·목의 정렬 및 계층별 소유
묘수 규정과 실제)과, 제3장의 3절(선군 묘의 명
칭 및 소유 대수의 규정과 실제)에서 확인할 수
있다. ▌

이처럼 원래 군주에게는 정전이나 조정 그리고 관료들에게는
사랑채 대청 정도에 해당했던 '(종)묘'에서 진행하던 선조 제례를,
진·한대 이후 거처와 멀리 떨어진 무덤 있는 곳에서 이행하게 된
것이, 묘장墓葬의 풍수적 입지를 중시하기 시작한 계기가 된 것으
로 보인다.

▌이렇듯 제례를 무덤 있는 곳에서 진행하게 됨으로
써, (시신이라는) 형체가 (인귀人鬼의) 신神보다 중요하거
나 혹은 적어도 그 두 가지가 동일한 중요성을 갖는다
는 인식이 형성된 것으로 보인다. ▌

2) 감여와 풍수 명칭의 시원

풍수風水는 '감여堪輿'라고도 표현하는데, 감여의 정확한 의미는
무엇일까? 또 그러한 용어를 언제부터 사용한 것일까? 안사고顏師古
(581~645)는 『한서』「양웅전揚雄傳」에 대한 설명에서 감여를 언급
하고 있다. 옛날에는 감여의 의미에 대해 '천지' 혹은 '신명神名' 등
한 가지 이상의 관점이 존재하였으며, 안사고 본인은 '천지'라는
견해에 동의하고 있음을 논하고 있다. 허신 역시 『회남자淮南子 주
注』에서 감堪과 여輿를 천도天道와 지도地道로 인식하였다고 한다.[54]
감여라는 말이 최초로 나타난 기록은 『회남자』이다. 아래는 감여

에 대해 언급하고 있는 「천문훈天文訓」의 기록이다.

　　북두北斗의 신은 자雌와 웅雄이 있다. (동짓달인 음력) 11월
에 '자子'(의 별자리)에서 (월명月名을) 세우는 것을 시작으로
해서, 달마다 하나의 (별)자리[辰(신): 하늘 구간]씩[55] 따라 이동한
다. (자子에서부터) 웅雄은 (시계 방향으로) 좌행左行하고, 자雌
는 (반시계 방향으로) 우행右行한다.

　　(하지 달인) 5월이 되면 '오午'에서 (자웅雌雄이) 한 자리에
모이게 되어 형벌[刑]을 (베풀 것을) 모의하고, 11월이 되면 자
子에서 (자웅이) 한 자리에 모이게 되어 은덕[德]을 (베풀 것을)
모의한다.

　　태음太陰[달]이 거하는 (별)자리[辰]를 '염일厭日'이라고 하는
데, 염일에는 어떠한 일도 거행해서는 안 된다.

　　감여堪輿가 천천히 운행하여 감에, 웅雄은 그 소리를 가지고
자雌를 알아보니, 그러므로 '기숙寄宿하는 (별)자리[奇辰]'라고
이른다.[56]

▌▌

〈辰(신・진)의 여러 가지 의미〉

1. 수성水星의 다른 이름이다.

2. 북신北辰 즉 북극성을 뜻하기도 한다.

3. 12지十二支 가운데 다섯 번째로써, 진년 진월

---

54) 『漢書』 卷87上, 「揚雄傳 上」 第57上: 屬堪輿以壁壘兮, 梢夔魖而抶獝狂. [(注) 張晏曰,
"堪輿, 天地總名也." 孟康曰, "堪輿, 神名." … 師古曰, "堪輿張說, 是也." … 許愼云, "堪
天道也, 輿地道也."];『說文解字 注』, 「堪 注解」: 淮南書曰, "堪輿行雄以起雌." 許注曰,
"堪天道・輿地道也." ※ 허신許愼의 『회남자淮南子 주注』는 이미 유실되어 전해지지 않
는다.
55) 辰(신): 특정의 별이나 성좌星座를 일컫는 것이 아니라, 천구天球상의 일정한 구간을 말함.
56) 『淮南子』, 「天文訓」: 北斗之神有雌雄. 十一月始建於子, 月從一辰. 雄左行, 雌右行. 五月
合午謀刑, 十一月合子謀德. 太陰所居辰爲厭日, 厭日不可以擧百事. 堪輿徐行, 雄以音知
雌, 故爲'奇辰'.

진일 진시 등으로 표현되는데, 이렇듯 이때는 '진'으로 발음한다.

4. 별자리[辰(신)]를 말하는데, 여기서의 별자리는 특정의 별이나 성좌星座를 일컫는 것이 아니다. 천구天球상의 적도대 (내지 황도대) 360°에서 1/12인 각 30° 구간으로, 일정한 구역을 말한다. 각각의 구간을 합치면 열두 개의 구역이 되는데, 그것들에 12지支의 명칭을 부여해서 열두 개의 (별)자리로 표현한 것을 12지신支辰이라고 한다.

태양이 이 각각의 30도 구간에 있을 때마다 각각의 달[month]의 명칭이 설정된다. 예를 들면, 천구상에서 태양의 위치가 동지점을 중심으로 좌우 15도씩 30도 구간에 있으면 그 달은 자월子月이라고 한다. 그 뒤로 바로 이어서 30도 구간에 있으면 축월丑月이라고 한다. 다시 춘분점을 중심으로 좌우 15도씩 30도 구간에 있으면, 그 달은 묘월卯月이라고 한다. 12지로 표현되는 달의 명칭은 이러한 역법曆法적인 체계로 설정된다.

ㅣㅣ

감여란, 수레를 '견디는 바닥[堪]'과 그 '수레[輿]' 등 서로 대응하는 두 가지를 가지고, 천구 상의 자雌와 웅雄이 서로 반대 방향으로 나아가는 것을 비유한 것이다. 다시 말해, 수레가 앞으로 나아가면 수레바퀴가 닿았던 바닥은 뒤쪽으로 밀려나서 바퀴와 바닥이 서로 반대 방향을 향해 전진과 후진을 하고 있는 것을 상정한 것이다.

이상의 내용을 본다면, 최초의 감여에 대한 기록은 천문天文에 대한 설명을 비유하기 위해 설정한 것이고, 실상 오늘날의 풍수 이론과는 직접적인 관련이 없는 것이다. 아래는 『사기』 「일자열전日

者列傳」에 기록된 여러 술수가들에 대한 간략한 언급이다. 거기에 감여가堪輿家가 포함되어 있다.

제가 낭관郎官이었을 무렵 태복太卜과 대조待詔와 함께 낭관 일을 하면서 같이 업무를 보았었습니다. 그때 그들이 다음과 같은 말을 하였습니다.
"무제 때의 일인데, 점가占家들을 불러 모아 놓고 질문하기를 '모일某日에 아내[婦]를 들여도 되겠습니까?'라고 물었더니, 오행가五行家들은 된다고 하고, 감여가堪輿家들은 안 된다고 하고, 건제가建除家들은 불길하다고 하고, 총진가叢辰家들은 크게 흉하다 하고, 역가歷家들은 조금 흉하다 하고, 천인가天人家들은 조금 길하다고 하고, 태일가太一家들은 크게 길하다고 하였다네.
각 전문가들[家]의 쟁론으로 결론을 내리지 못하는 상황에 대해 어찌할지를 (황제께) 물었더니, 다음과 같이 규정하여 말씀하셨지. '모든 죽거나 꺼린다는 말들은 피하고, 오행가를 위주로 하거라!'"57)

이 글에서 한무제 당시 이미 여타의 술수가들과 같이 감여가堪輿家들의 활동 역시 활발하였음을 추정할 수 있지만, 가취嫁娶의 길일에 대한 질문으로 보아서 감여가가 풍수가風水家를 뜻하는 것인지 분명하지 않다. 오히려 이는 그것이 당시의 감여력堪輿曆과 같은 역법적曆法的 천문天文 술수와 관련되는 것일 뿐,58) 풍수와는 다른 차원의 것이었음을 시사해 준다.

---

57) 『史記』, 「日者列傳」: 臣爲郎時, 與太卜待詔爲郎者同署, 言曰, "孝武帝時, 聚會占家問之, '某日可取婦乎?' 五行家曰'可', 堪輿家曰'不可', 建除家曰'不吉', 叢辰家曰'大凶', 歷家曰 '小凶', 天人家曰'小吉', 太一家曰'大吉'. 辯訟不決, 以狀聞, 制曰, '避諸死忌, 以五行爲 主.'"
58) 『論衡』, 「譏日」: 堪輿曆, 曆上諸神非一.

▌한나라 때의 양택 풍수 이론 중에서는, 가문의 성姓이 궁宮·상商·각角·치徵·우羽의 소리 오행 중 어디에 속하느냐에 따른 대문의 방향을 정하는 이론이 존재하였다. 그에 관한 것은 왕충의 『논형』「힐술詰術」편에서 비교적 상세히 확인할 수 있다. 이러한 풍수의 '5성五姓' 이론은 적어도 당대唐代까지도 성행했던 것으로 보인다.59) ▌

그렇다면 풍수라는 용어의 시원은 언제 어디에서부터일까? 현존하는 가장 오래된[最古] 풍수 경전이라 하는 『청오경靑烏經』에는 '水(수)'자가 14차례 언급되고 있는데 반해 '風(풍)'자는 "氣乘'風'散(기승풍산), 脈遇水止(맥우수지)."에서와 "內氣萌生(내기맹생), 外氣成形(외기성형). 內外相乘(내외상승), '風水'自成(풍수자성)."에서의 단 두 차례뿐이다. 아울러 후자의 문장에서 '풍수風水'라는 단어를 쓰고 있음을 볼 수 있다. 풍風자와 수水자의 사용 비율에 있어서, 『청오경』의 뒤를 이은 『장서葬書』 역시 그것과 유사한 측면을 보이는데, 이는 두 전적들 모두 장풍藏風보다는 득수得水에 보다 더 치중한 이론서임을 말해 주는 것이다. 『장서』「내편」의 "풍수의 법칙에서 득수得水의 이론이 가장 중요하고, 장풍藏風은 그것 다음이다.[風水之法(풍수지법), 得水爲上(득수위상), 藏風次之(장풍차지).]"의 기록이 그것을 극명하게 보여주고 있다.

▌『청오경』의 저자와 저술 시기는 분명하게 알려져 있지는 않다. 대략 한대의 청오자靑烏子란 사람이 지었

59) 『舊唐書』 卷79, 「列傳」 第29, <祖孝孫·傅仁均·傅奕·李淳風·呂才>: 至於近代師巫, 更加五姓之說. 言五姓者, 謂宮商角徵羽等. 天下萬物, 悉配屬之, 行事吉凶, 依此爲法. … 諸陰陽書, 亦無此語, 直是野俗口傳, 竟無所出之處. 唯據堪輿經, 黃帝對於天老, 乃有五姓之言. 且黃帝之時, 不過姬姜, 數姓暨於後代. … 此則, 事不稽占, 義理乖僻者也.

다고 하지만, 그렇지 않다는 견해 역시 적지 않다.[60] 그러나 그와 같은 불명확성에도 불구하고, 그것은 현재까지도 풍수 연구가들에게 최고의 풍수 경전으로 추앙받고 있다. 따라서 이 책에서는 그것에 대한 일반적인 견해를 따르기로 한다.

이 책에서 참고한『청오경』원문은 사고전서 본의 도종의陶宗儀(元末·明初, 1329~1412(?))가 찬술한『설부說郛』「상지골경相地骨經(靑烏子)」편에 수록된 내용을 기준하였으며, 편의상 그것을『청오경靑烏經』이라고 명명한다.「상지골경」은『청오경』의 내용을 그대로 담은 것이다.[61] 도종의는「상지골경」원문 끝에 이어서, 청오자靑烏子가 지었다고 하는 이 글이 곽박郭璞(276~324)을 위시한 음택 풍수가들에 의해 풍수서의 으뜸으로 여겨지고 있지만 정작 그것은 한대漢代의 언어가 아닐 뿐더러 청오자를 가탁한 것이라 논하고 있다.[62] 이러한 그의 관점은 풍수설에 대한 원대元代 지식인들의 인식을 보여준다. 태정제泰定帝 2년(1325) 산동山東의 감찰 사무를 주관하던 허사경許師敬(1255(?)~1340)은 족장제族葬制에서 음양상지설陰陽相地說 적용 금지에 대한 반포를 강력히 주청하기도 하였다.[63] ▌

3)『청오경』·『금낭경』에서의 명당과 혈

조제후朝諸侯·포정布政 등 주나라 천자 의례가 이행된 명당과 벽

---

60) 장성규,「『청오경(靑烏經)』의 문헌적 연구」, 한국건축역사학회,『건축역사연구』18-2, 2009, 29쪽 참조.
61) 장성규, 위의 논문, 28쪽 참고.
62)『說郛』卷109上,「相地骨經(靑烏子)」: 近世相冢家, 必稱郭氏, 大抵多宗靑烏子. 靑烏子有相地骨一卷, 恐即是編耳. 但其語不類漢人, 豈託於靑烏子爲之.
63)『元史』卷29,「本紀/泰定帝」1: 二年 … 山東廉訪使許師敬, 請頒族葬制禁用陰陽相地邪說.;『新元史』卷90,「志(禮志)」第57: 泰定二年, 山東追廉訪使許師敬, 請頒族葬制, 禁用陰陽相地邪說. 時同知密州事揚仲益撰『周制國民族葬昭穆圖』, 師敬韙其言, 奏請頒行天下焉.

옹 및 제후의 반궁 등에 대한 묘사는 풍수지리 이론에서 주로 논하는 명당과 혈의 조건에 관한 설명과 유사한 측면을 보이고 있는데, 이는 마치 그 두 가지가 하나의 줄기에서 비롯된 것처럼 보이게 한다.

풍수지리 이론에서의 혈穴은 (특히 음택에서) 망자가 편히 쉴 수 있는 최선의 지점으로, 관곽棺槨을 묻는 곳으로 이해된다. 명당은 바로 그 혈 앞으로 넓게 펼쳐져 있는 공간으로, 하천의 물이 고여들면서 흘러갈 수 있을 만큼의 완만하고 평평한 터를 의미한다.[64] 이렇듯 풍수 이론에서의 혈과 명당은 길지吉地의 대명사로 쓰이는데, 그것의 존재가 가능하기 위해서는 먼 곳으로부터 이어지는 지맥地脈의 흐름이 아무런 손상 없이 이어져야 하는 것이다.[65] 『사기』 「몽염열전蒙恬列傳」에는 진秦나라에 큰 공을 세워 내사內史의 직책에 있던 몽염蒙恬 장군이 그의 아우와 함께 2세 황제 호해胡亥에게 억울한 형벌을 받았다는 기록이 있다. 그 일에 대해 그가 만리장성의 축성 과정에서 수많은 지맥地脈을 끊었기 때문에 그러한 화를 당한 것이라는 술수가의 평가가 이어진다. 그 구체적인 이야기는 다음과 같다.

> 진나라 2세 황제는 또한 사자를 양주陽周로 파견해서 몽염에게 다음과 같이 지시해 알렸다. "그대의 잘못이 많고 상경上卿인 (그대의) 아우 몽의蒙毅는 대죄를 지었으니 형법이 (그대) 내사內史에게 미쳤다." 몽염은 다음과 같이 말하였다. "저의 선대 분들로부터 자손들에 이르기까지 진나라 3대의 군주들에게 공훈과 믿음을 쌓아왔습니다…." … 몽염은 크게 탄식하며,

---

64) 楊筠松(唐), 『撼龍經』: 看明堂, 明堂裏面, 要不陽. 明堂裏面 停豬水.
65) 『靑烏經』: 山川融結, 峙流不絶.

"내가 하늘에 무슨 죄를 지었기에 잘못도 없이 죽어야 한단 말인가?"라고 하였다.

세월이 흘러 서徐씨가 (그 일에 대해) 다음과 같이 말하였다. "몽염의 잘못은 정말로 마땅히 죽어야 할 죄일 것이다. (감숙성甘肅省의) 임조臨洮 지역부터 시작해서 요동까지 죽 이어서 만여 리의 성참城塹을 축조하였는데, 거기서 그 중간 중간에 지맥을 끊지 않을 수 없었을까? 이것이 곧 몽염의 죄인 것이다." …

사마천은 (이 말에 대해) 다음과 같이 논평하였다. … "저 진나라가 당초에 제후들을 절멸시켜 천하 사람들의 마음이 미처 안정되지 못한데다가 전쟁터에서 입은 부상은 채 낫지도 못하였거늘, 몽염은 명장名將이 되어서도 그러한 시절을 강력하게 간언하지 못하고, 백성들의 다급한 상황을 떨쳐주지 못하고, 노인들을 봉양하지도, 고아들을 안존시키지도 못하고, 여러 사람들이 화락하도록 애써 주지도 못하고서, (폭군의) 뜻에 영합하여 (자신의) 공훈만을 일으켰다. 그러한 그 형제들이 주살誅殺의 죄를 당한 것이 또한 마땅한 일이 아니겠는가? 어찌 지맥의 허물을 탓하겠는가?"[66]

이 기록에서와 같은 길흉화복의 풍수적 관점에 대한 사마천의 비판은, 그러한 지리술수적 해석이 당시의 국가 주도 학계에서 쉽게 용인되지 못하였음을 보여주는 것이다. 또한 동시에, 몽염 형제의 죽음에 대한 풍수 이론적 평가를 했던 서徐씨라는 사람이 사마천이 『사기』에 수록했을 만큼 당시 그 분야에서 상당한 영향력이

---

[66] 『史記』,「蒙恬列傳」: 二世又遣使者之陽周, 令蒙恬曰, "君之過多矣, 而卿弟毅有大罪, 法及內史." 恬曰, "自吾先人, 及至子孫, 積功信於秦三世矣. …" … 蒙恬喟然太息曰, "我何罪於天, 無過而死乎." 良久, 徐曰, "恬罪固當死矣. 起臨洮屬之遼東, 城塹萬餘里, 此其中不能無絶地脈哉. 此乃恬之罪也." … 太史公曰, … "夫秦之初滅諸侯, 天下之心未定, 痍傷者未瘳, 而恬爲名將, 不以此時彊諫·振百姓之急·養老存孤·務修衆庶之和, 而阿意興功. 此其兄弟遇誅, 不亦宜乎. 何乃罪地脈哉.

있었던 인물이었음을 알려준다. 이렇듯 지맥을 끊게 되면 흉하다는 풍수지리적인 인식은 이미 한대 이전부터 존재했다고 볼 수 있다.

후한 때에 지어졌다는 『청오경』에는 '명당'이라는 언급을 전혀 찾아볼 수 없다. 다만 길지로서의 명당을 표현한 듯한 '대지大地'를 언급하고 있고, '공후公侯의 땅'·'재상宰相의 땅'이라는 기록을 볼 수 있을 뿐이다.[67] 『청오경』에서 직접적으로 명당이 언급되지 않았던 것은, 다음의 이유에서라고 추론할 수 있다. 『청오경』은 황제의 전유물이 아니라, 적어도 귀족들 내지 일반 관료들 더 나아가 글을 볼 줄 아는 식자 계층 정도가 접할 수 있었던 책이었다. 게다가 그것이 출현했던 한나라 때에는 '명당'이 여러 가지 상징성을 내포한 '최고통치자의 중요한 장소'로 인식되고 있었다. 한대漢代 황제들의 명당 건립은, 한무제 이후로도 왕망王莽의 신新나라 건국 직전인 평제平帝 4년에 안한공安漢公(王莽)의 상주에 의해 명당이 다시 세워졌고,[68] 후한後漢의 광무제光武帝 역시 새 도읍지에 명당을 다시 일으켰다.[69] 이렇듯 당시의 명당이 갖는 국가적인 위상에서 보면, 그것은 황제 이외의 사람들이 감히 사적인 용도로 거론할 수 있는 것이 아니었다.

아래는 『청오경』에 수록된 길지吉地를 설명하는 내용이다.

> 산줄기가 (돌아) 들어와서 물길이 (환포環抱하여) 선회하는 곳은, 귀한 신분을 아주 가까이 하게 되고 재물을 풍족히 하게 된다. (좌우로 꿈틀거리는) 산줄기가 없어져서 물길이 (머무름 없이 빠르게) 흘러나가 버리는 곳은, (왕후王侯라도) 사로잡힌

---

67) 『靑烏經』: 水流不行, 外狹內闊. '大地'平洋, 杳茫莫測. …… '公侯之地', 龍馬騰起, 面對玉圭, 小而首銳. … '宰相之地', 繡墩伊邇, 大水洋朝, 無極之貴.

68) 『漢書』, 「平帝紀」: 四年, … 安漢公奏立明堂·辟雍.

69) 『後漢書』, 「光武帝紀」: 中元元年 … 是歲, 初起明堂·靈臺·辟雍, 及北郊兆域.

왕과 옥에 갇힌 제후일 뿐이다. 산이 (급경사로 쭈뼛이 솟구치지 않고) 머리를 순하게 조아리는 듯한 모습을 해서 물길이 굽이굽이로 (완만히) 흐르는 곳은, 자손들의 번창이 천억 명에 이른다. 산이 (무정하게) 내달리듯 가버려서 물길이 수직으로 뻗어 흘러가 버리는 곳은, 남에게 얹혀살며 얻어먹는 신세가 된다.[70]

위의 길지에 대한 묘사를 정리한다면, 험하게 솟구치지 않은 완만한 구릉과 그 구릉의 맥을 따라 흐르는 물길이 굽이굽이 서서히 흘러 와서 길지를 중심으로 환포環抱하는 지대를 말하고 있다. 한편 그러한 지역은 주요 마을이나 도시의 입지 조건이 되기도 한다. 이는 앞에서 논했던 주대의 이른바 명당을 포함하고 있는 벽옹이나 반궁의 주변 환경에 대한 묘사와 흡사한 것이다.

▌풍수의 여러 이론들 중에서 가장 오래된 고전 이론 중 하나인 이 '물길의 환포環抱'는 오늘날에도 길지吉地의 중요한 요소로 적용된다. 교육여건·난방방식·건축연도 등등의 주택의 일반적 특성을 제외할 경우 물길의 환포, 즉 궁수弓水의 여부는 현재의 주택 가격에 적지 않은 영향을 미치는 중요한 변수가 된다고 한다.[71] 특히 이는 재물과의 관련성을 갖고 논의되는데, 고대의 이른바 '동서남북 사방의 수많은 나라에서 귀복歸服해 오는' 그러한 곳은, 그것을 현대인들이 추구하는 삶에 적용시킬 경우, 동서남북 사방으로부터 수많은 재물이 몰려드는 곳으로 비견된다. ▌

---

70) 『靑烏經』: 山來水廻, 逼貴豊財. 山止水流, 虜王囚侯. 山頓水曲, 子孫千億. 山走水直, 從人寄食.

71) 천인호, 「풍수의 물흐름에 따른 주택가격의 결정 ─ 한강의 궁수 및 반궁수 입지를 중심으로」, 서울연구원, 『서울도시연구』 10(1), 2009, 78~84쪽 참조.

『청오경』이 명당을 언급하고 있지 않은 반면 관곽棺槨을 묻을 수 있는 길한 지점으로서의 혈穴을 설명하는 부분은 여러 곳에서 볼 수 있다. 한 예로 다음과 같은 글이 있다.

> 생기가 모아지지 않는 혈穴은 골육을 썩게 한다. 생기가 미
> 치지 못하는 혈은 그 집 주인[망자의 후사]을 절멸絶滅시킨다. 물
> 이 차는 혈은 관곽을 뒤엎어 깨뜨린다. … 혈은 안정된 곳을
> 취해야 한다.72)

혈穴은, 원래 망자의 매장 지점뿐만 아니라 살아 있는 사람이 생활하는 방실房室의 뜻으로도 사용된 것이었으며, 오히려 후자의 의미가 먼저 있었던 것이다. 『시경』「대아」<면緜> 시에서 주거의 장소[房室]로서 혈을 표현한 예例를 찾아볼 수 있다.

> (주나라의) 하민下民들이 (번영의) 생장生長을 시작한 것은,
> 저沮·칠漆 강변의 땅에서부터였다네. 고공단보古公亶父, (혈거
> 穴居할) 복혈復穴[토굴]을 만드셨지, 아직까지 가실家室을 지니진
> 못하셨네. … 주원周原은 비옥하니 아름다운데, … 이에 우리
> 거북점을 쳐보았지. "머물러라!"·"이곳이다!"라고 하니, 이
> 자리에 축실築室한다네.73)

이는 주나라 문왕의 조부인 고공단보古公亶父가 주원周原에 궁실을 짓는 대토목 공사를 벌이기 이전 우선 복혈復穴[토굴]을 만들었

---

72) 『靑烏經』: 不蓄之穴, 是謂腐骨. 不及之穴, 主人絶滅. 騰漏之穴 翻棺敗槨. … 穴取安止.
73) 『毛詩注疏』卷23, 「大雅/文王之什」, <緜>: 民之初生, 自土沮漆. 古公亶父, 陶復陶穴, 未
有家室.[箋云──復者, 復於土上, 鑿地曰穴, 皆如陶然, 本其在廱時也.] … 周原膴膴, …
爰契我龜. [傳──周原, 沮漆之間也. 膴膴, 美也. … 契, 開也.] [箋云──膴膴然, 肥美.
此地將可居, … 於是, 契灼其龜而卜之. 卜之則又從矣.] 曰止曰時, 築室于茲. [箋云──
時, 是. 茲, 此也. 卜從則曰可止居. 於是, 可作室家於此, 定民心也.]

던 상황을 담고 있다. 이어지는 시의 내용에서는 사공司空과 사도司徒 등을 부려 실가室家를 세우게 하고 묘廟를 만드는 등, 점차적으로 국도의 면모를 갖추어 가는 모습이 묘사되고 있다.74) 이러한 이야 기는 적어도 일반 하민下民들의 주거는 당시까지도 혈거穴居 생활 이었음을 추정하게 해준다.

『주역』「계사전繫辭傳」의 글에도 혈거에 대한 설명을 볼 수 있다.

아주 옛날 옛적에는 굴[穴]을 파서 거주하였거나 들판에서 거주하였는데, 후대의 성인聖人이 그러한 주거문화를 변화시켜 서 궁실宮室을 쓰게 하였다.75)

아래의 『예기』「왕제王制」편에서는 혈거 생활에 대해 중화 밖의 문화권을 예로 들어 말하고 있다.

북방 지역의 오랑캐를 '적狄'이라고 하는데, 깃털과 짐승 털 로 상의를 덮어 입고, 굴[穴]을 파서 거주한다.76)

『예기』의 편집 당시인 전한前漢 말에 가면 혈거 생활이 문명 밖 의 야만을 의미하게 된 듯하다. 그러나 당시 일반 하민을 포함해서 천민들까지의 주거생활이 혈거를 벗어났는지는 적어도 이 글에서 는 알 수 없다.

다음은 혈穴의 매장 지점으로서의 표현의 예이다. 『시경』「왕풍 王風」 <대거大車> 시이다.

---

74) 『詩』, 「大雅/文王之什」, <緜>: … 迺疆迺理, 迺宣迺畝, … 乃召司空, 乃召司徒, 俾立室家. … 作廟翼翼. … 迺立皐門, … 迺立應門, … 迺立冢土, ….
75) 『周易』, 「繫辭 下」: 上古穴居而野處, 後世聖人易之以宮室.
76) 『禮記』, 「王制」: 北方曰狄, 衣羽毛穴居.

곡식 먹을 때는[生時] 실室을 따로 쓰고, 사망했을 때는 혈穴을 함께 쓴다네.77)

위의 시구에서는 주거지로서의 '실室'과 매장지로서의 '혈穴'을 대구로 사용하고 있다. 『예기』「월령」편의 주注·소疏에서 실과 혈의 구체적인 설명이 보인다. "季夏之月(계하지월), … 其祀中霤(기사중류). [계하의 달에는 중류中霤에서 제사[祀]를 올린다.]"에서의 '중류中霤'에 대해, 정현은 옛날에 '복혈複穴[토굴]'에서 생활했기 때문에 붙여진 이름이고 그곳이 바로 '(중中)실室'이라고 설명한다. 공영달孔穎達(唐)의 부가적인 설명에 의하면, 옛날의 토굴 생활은 평지에서는 땅을 뚫지 않고 지상에 흙을 쌓아 만들었기 때문에 '복複[復]'이라고 하고, 고지대에서의 경우는 바닥을 굴착해서 구덩이를 만들었기 때문에 '혈穴'이라고 한다는 것이다.78) 그렇게 만든 혈은 굴뚝 용도나 채광을 위해 천장 중앙에 창을 내었는데, 비가 오면 그곳에서 낙숫물[雨霤]이 흘렀기 때문에 류霤라는 명칭이 형성된 것이다.79)

따라서 혈과 (중)류와 (중)실은 모두 유사어로서, 고대에는 주거지점으로서의 혈의 의미를 생자生者와 사자死者 모두에게 사용하였음을 알 수 있다.

---

77) 『毛詩』,「王風」, <大車>: 穀則異室, 死則同穴. [傳──穀, 生.]
78) 『禮記注疏』卷16,「月令」: 季夏之月, … 其祀中霤. [注──中霤, 猶中室也. 土主中央, 而神在室, 古者複穴, 是以名室爲霤云.] [疏──複穴者, 謂窟居也. 古者窟居, 隨地而造, 若不地則不鑿, 但累土爲之, 謂之爲複, 言於地上重複爲之也. 若高地則鑿爲坎, 謂之爲穴. 其形皆如陶竈, 故詩云陶復陶穴, 是也.]
79) 『春秋公羊傳注疏』卷27,「哀公 6年」: 於是, 使力士舉巨囊, 而至于中霤.[注──巨囊大囊. 中央曰中霤.] [疏──庾蔚云, 複地上累土穴, 則穿地也. 複穴皆開其上取明, 故雨霤之. 是以, 因名中室爲中霤也.]

▮『청오경』에서 혈穴에 대한 풍수 이론적 정의를 따로 언급하지 않은 것은,[80] 위에서 논한 바와 같이, 그것이 당시에 통용되었던 상용어에 지나지 않았기 때문이었을 것이다. ▮

『청오경』 이후의 풍수서로서는 곽박郭璞(276~324)의 저서라고 알려진 『장서葬書』가 전해지고 있다. 『금낭경錦囊經』이라는 별칭으로 불리기도 하는데, 거기에는 매장지로서의 혈 터에 대한 보다 구체적인 묘사와 함께, 『청오경』에는 보이지 않던 명당이라는 표현이 등장하기 시작한다.

① 「내편」: 혈穴 앞에 이르면 둥근 봉우리들이 우뚝우뚝 호위하듯 하고, (완만한 지형이기 때문에 생기는) 여러 갈래의 물길이 빙 둘러 에워싼다. … … (길지를 중심으로) 사砂[구릉]와 (사 안쪽의) 물길이 갈고리처럼 둥그스름하게 끼어 돌고, … 처음부터 끝까지 유정有情하면서 (길지의) 법칙에 의거되어 있다면, 저절로 한 치의 오차도 없는 정확한 지점의 혈처를 선정[扦穴]할 수 있게 된다. … 물길이 잘 이어져 가듯 할 때에는 지맥地脈은 멈추지 않으며, 지맥이 멈추게 될 때에는 틀림없이 작은 '명당明堂'이 있게 되니, 기氣의 흐름이 정지하고 (좌선수·우선수의) 물길이 합취되는 곳, 바로 그곳이 혈처穴處이다.[81]

② 「내편」: '명당明堂'은 여유롭게 널찍하며, (그 부근에 있는) 연못이나 호수는 치맛자락처럼 둥그렇게 휘감는다.[82]

---

80) 박정해, 「풍수 혈의 형상과 이론의 역사적 전개 — 문헌고찰을 중심으로」, 한국학연구소, 『한국학연구』 55, 2015, 216쪽 참고.
81) 『葬書』, 「內篇」: 及至穴前, 則峰巒贏擁, 衆水環繞. … … 砂水鉤夾, … 始終有情·依法, 自可扦穴. … 水若行時脈不歇, 歇時須有小'明堂', 氣止水交, 方是穴.
82) 『葬書』, 「內篇」: '明堂'寬綽, 池湖繚繞.

③「외편」: 물길이 '당堂' 안으로 주입되면,[水注堂心] 혈穴에
서는 저절로 편안함을 누리게 된다.[83)

④「외편」: 강이나 호수[水]가 '명당明堂'에 있으면 그 자리
가 (혈의) 앞 쪽에 위치하므로 또한 주작朱雀이라고 명명한다.
깊고 얕은 연못이나 크고 작은 호수와 같은 경우는, 청명하게
맑고 투명함을 '기뻐할 만하다.'라고 표현한다. (큰) 강하江河
나 (작은) 골짜기 시냇물 같은 경우는, 까마득하게 굽이굽이
흘러감을, '유정有情하다'라고 표현한다.[84)

원래 당堂은 울타리 안에 있는 특정한 고대高臺의 구조물이지만
풍수 이론에서 말하는 당, 즉 명당은 관곽이 묻히는 자리의 앞에
펼쳐진 넓은 평지를 말한다. 위의 인용문 ③에서 언급한 '물길이
당 안으로 주입됨 [水注堂心(수주당심)]'은 물길이 명당의 중심에
모였다가 흘러감을 말하는 것이며, 앞장에서 논하였던 벽옹辟雍을
놓고 본다면, 벽옹 주변의 영소靈沼가 이에 해당한다.[85) 영소는 문
왕과 무왕이 호경에 벽옹을 영건할 당시 그 가까운 주변에 있었던
연못으로, 『시경』에서는 살진 물고기들이 노니는 아름다운 곳으로
표현되고 있다. 아래는 『시경』 「대아」 <영대靈臺> 시이다. 앞 장에
서 이미 논한 바 있지만 여기에서 다시 한 번 서술하겠다.

이제 막 영대靈臺를 조성하기 시작했지, 설계도를 짜고 영건
營建하지. 서인庶人과 하민下民들이 그것을 짓는데 하루도 안 되
어 완성하네. …
왕이 영유靈囿[동산]에 계시니, 암수의 사슴들이 머리 숙여

---

83) 『葬書』, 「外篇」: 水注'堂'心, 穴自安.
84) 『葬書』, 「外篇」: 水在'明堂', 以其位乎前, 故亦名朱雀. 若池湖湖淵潭, 則以澄淸瑩淨爲可喜.
   江河溪澗, 則以屈曲之玄爲有情.
85) 제5장 2절(벽옹) 참고.

다가오네. 암수의 사슴들은 뛰어 노닐고, 백조들이 높이 쳐든
하얀 깃에는 반짝반짝 윤이 나네.
　　왕이 영소靈沼[연못]에 계시니, 탱탱하게 살진 물고기들 힘차
게 뛰어오르네. …
　　정사를 논의함에, 종고鐘鼓를 연주하지. 아악雅樂을 즐김에,
벽옹辟雝을 다스리지.86)

　위에서 말하고 있는 주나라 왕의 '영대'는 바로 명당의 원래 이
름이다. 영대靈臺·영유靈囿·영소靈沼 등에 붙은 '영靈'은 신령스러
움 훌륭함 복된 것 등의 수식어로 사용된 것이다.87) 벽옹 내 영소
를 연상하게 하는 『장서』「외편」의 '水注堂心(수주당심)'의 묘사는,
『청오경』의 다음 문장 속에서도 표현되고 있다.

　　연못과 호수는 진룡眞龍이 숨을 돌리는 쉼터이니, 진정 (명
당의) 내부에서 찾아내야 하며, 부디 (명당의) 외부에서 찾지
말라.88)

　이와 같은 명당 내부의 크고 작은 연못들은 길지吉地의 소재에
대한 실마리인 것이다.
　한편 아래의 글에서 보이는 것처럼, 『청오경』에서는 관아를 세
우기 위한 양택陽宅의 입지 선정도 관심을 갖고 다루었다.

　　땅을 선택한 기교가 훌륭한 곳에는 도성이나 현縣을 건립하
는데, 한 가지라도 혹 알맞지 않으면, 지위에 선 관리는 빈한

---

86) 『詩經』,「大雅/文王之什」, <靈臺>: 經始靈臺, 經之營之. 庶民攻之, 不日成之. … 王在靈
囿, 麀鹿攸伏. 麀鹿濯濯, 白鳥翯翯. 王在靈沼, 於牣魚躍. … 於論鼓鐘. 於樂辟雝.
87) 『康熙字典』,「雨部」16, <靈>: 玉篇, 神靈也. 大戴禮, 陽之精氣曰神, 陰之精氣曰靈. 書泰
誓, 惟人萬物之靈. 傳, 靈, 神也. … 詩鄘風, 靈雨旣零. 箋, 靈, 善也. 又廣韻, 福也.
88) 『靑烏經』: 沼沚池湖, 眞龍憩息, 情當内求, 愼勿外覓.

하고 별 볼 일 없다.89)

이것은 주나라의 국도 입지 조건의 이론을 한나라의 신분·관리 제도에 맞게 적용시킨 것이라 볼 수 있다.

▮『장서』의 "『經』曰(경왈)"로 시작되는 많은 인용문들은 『청오경』을 인용한 것이라고 한다.90) 그렇지만 그 "『經』曰(경왈)"의 '『經』(경)'이 다수의 경우 『청오경』을 말하는 것이지만, 모든 것이 그런 것은 아니다. 더구나 다음의 기록은, 『청오경』에서는 그 흔적조차 찾을 수 없다.

"『經』云(경운), '明堂(명당), 惜水如惜血(석수여석혈), 堂裡(당리), 避風如避賊(피풍여피적).' 〔『경』에서 이르기를, '명당의 형세는 물 아끼기를 피 아끼듯이 한다. (명)당 내부에서의 형세는 바람 피하기를 도적떼 피하듯이 한다.'라고 하였다. 〕"

여기서 언급된 '惜水(석수)'와 '避風(피풍)'의 대등한 표현은, 적어도 장풍風藏보다는 득수得水에 보다 무게 중심을 둔 『청오경』의 전체적인 맥락과도 가까워 보이지 않는다.

따라서 『장서』에서 명당을 언급했다는 그 "『經』云(경운)"의 '『經』(경)'은 『청오경』과 아무런 관련이 없는 것이다(『장서』에서의 "『經』云"은 이것이 유일하다). ▮

▮『장서』에서 "『經』曰(경왈) ∼∼"로 기술된 내용들 및 『청오경』의 그것과 같거나 유사한 표현 내지 유사한 상징성을 지녔다고 생각되는 것들에 대해서는, 바로 뒤에서 논하는 본 장의 〈부록〉에서 상세하게 비교·정리한다. ▮

---

89) 『靑烏經』: 擇術之善, 建都立縣, 一或非宜, 立主貧賤.
90) 장성규, 「≪葬書≫의 文獻的 硏究」, 韓國中國文化學會, 『中國學論叢』 27, 2009, 170쪽 참고.

3. 정리

전한의 무제와 (전한 말) 평제를 등에 업은 안한공安漢公 그리고 후한의 광무제 등과 같은 한대의 제왕들이, 자신들의 통치 권력을 선양하고자 그토록 고대의 이상적 통치 장소의 대명사인 '명당'을 복원하려고 애썼던 시기에, 황제 권력이 없는 신분으로서 명당 터를 찾는 일은 어찌 보면 반역의 뜻으로 비춰질 수 있는 일이다. 일반인들이 자신들의 터전에 '명당'의 용어를 의구심 없이 사용하여 그것을 풍수 전문용어로 승화시킬 수 있었던 시기는 황권의 약화와 더불어 쇠락한 망명정부 시기 이후에 가능한 일이었을 것이다. 『청오경』이후에 등장한 두 번째로 오래된 풍수 경전으로, 명당이란 말을 마음껏 사용했던 『금낭경』이 출현한 시기가 그것을 말해준다.

본 장에서는 주대의 명당과 벽옹 그리고 반궁에 대한 다각적인 고찰을 진행하였다. 명당과 벽옹은 서로 근접해 있거나 벽옹 속에 명당이 자리한 구조로서, 주나라 천자국의 정치 의례 장소인 동시에 제례와 존현尊賢·교화敎化 등을 이행하는 학궁學宮이었으며, 아울러 제후국인 노나라의 반궁 역시 호경의 벽옹과 유사한 기능을 하던 곳이었음을 알 수 있었다. 두 지점 모두 물길의 환포와 배산임수라는 유사한 입지 환경을 갖고 있었음도 살펴보았다.

환포한 물길에 감싸였다는 벽옹과 반궁에 대한 묘사는, 좌선수左旋水·우선수右旋水가 합취되어 흐르는 풍수지리 이론에서의 명당과 혈 터의 주위 환경 조건과 유사한 것이며, 그 명당 안쪽으로 완만히 주입되어 고여 드는 연못이나 호수는 벽옹 주변에 있었다는 영소靈沼를 떠올리게 한다. 아울러 실室과 그 기능면에서 동의어라 할 수 있는 혈은, 주나라 군주의 통치 장소에서 본다면, 그것은 통치 행위는 물론 군주의 휴식 장소로도 사용되었던 묘당 위의 (태)실과 비견된다. 이렇듯 풍수지리 초기 이론서에서 서술된 명당과 혈로 대변되는 길지吉地의 기준은, 바로 서주시대의 천자가 정령政令을 반포하고 제후들에게 조朝 의례를 받았던 장소 및 그 주변 환경의 지리적 특성과 흡사한 것이다.

일개 서쪽 변방의 제후국에 지나지 않았던 주나라가 문·무대文武代에 들어서 천하를 소유하게 된 역사적 사건은, 길흉화복의 원리를 궁구하는 술수가들에게 중요한 연구 대상이 되었을 것이다. 중원에서의 은·주殷周 교체 직전 문왕과 무왕의 풍수豊水 강가 주변으로의 통치건축물 건립과 그 이후 파죽지세로 더더욱 강성해진 周나라의 국운은, 땅의 기운과 그 상相을 통해 구복求福을 연구했던 음양상지론자陰陽相地論者들에게, 그 두 가지 사실 사이의 술수적 상호 관련성이 존재한다는 강한 믿음이 형성된 것으로 보인다. 서주시대에 실재했던 것으로 보이는 주나라 호경鎬京의 벽옹辟雍과 노나라의 반궁泮宮은 그들에게 길지의 기준에 대한 이론적 영감을 주었다.

<부록>

『장서』에서의 "『경』왈"과 『청오경』

　본 글은 『장서』에서 "『經』曰(경왈) ～～"로 기술된 내용들 및 『청오경』의 그것과 같거나 유사한 표현 내지 유사한 상징성을 지녔다고 생각되는 것들에 대해 비교 정리한 것이다. 계속 중복해서 나오는 '經曰(경왈)'은 편의상 번역문에서 생략한다.

(1) 『장서』「내편」 ⇨ 『청오경』

① 經曰, 氣感而應, 鬼福及人.
　: 기氣가 느껴져서 응한 것은, 귀신의 복이 사람에게 이른 것이다.
⇨ 「相地骨經(靑烏子)」: 吉氣感應, 鬼神及人.
　: 길吉한 기가 감응感應된 것은, 인귀人鬼와 천신天神(의 신령스러움)이 사람에게 이른 것이다.

② 經曰, 氣乘風則散, 界水則止.
　: 기가 바람 위로 올려지면 (기는) 흩어지고, (기가) 물가에 이르면 (기의 흐름이) 멈춘다.
⇨ 「相地骨經(靑烏子)」: 氣乘風散, 脈遇水止.
　: 기가 바람 위로 올려져 흩어지고, 맥脈이 물을 만나 멈춘다.

③ 經曰, 外氣橫形, 內氣止生.

: (땅 밖) 외부의 기가 (외형으로 나타나는) 형상을 뜻밖에 갑자기 드러낸 곳은, (땅 속) 내부의 기가 생장(의 기운)을 머무르게 한 곳이다.

⇨ 「相地骨經(靑烏子)」: 內氣萌生, 外氣成形.

: (땅 속) 내부의 기가 생장을 싹틔우면, (땅 밖) 외부의 기가 (외형으로 나타나는) 형상을 완성한다.

④ 經曰, 淺深得乘, 風水自成.

: 천혈淺穴과 심혈深穴에서 제대로 헤아림을 터득하면, 장풍득수藏風得水[風水]는 저절로 완성된다.

⇨ 「相地骨經(靑烏子)」: 內外相乘, 風水自成.

: 내부와 외부에서 서로의 효과를 더해주니, 장풍득수[風水]가 저절로 완성된다.

⑤ 經曰, 土形氣形. 物因以生.

: (드러난) 흙의 형상이 (그 속의) 기의 형상이다. 만물은 그것(흙의 기)으로 인해 생장한다.

⑥ 經曰, 形止氣蓄, 化生萬物, 爲上地也.

: (제격의) 형상이 머무르고 기가 쌓이면, (그곳에서는) 만물을 변화시키고 생장시키니, 상격上格의 땅이 된다.

⇨ 「相地骨經(靑烏子)」: 草木鬱茂, 吉氣相隨, 內外表裏, 或然或爲.

: 초목이 울창함은 길한 기가 서로 따라온 것이니, 내외內外와 표리表裏는, 혹 그러한 상황이 되면 혹 그렇게 된다.

⑦ 經曰, 地有吉氣, 土隨而起, 支有止氣, 水隨而比. 勢順形動, 回復始終. 法葬其中, 永吉無兇.

: 땅이 길한 기를 지닌 곳은, 흙이 따라서 (길기吉氣를) 드러내며, (갈래갈래의) 지룡支龍이 머물러 있는 기를 지닌 곳은, 물길을 따라와서 나란해[比]진다. (행룡行龍의) 세력이 온순하고 형상이 움직이며, 굽이굽이 가고 옴이 처음부터 끝까지 한다. (이 말들 모두) 모범적인 매장법이 그 속에 있으니, 영원토록 길하고 흉함이 없게 된다.

➭ 「相地骨經(靑烏子)」: 地有佳氣, 隨土所生, 山有吉氣, 因方而止.

: 땅이 훌륭한 기를 지닌 것은, 흙을 쫓아서 (그 훌륭한 기를) 생장시킨 것이고, 산이 길한 기를 지닌 것은, 나란히 하는 것[方=比, 예를 들면, 청룡·백호·주작과 같은 한 세트의 주변 산들]으로 인해서 (그 길한 기운을) 머물러 있게 한 것이다.

➭ 「相地骨經(靑烏子)」: 形止勢縮, 前案回曲, 金穀碧玉.

: 형상이 머물러 있으면 세력이 압축된다. 앞에 안상案床(과 같은 나지막한 안산案山)이 (혈을 중심으로) 휘어서 굽어 있으면, 금곡金穀과 벽옥碧玉(을 소유하게 된다).

⑧ 禍福不旋日, 經曰, 葬山之法若呼吸, 中言應速也.

: 화복禍福(이 나타남)은 단 하루를 넘지 않으니, 『경經』에서는 다음과 같이 말하였다. "산(과 같은 높은 곳)에 매장하는 법칙은 마치 호흡하는 것처럼 한다. 요점의 말은, (화복의) 응함이 신속히 일어난다는 것이다."

➭ 「相地骨經(靑烏子)」: ☞ *유사한 문장을 아직 찾지 못하였음.*

⑨ 經曰, 童斷石過獨, 生新兇而消已福.

: 초목이 자라지 못하는 산, 끊어진 산, 돌산, (무정하게) 지나가 버리는 산, 외따로 있는 산, (이러한 것들은) 새로운 흉을 자라게 하고, 이미 있던 복을 소멸시킨다.

⇨ 「相地骨經(靑烏子)」: 童斷與石過獨偪側, 能生新凶 · 能消已福.

: 초목이 자라지 못하는 산, 끊어진 산과, 돌산, (무정하게) 지나가 버리는 산, 외따로 있는 산, (이러한 것들이) 아주 가까이 있으면, 새로운 흉을 능히 자라게 하고, 이미 있던 복을 능히 소멸시킨다.

(2) 『장서』「외편」 ⇨ 『청오경』

⑩ 經曰, 勢止形昂, 前澗後岡, 龍首之藏.

: 세력이 머물러 있는 곳은 형상이 환하게 올라온다. 앞에는 골짜기 물이 흐르고, 뒤로는 산등성이가 있으면, 용수龍首[최고의 우두머리]가 숨겨진 곳이다.

⇨ 「相地骨經(靑烏子)」: 勢止形昂, 前澗後岡, 位至侯王.

: 세력이 머물러 있는 곳은 형상이 환하게 올라온다. 앞에는 골짜기 물이 흐르고, 뒤로는 산등성이가 있으면, 지위가 제후나 왕에 이른다.

⑪ 經曰, 不蓄之穴, 腐骨之藏也.

: (기를) 쌓아두지 못하는 혈은, 썩은 뼈[腐骨]의 저장소이다.

⇨ 「相地骨經(靑烏子)」: 不蓄之穴, 是謂腐骨.

: (기를) 쌓아두지 못하는 혈, 그것을 '뼈를 썩게 한다[腐骨]'라

고 표현한다.

⑫ 經曰, 騰陋之穴, 敗槨之藏也.

: (구릉이 낮아서 바람이) 뛰어넘을 수 있고 (국세局勢가) 비좁은 혈은, 부서진 관곽의 저장소이다.

⇨ 「相地骨經(靑烏子)」: 騰漏之穴, 翻棺敗槨.

: (구릉이 낮아서 바람이) 뛰어넘을 수 있고 (물이) 새들어 오는 혈은, 관곽을 뒤엎고 깨뜨려 버린다.

⑬ 經曰, 山來水回, 貴壽而財.

: 산줄기가 (돌아) 들어와서 물길이 선회하는 곳은, 귀한 신분이 되고 만수를 누리면서 재물이 있다.

⇨ 「相地骨經(靑烏子)」: 山來水廻, 逼貴豐財.

: 산줄기가 (돌아) 들어와서 물길이 선회하는 곳은, 귀한 신분을 아주 가까이 하게 되고 재물을 풍족히 하게 된다.

(3) 『장서』「잡편」 ⇨ 『청오경』

⑭ 經曰, 地有四勢, 氣從八方. 寅申巳亥, 四勢也. 震離坎兌乾坤艮巽, 八方也.

: 땅은 네 가지의 세력을 지니고, 기는 여덟 방위를 따른다. 인寅[左靑龍]·신申[右白虎]·사巳[前朱雀]·해亥[後玄武]가 네 가지의 세력이고, 진震[東]·리離[南]·감坎[北]·태兌[西]와 건乾[西北]·곤坤[西南]·간艮[東北]·손巽[東南]이 여덟 방위이다.

⇨ 「相地骨經(靑烏子)」: 三岡全氣, 八方會勢, 前遮後擁, 諸祥畢至.

: 세 방향(에 있는 좌청룡·우백호·전주작(혹은 후현무))의 산

등성이들이 기를 온전하게 하고, 여덟 방위(에 있는 사砂)가
세력을 모으게 하면, 앞에서 가려주고 뒤에서 포옹하듯 감싸
주어, 모든 상서로움이 마침내 이르게 된다.

⑮ 經曰, 穴吉葬兇, 與棄屍同.
 : 혈은 길한데, 매장(방법)이 흉하면, 시신을 내다버리는 것과
 똑같다.
⇨ 「相地骨經(靑烏子)」: 穴吉葬凶, 與棄屍同.
 : ⬯ 번역은 상동

제7장

종묘 제사와 상제 – 체 의례

본 장은 필자의 「殷周代 上帝 관념과 周代 禘 의례의 관련성 및 그 변화 양상 — 先秦時期 宗廟 儀禮에 대한 궁구 과정에서」(『대동문화연구』 95, 성균관대학교 대동문화연구원, 2016)의 논문 내용을 첨삭하고 보완·정리한 것이다.

군주의 선군에 대한 주나라의 종묘 제사 명칭은 '체禘 의례'이다. 그것은 '종묘에서 이행되는 큰 제사' 정도로 정의할 수 있다. '禘(체)'자는 갑골문에 등장하지 않는다. 그것은 그 의례가 주대에 새롭게 형성된 것임을 시사한다. 기록물 속에서 '체' 의례라는 명칭의 등장은 서주시기 성왕成王과 강왕康王 대 이후로 나타난다.[1] 이른바 '제례작악制禮作樂'을 이루었다는 주초周初의 제도 정립 시기인 주공의 섭정攝政 당시를 말하는 기록들에서, 주공이 태묘에서 문왕에게 제례를 이행하면서 상제上帝에게 배향配享하였다는 내용을 볼 수 있다.[2] 이러한 상제에 대한 숭배 의식은 은상대殷商代 이전부터 있어 왔던 것인데, 주나라가 은나라의 문화를 흡수 통합하는 과정에서 그것이 주나라의 천天 숭배 사상과 혼합되거나 혼재하는 양상을 보인다.

이 장에서는, 주왕조周王朝의 건국 시기에 태묘에서 이행하였던 '제왕의 선조를 위한 상제에게의 배향 의례'와, 그 직후에 등장한

---

1) 『竹書紀年』, 「成王」: 十三年, … 夏六月, 魯大禘于周公廟.; 「康王」: 三年, … 吉禘于先王.
   ※ 성왕成王은 주나라 제2대 왕이고 이름은 희송姬誦이다. 강왕康王은 제3대 왕으로 이름은 희쇠姬釗이다. 이 둘의 치세 기간을 성강지치成康之治 내지 성강지세成康之世라고 일컫는데, 이때를 주나라 최고의 안정과 번영의 시기로 본다.
2) 『孝經』, 「聖治」; 『史記』, 「封禪書」: 周公 … 宗祀文王於明堂, 以配上帝.; 『蔡中郎集』卷10, 「明堂月令論」: 明堂者, 天子太廟.

'선왕을 위한 큰 제사인 체 의례'에 대한 문헌 및 금문金文 자료의 분석을 통해, 두 의례 사이에 어떠한 관련성이 존재하는지를 궁구할 것이다.

그 과정으로서 먼저 상제가 은상대 사람들에게 어떠한 의미였는지 그리고 그들의 상제 숭배 사상과 주나라의 천 숭배 사상의 혼효混淆 과정에 대해 간략히 언급할 것이다. 주나라 개국 시기의 선왕先王과 상제上帝와의 배향 의례를 통해, 주나라 왕에게 상제가 차지하는 그 위상과 본의를 논할 것이다. 아울러 그 이후에 나타나는 체 의례와의 관련성 여부에 관해 절을 나누어서 탐구를 이어할 것이다. 주대가 끝나가는 시기에 체 의례가 결국 어떠한 모습으로 변모해 가는지 그 흐름의 단계에 대해서도 계속해서 논할 것이다.

그 다음 절에서는, 서주시기 금문에서의 기록들을 통해, 주나라의 종법제도에 의해 체 의례를 이행할 수 있는 자격을 갖춘 적통嫡統이라는 지위와 관련해서, 당시 주나라에서 '帝(제)'와 '禘(체)'를 실제로 어떻게 인식하였는지 탐색해 나갈 것이다. 끝으로, 고대의 제사와 관련한 몇몇의 주요 글자들에 대한 자의적·문헌적 분석을 통해, 그 제사가 의미하는 본뜻과 이행 목적 및 그 의례의 구체적인 대상 등을 추적해 볼 것이다.

▎'체禘'는 체제禘祭·체사禘祀·체례禘禮 또는 체禘제사 등으로도 불린다. 필자는 '체'를 새로운 각도에서 바라보고, 동시에 필자가 지금까지의 모든 논의들에서 사용하였던 '조朝 의례'와 같은 주나라 종묘 의례 명칭과의 일관성을 기하기 위해, '체禘 의례'로 통일하여 부를 것이다. ▎

1. 은·주시대의 상제

1) 은나라의 상제: 조상신과 지상신의 혼재

은상대殷商代에는, 왕을 포함한 모든 인간의 길흉화복을 주재할 뿐만 아니라 바람과 비 우레 등등의 자연신들까지 거느리는 최고의 신이 존재하였는데 그것이 바로 상제上帝이다.[3] 이러한 지상신至上神으로서의 상제는 상나라 왕의 조상신이라는 의미도 포함되는데, 그렇다면 지상신과 조상신 중 상나라 사람들에게 어떠한 신의 개념이 먼저였을까?

은상대의 상제는 제왕의 조상신이라는 관념에서 시작된 것이고, 그것이 점차적으로 우주적 지상신으로 추상화되어 절대권을 지닌 최고의 신으로 군림하면서 왕조의 수호신으로서의 역할을 담당하게 되었다고 하는 견해가 있다.[4] 필자 역시 그것이 조상신으로부터 시작된 것이라는 데에 동의한다. 그렇게 생각하는 이유는 아래의 두 가지 이유에서이다.

우선, 제帝의 수식어로 쓰이는 '上(상)'자에서 그것을 유추할 수 있다. 상제가 처음부터 지상신이었다면 굳이 '上(상)'자를 부가할 필요가 없었을 것이다. 물론 천天의 경우에도 주나라 사람들은 상천上天이란 표현을 사용하기는 하였다. 그렇지만 이 경우의 천과 상천은 동의어로서, '上(상)'은 그저 천의 특성을 강조하기 위한 수

---

3) 王宇信·楊升南 외 箸, 하영삼 譯, 『갑골학 일백 년 5』, 소명출판, 2011, 18~25쪽; 염정삼, 「점복(占卜)과 제사(祭祀)에 관한 문자 연구 — 중국 문화의 종교적 기원과 그 연속성에 대하여」, 『서강인문논총』 26, 서강대학교 인문과학연구소, 2009, 227쪽 참고.
4) 李文周, 「中國 古代의 天觀에 대한 연구」, 『東洋哲學研究』 10, 東洋哲學研究會, 1989, 7~9쪽 참조.

식어일 뿐이다. 따라서 그것의 주된 표기 방식은 상천이 아니라 천이 된다. 그러나 상제上帝의 경우 그냥 제帝라고 표현하는 경우도 있지만, 많은 경우 제와 상제는 동의어로 쓰이지 않는다. 상천과 다르게 상제는 '上(상)'이 주요한 의미를 갖는다. 상제는 하계下界의 제帝와 상대되는 표현으로, 제帝가 죽은 후 상계上界로 올라간 제를 표현하고자 한 것이다. 그것이 조상신으로부터 시작된 것이라는 판단은, 다음의 논의를 통해 보다 분명해진다.

상나라 사람들에게 '부父'는 생부生父에게만 한정된 것이 아니었고 직계인 친부親父와 방계인 백·숙부伯叔父를 구분하지 않았다고 한다. 그 실례로 제23대 왕 무정武丁(高宗, B.C. 1250~B.C. 1192)의 경우 백·숙부와 친부인 선왕들에게 '父(부)'자를 붙여서 양갑陽甲을 부갑父甲으로, 반경盤庚을 부경父庚으로, 소신小辛을 부신父辛으로, 그리고 친부인 소을小乙을 부을父乙로 칭하였다고 한다.[5] 특히 그들은 선왕의 친부만을 지칭할 경우 그에 대한 존칭의 표현으로 '제帝'라는 칭호를 써서 적서嫡庶의 관계를 구분하였는데, 이와 같이 직계인 제帝와 상대되는 주변의 방계 혈족의 의미로는 '介(개)'자를 써서 표현하였다고 한다.[6] 즉, 상商과 주周 두 족族의 생활 문화의 차이로 인해 동의어라고 정의내릴 수는 없지만, 상대의 제帝와 주대의 적嫡, 그리고 상대의 개介와 주대의 서庶는 적어도 서로 대등한 용어라고 말할 수 있다.

▎천은 자연에서 시작된 말이고 제는 사람에서 시작된 말이다. 따라서 上天(상천)은 '(저) 위의 천' 내지는 '(저) 위[하늘나래인 천'을 의미하고, 上帝(상제)는 '(승하

5) 趙林, 「論商代的父與子」, 『漢學研究』 21-1, 民國92(2003), 2~3쪽 참조.
6) 趙林, 위의 논문, 16~17쪽 참조.

하여 위로) 올라간 제'를 의미한다. ▊

한편, 갑골복사甲骨卜辭에는 태양신·바람신·구름신·비의 신·
우박의 신·우레의 신, 그밖에 산신과 벌레신까지 다양한 자연신
들이 등장한다고 한다.7) 상제는 그 모든 것을 지배하고 통제하는
유일의 신으로 기능하는데, 은상殷商의 제왕들은 상제가 비나 우레
를 내리거나 바람을 일으키도록 명령을 내릴지 만 물었을 뿐, 상제
를 통해 자신들이 원하는 바를 직접 기원하거나 애원하지 않았다
고 한다.8) 즉, 다시 말해 풍흉豊凶이나 화복禍福이 순전히 상제의
뜻에 의해 결정되는 것이며, 인간은 그것에 대한 질문만이 허용되
었고 감히 상제에게 풍년豊年이나 강복降福을 애원할 수 없는 것이
었다.

상나라 임금의 명칭을 제帝라고 부르기 시작한 것이 무정武丁 때
의 기록부터 나타나고 있고, 또한 제가 지상신으로 기능한 것은 그
보다 더 오래전부터였다고 한다.9) 그러한 논의는 상제에 조상신적
관념이 지상신적 관념보다 먼저 형성된 것이 아니라고 판단되게
한다. 그러나 현재까지 출토된 갑골 자료를 기반으로 조상신으로
서의 의미를 비교적 상나라 후대의 군주부터 볼 수 있다고 해도,
제의 조상신이라는 관념이 나중에 형성된 것이라는 결론은 아직
유보적인 가능성을 내포한다. 더욱이 그 점복의 내용으로 보았을
때, 그것은 당시 지상의 제帝[帝王]에게 신하와 하민들이 지니는 절
대적인 존숭과 복종의 자세와 동일한 것이다.

---

7) 윤창준, 「甲骨卜辭를 통해 본 商代의 崇拜對象 고찰(1) ─ 自然神의 최고 지위를 갖는
   上帝」, 『中國言語研究』 52, 韓國中國言語學會, 2014 참조.
8) 윤창준, 위의 논문, 277~280쪽 참조.
9) 윤창준, 위의 논문, 282~283쪽 참조.

신은 사실상 인간의 관념 속에서 이루어진 존재이며, 그렇기 때문에 신은 그 신을 '창조'한 바로 그 인간이 간절히 희구하는 바를 애원하고 의지하는 대상으로서 그 존재 이유가 있다고 할 것이다. 그런데 은상의 상제는, 지상의 왕이 자신의 절대적인 권력으로 명령을 내리면 신하와 백성들은 반드시 굴복하고 따라야 하는 고대 원시적인 지배자와 피지배자 간의 관계 구조와 똑같은 모습으로 설정되어 있다. 그처럼 지상에서 군림하였던 제帝는 사망하여 승천하고 나서도 그곳에 있는 바람·구름 등과 같은 자연의 수많은 존재들에게 군림하는데, 그것은 상왕商王이 지상에서 누렸던 혹은 누리고자 했던 권능의 표현이라 할 수 있다. 동시에 그러한 최고 통치자에게 의도적으로 부여된 신성神性은, 처음부터 그들에게 지상신보다는 조상신 관념이 보다 절실한 것이었음을 시사해 주기도 한다.

2) 주나라의 상제와 천: 조상신과 지상신의 혼효

대체적으로 농경 문화권에서는 사자숭배死者崇拜가, 그리고 유목 문화권에서는 천신숭배天神崇拜가 주를 이룬다고 하는데, 유목 민족이었던 주족周族이 은나라를 통합하는 과정에서 자신들의 천신 관념에 상족商族의 조상신으로부터 시작된 상제 관념을 흡수하였다고 한다.[10] 이렇듯 주족의 천관天觀은 원래 지상신으로부터 출발한 것이었지만, 그들은 그것을 상제 관념과 부합되도록 조상신으

---

10) 李文周, 「中國 古代의 天觀에 대한 연구」, 『東洋哲學硏究』 10, 東洋哲學硏究會, 1989, 11~12쪽 참조. ※ 은상殷商 및 주초周初의 상제上帝와 천天에 대한 보다 구체적인 논의는 빈동철, 「고대 중국의 '天'은 '上帝'와 동일한 개념인가?」, 『공자학』 30, 한국공자학회, 2016 참고.

로까지 확대시켰다. 그러한 현상이 문화적 모방에 의한 것인지, 혹은 유목민에서 농경민으로서의 생활양식적인 변화로 인한 것인지, 혹은 그 두 가지 모두의 이유에서인지 분명하지 않지만, 천天과 상제上帝를 동시에 섬기는 이중적인 종교 성향과 함께 천을 상제와 같은 조상신의 계열로 묶고자 노력한 흔적들을 고전의 문헌 속에서 어렵지 않게 찾을 수 있다. 『효경』「성치聖治」편에는 아래와 같이 천天과 제帝에의 배향配享에 관한 내용이 묘사되고 있다.

> 『효경』: 옛날에 주공周公이 후직后稷에게 교郊에서의 사祀 의례를 이행하면서, 그로써 천天에게 배향配享하였다. 문왕文王에게는 (태묘의) 명당에서 종宗으로서의 사祀 의례를 이행하면서, 그로써 상제上帝에게 배향하였다.[11]

> ▎위의 사祀 의례란 조상을 위한 제례로 그 대상은 인간(이었던 존재)에 한정한다. 사祀에 대한 보다 구체적인 탐구는 뒤의 4절에서 상세히 논한다. ▎

상제에게 배향된 문왕은 천자국으로서의 주나라가 존재할 수 있었던 직접적인 토양을 마련한 인물로, 무왕과 주공의 부왕父王이다. 한편 후직后稷은 주나라의 그러한 영광이 있게 된 민족적 실마리라 할 수 있는 주족의 시조로서 곡식과 농경의 신으로도 상징된다. 원래 주周 문화에서의 지상신이었던 천天을 주족의 먼 조상인 후직과 엮어서 함께 배향하는 대상으로 삼은 것은, 그것을 조상신에 부합시킨 것이라 할 수 있다. 서한 말에 편집된 『대대례기』「조사朝事」편에는 위『효경』에서와 같이 천에 조상신의 성격을 보다

---

11) 『孝經』,「聖治」: 昔者, 周公郊祀后稷, 以配天, 宗祀文王於明堂, 以配上帝.

더 강하게 주입한 표현을 볼 수 있다.

> 『대대례기』: (많은 사람들을) 인솔해서, 남교南郊에서 천天에
> 게 '사祀' 의례를 이행하면서 선조를 배향하는 것은, 그러한
> 의식으로써 백성들에게 (그들 선조의) 은덕에 보답함과 뿌리
> 를 잊지 않을 것을 가르쳐 주는 것이다.12)

천에게 사祀 의례를 이행하였다는 것은 천을 조상의 상징으로
삼은 것이다.

그런데 한편 동일한 제사에 대한 설명이 전적들마다 통일되지
못한 모습을 보이기도 하는데, 그 예로 아래의 「중용」(『예기』)에서
는 앞서 『효경』의 내용과 다르게, 교사郊社 의례에 천에 대한 언급
을 하지 않고 있을 뿐더러 그 배향의 대상을 천이 아닌 상제로 설
정하였음을 볼 수 있다.

> 「중용」: 교사郊社에서의 제례는 그 의례로써 상제를 섬기는
> 것이고, 종묘에서의 제례는 그 의례로써 그의 선조들에 대해
> 사祀 의례를 이행하는 것이다.13)

이는 위의 『효경』과 『대대례기』 두 전적에서의 '교郊에서의 사祀
의례에 선조와 천의 배향'과는 반대로 설명한 것으로, 즉 배향되는
신이 천에서 상제로 바뀐 것이다.

교사郊社의 '교郊'는 국도에서 멀리 떨어진 교외를 말함이고, '사
社'는 토지 신으로서 주로 농경신인 후직后稷과 함께 언급하여 '사
직社稷'이라고 표현한다.14) 따라서 위 「중용」에서의 '교사郊社 의

---

12) 『大戴禮記』, 「朝事」: 率而祀天于南郊, 配以先祖, 所以敎民報德・不忘本也.
13) 『禮記』, 「中庸」: 郊社之禮, 所以事上帝也. 宗廟之禮, 所以祀乎其先也.
14) 다른 한편, 사社를 전쟁을 치르러 떠나기 전에 교외에서 이행하는 특정한 의례로 보기

례'[郊社之禮]란 '교郊에서의 후직을 위한 의례'를 말하는 것으로, 위
『효경』의 글인 주공이 "후직에게 교郊에서의 사祀 의례를 이행하
면서"[郊祀后稷]라고 한 것과 동일한 의미를 담고 있는 글이다. 여기
서 필자가 주목하여 말하고자 한 것은, '천에게의 배향'(『효경』)과
'상제를 섬김'(「중용」)과 같이, 교사 의례라고 하는 동일한 의례를
설명하면서, 그 배향 대상과 목적을 두 전적들이 서로 다르게 설정
하고 있는 것이다.

『주역』「예괘豫卦 대상전」기록인 "선왕께서 아악을 지어서 덕
을 숭상하였는데, (그 말은) 상제에게 그 아악을 은천殷薦하는 의례
를 이행하면서, 그 의례로써 조祖・고考에게 배향한 것이다."[15]의
내용에 대해, 남송대의 반병潘柄은 다음과 같이 정리하고 있다.

> 후직后稷에게 교에서의 제사[郊祀]를 행하면서 천에게 배향
> 한 것은, 시조[祖]를 배향한 것이다. 명당에서 문왕에게 종의
> 제사[宗祀]를 행하면서 그 의례로써 상제에게 배향한 것은, 돌
> 아가신 아버지[考]를 배향한 것이다.[16]

▌위의 '문왕에게 종 제사[宗祀]를 이행'한 명당
은, 이 책에서 서술한 지금까지의 논의를 토대로
판단해 본다면, 그 명당은 바로 풍경豊京에서 문왕
이 생전에 사용했었던 묘인 태묘의 당을 말하는
것이다. 이 태묘는 주공이 성왕을 대신한 섭정 활
동 당시 사용했던 묘이기도 하다. 그곳에서 주공
에 의해 문왕과 상제의 배향 의례가 시도되었다.
(※ 풍경 근방의 호경鎬京에, 세자 시절의 무왕이

도 한다.(앞의 제4장 2절 참고)
15) 『周易』, 「豫/大象傳」: 先王以作樂崇德, 殷薦之上帝, 以配祖考.
16) 『周易傳義大全』, 「豫/大象傳」: 爪山潘氏曰, … 郊祀后稷以配天, 配以祖也. 宗祀文王於
明堂, 以配上帝, 配以考也.

직접 영건하여 사용해 왔었던 묘는 종묘라고 칭한
다. 무왕의 아들 성왕도 그곳에서 재위하였다.) ▮

　반병의 언급은, 문왕과 무왕을 도와 주나라를 건국하는 데 큰
역할을 했던 주공이 천자를 대신한 섭정 기간에 자신의 시조와 선
친에게 제사를 올리면서 그들을 천과 상제에게 배향하였다는 『효
경』 「성치」의 기록에 대해, 좀 더 부가하여 설명한 것이다. 반병의
설명은 다시 말해, 가까운 선조는 상제에게 배향하고 그 족의 시조
로 설정된 아주 먼 선조는 천에게 배향한다고 한 것이다. 천과 상
제 모두 신격화가 이루어졌지만 그 관계의 원근에 있어서는 천보
다 상제가 군주의 삶에 직접적인 친근감이 느껴진다. 국도에서 멀
리 떨어져 있는 '교郊'와 군주의 치조 공간인 '명당'이라는 그 제례
장소의 원근 역시 관계의 원근으로 볼 수 있으며, 따라서 상제는
군주의 지상신과 조상신으로, 천은 군주를 포함한 나라 전체의 지
상신과 조상신으로 설정한 것이라 할 수 있다.

　　▮ 주대의 상하 모든 이들이 천을 은상의 상제와 같은
　　완전한 조상신으로 간주하였는지는 명확히 확인하기는
　　어렵다. 그러나 분명한 것은 주공 이후 왕의 조상[祖]을
　　천과 함께 짝지음[配]으로써 천과 조상과의 긴밀한 관
　　련성을 부여하고자 하였다는 것이다. 한편, 중세 이후
　　이천伊川(북송)과 퇴계退溪(조선)에 오면 천과 상제는 천지
　　와 귀신, 더 나아가 천도天道 등으로 대변된다.[17] 이처
　　럼 성리학의 유교에서는 이른바 '절대적인 존재'를 조
　　상신·지상신 등으로 명확하게 구분하지 않은 동시에,

---

17) 『退溪先生文集』 卷40 「書/答審姪問目(中庸)」: 鬼神·天地·上帝, 名雖異而實則同歟."
　　"程易傳釋乾字曰, '夫天, 專言之則道也. 以形體言謂之天, 以性情謂之乾, 以主宰謂之帝,
　　以功用謂之鬼神, 以妙用謂之神.' 今按只是天地造化, 但所指而言有異耳."

그것들을 '범우주적인 거대한 법칙'으로 통합하여 인식
하려고 한 듯하다. 그런데 퇴계의 경우 유학의 이상인
내성외왕內聖外王 구현의 역할을 주자朱子와는 다르게
천(명)이나 상제에게 부여하였다고 하는데,[18] 이는 퇴
계가 그것들을 '범우주적 법칙'과 '신성神性'과의 모호
한 경계선에 둔 것처럼 보이게 한다. ▍

　　원래 지상신으로서의 천을 섬긴 민족이었던 주족에게 있어서
위와 같은 천과 상제의 혼효混淆는 다음과 같은 목적에서 시작된
것이었다고 해석된다. 앞에서도 언급하였듯이 주족이 상商을 멸하
고 나서 상의 조상신 문화를 수용하여, 자신들의 선조에 대한 제례
의식에 조상신으로서의 상제 숭배 이념을 접목시키고, 그러한 의
식을 통해 자신들의 통치 기반을 보다 공고히 다지는 데 이용한
것이다. 즉, 그들은 주족의 천하를 열은 동력으로서의 문왕에게 올
리는 제사에 상제를 배향함으로써, 자신들의 '위대한' 선조를 이미
신격화가 이루어진 상제의 이미지에 접목시키고, 그것으로 천하를
소유한 왕으로서의 당위성과 정통성을 더욱 부각시킨 것이다. 은
상인들과 같이 그들 역시 '제帝'에 대해 '왕王'과 '신神'의 이중적인
개념을 지니고 있었던 것은[19] 바로 그것의 방증일 것이다.

　　　　▍자신들의 '위대한' 선조에 대한 신격화의 시도를
　　　　의례 분야에서 주도적으로 시행한 사람은, 모든 기록이
　　　　그를 가리키고 있듯. 바로 주공이었다. 그리고 그것은
　　　　무왕이 은나라를 멸하고 천하를 소유한 일에 대한 정통
　　　　성 확보라는 『서경』에서의 천명사상을. 의례의 영역으

---

18) 김형찬, 「내성외왕(內聖外王)을 향한 두 가지 길 ― 퇴계(退溪)철학에서의 리(理)와 상
　　제(上帝)를 중심으로」, 『철학연구』 34, 고려대학교 철학연구소, 2007, 21쪽 참조.
19) ① 제帝의 왕王 개념: "帝乙歸妹."(「泰卦」六五, 「歸妹卦」六五); ② 제의 신神 개념: "王
　　用亨于帝, 吉."(「益卦」六二), "殷薦之上帝, 以配祖考."(「豫卦 大象傳」)

로 확대시킨 것이라 할 수 있다. ∎

『예기』와『대대례기』에는 '사망한 천자'를 '제帝'라고 칭한다고 하는 기록이 있다.

    ①『예기』: 천하에서 군주 노릇하는 이를 '천자'라고 한다. … 그가 붕어崩御하면 '천왕天王께서 붕어하셨다.'라고 말한다. … 그의 묘廟[사당]를[20] 조처하고, 그의 신주神主를 세웠을 때 는, (그를) '제帝'라고 일컫는다.[21]

    ②『대대례기』: 천자가 붕어하고, … 장례를 마치고 나서는 '제帝'라고 일컫는다.[22]

『서경』에서는 상제와 천 모두에 대해 공경스러워하는 태도를 엿볼 수 있으며, 거기에 비록 유일무이적이고 지고적인 상제의 성 격이 직접적으로 다루어지고 있지는 않지만 여타의 유가 경전에 서 보이는 그러한 상제의 특성에 관한 기록들을 보았을 때, 주나라 사람들에게는 분명 지고한 상제관이 자리해 있었다고 한다.[23] 비 록 주족이 상나라와는 별개로 자신들 고유의 문화를 지니고 있었 겠지만, 은상 문화의 테두리 안에 있었기 때문에 그들 문화와의 접 목 역시 필연적이었을 것이다. 그도 그럴 것이 주나라 왕의 시조라 고 하는 후직后稷은 바로 제帝의 아들로 설정되어 있다. 아래는『시 경』<생민生民>의 처음 구절로서, 후직을 낳은 강원姜嫄에 대한 이 야기를 노래하고 있다.

---

20) 여기서의 묘廟는 사당의 의미로 쓰였다.
21) 『禮記』, 「曲禮 下」: 君天下, 曰天子. … 崩曰天王崩. … 措之廟, 立之主, 曰帝.
22) 『大戴禮記』, 「誥志」: 天子崩, … 卒葬曰帝.
23) 李京源, 「『書經』에 나타난 上帝・天觀」, 『東洋哲學硏究』 16, 東洋哲學硏究會, 1996, 193~194쪽 참조.

생민生民을 처음 시작한 이는, 그가 바로 강원姜嫄이라네.
생민을 어떻게 하였을까?
능히 인禋의 의례를 행하고, 사祀의 의례를 행할 수 있어야지,
그 의례들로써 자식 없는 상황을 떨쳐버린다네.
제帝의 발자국[武]을 밟으며,
따라가 민첩히 하여,
흠歆의 의식을 하네.
…… ……
낳아 놓고[生] 길러 놓으니[育],
그가 바로 후직后稷이라네.24)

▌〈생민〉에서의 '제帝'에 대해, 모형毛亨은 고신 씨高辛氏, 즉 제곡고신帝嚳高辛을 말한다고 한다. 한 편『모시毛詩』를 해석한 정현은 그것이 상제上帝를 일컫는 것이라고 설명한다.25) 제곡고신은 요임금 이전의 전설 상의 제왕을 말하는데, 황제黃帝의 증 손이고 제요도당帝堯陶唐(요임금)의 아버지이다.26)
'제帝'가 고신씨를 가리키는 것이라고 한다면, 후직은 제왕의 아들이 되는 것이고, 또 '제帝'가 상제를 가리키는 것이라고 한다면, 후직은 제왕 신의 아들이 되는 것이다. 양쪽 모두 특수한 신분 임에는 분명하다.▌

---

24) 『詩經』, 「大雅/生民之什」, <生民>: 厥初生民, 時維姜嫄. 生民如何. 克禋克祀, 以弗無子. 履帝武, 敏, 歆, … 載生載育, 時維后稷.
25) 『毛詩注疏』卷24.
26) 『史記』, 「五帝本紀」: 帝嚳高辛者, 黃帝之曾孫也. … 帝嚳娶陳鋒氏女, 生放勛. … 帝嚳崩 … 放勛立, 是爲帝堯. … 自黃帝至舜·禹, 皆同姓而異其國號, 以章明德. 故, … 帝嚳爲高辛, 帝堯爲陶唐, 帝舜爲有虞, 帝禹爲夏后而別氏. ※ 위의 인용문『시경』<생민生民>에 대한 고문古文·금문今文 및 참위설적讖緯說的인 구체적이고 세밀한 분석은 박동인,「鄭玄의 今·古文 綜合과 그 정치철학적 함의」,『退溪學報』136, 퇴계학연구원, 2014, 273~ 274쪽 참고.

▌일반 하층민들에게 성姓이 존재하지 않았던 시대의 문물을 논하면서 '民(민)'을 백성이라고 해석한다면 오해의 소지가 생길 수 있다. 또 반대로 그 시대의 고전 속에서 '百姓(백성)'이라는 글을 그냥 백성으로 번역하는 것 역시 의미상 적지 않은 오류를 낳는다. 적어도 춘추전국시대 이전까지의 민과 백성은, 다음과 같이 정의할 수 있다. 民(민)은 일반 하층민으로, 고대의 농경사회에서 지배층에게 자신의 노동력을 제공하고 그 대가로 보호를 받는 이들[27]인 동시에, 식자識者 이외의 계층이다.[28] 百姓(백성)은 '수많은 성姓', 다시 말해 성을 갖고 있는 왕족 이하 공족과 귀족들 모두를 한꺼번에 일컫는 말이다. 따라서 그 시대의 민과 백성은 완전히 반대의 개념이 된다.

生(생)은 낳다의 의미도 있지만, 생장시킴·번식·번성시킴의 뜻을 지닌다.[29]

춘추전국시대 이전까지의 민과 생을 위와 같이 정의하였을 경우, 『시경』〈생민〉의 '생민生民'이 의미하는 것은 '피지배계층인 하민下民들을 생장시키고 번성하게 함.'이 된다.

고대의 초기 농경국가에서 바로 이 생민이 가능하기 위해서는 우선적으로 곡식의 소출이 많아야 한다. 따라서 지배자의 의무는 (본인이 직접 하거나 혹은 덕과 지혜를 갖춘 이들을 등용하여) 진보된 농경기술을 계발하고, 그와 동시에 파종 시기

---

27) 『孟子』, 「梁惠王上」: 梁惠王曰, "寡人之於國也, 盡心焉耳矣. 河內凶, 則移其民於河東, 移其粟於河內, 河東凶亦然. 察鄰國之政, 無如寡人之用心者, 鄰國之民不加少, 寡人之民不加多, 何也?" … 曰, "王如知此, 則無望民之多於鄰國也. 不違農時, 穀不可勝食也."

28) 『論語』, 「泰伯」: 子曰, "民可使由之, 不可使知之" 〔 공자가 말했다. "민民은, 그들로 하여금 무엇인가를 따르게 할 수는 있지만, 그들로 하여금 무엇인가를 알게 할 수는 없다." 〕 ; 徐鍇, 『説文繫傳』 卷34, 「通論 中」: 民者, 氓也, 萌而無識也.

29) 『詩經』, 「小雅」, <信南山>: 生我百谷.; 『周易』, 「繫辭 下」: 天地之大德曰生.; 『說文解字』 卷7, 「生部」: 生, 進也, 象艸木生出土上.

와 같은 정확한 농시農時에 대한 천문·역법적인 정밀한 측정 자료를 구비하고 있어야 하는 것이다. 〈생민〉의 시에서 보여주고 있는 것은 전자의 것이지만, 후직이 천문·역법적 지식까지 갖추고 있었다는 기록 역시 존재한다.("稷爲天官(직위천관)" ※ 이에 대해서는 바로 뒤에서 상세히 언급할 것이다.) ▌

위의 시구 다음으로 이어지는 <생민>의 내용은, 후직이 성장하며 많은 종류의 농작물을 심고 관리할 줄 알아가면서 풍요로움이 더해가는 상황을 노래하고 있다. 급기야 수확한 작물을 제기에 가득 담아 상제에게 흠향하는 모습으로 마무리된다.

이렇듯 『시경』의 <생민> 시는, 농작물의 풍요로움으로 인한 주족 하민들의 양적인 생장과 (상)제의 후손이라는 지도자의 특권의식의 표출에 대해 노래한 것으로 이해할 수 있다.

후직은 하나라 이전 요순시대의 인물이다. 앞에서 언급하였듯이 유목민족에서 시작된 주족에게 위와 같은 농경민족으로서의 이야기가 존재한다는 것은, 그것이 주周가 상商의 농경·정착 문화를 적극적으로 흡수하는 과정에서 만들어진 것이기 때문이라고 생각한다. 그리고 그 작업의 시작은, '농업을 시작하고 발전시킨 인물들로 설정된 후직과 공류公劉'의 업을 다시 일으켜 거행하였다고 하는 문왕의 조부 '고공단보古公亶父'로부터였을 것이라고 추정한다.

아래의 기사는 『사기』 「주본기周本紀」에 실려 있는 몇몇의 내용을 추려낸 것이다. 후직과 공류 고공단보로 이어지는 신화적인 기록들로, 주나라를 건국한 무왕의 증조인 고공단보의 실존 가능성 외에는 아직 역사적인 사실의 기록으로 추정하기는 어렵다.

주나라 후직后稷의 이름은 기棄이다. … 순임금이 그에게 이
르기를, "기棄야, 백성들이 굶주리기 시작하였으니, 그대 후직
이 '백곡을 각 시기대로 파종하여라.'[播時百穀]"라고 하였다.
기棄를 태邰 땅에 봉해주고 (관직의) 호칭을 후직后稷이라 하였
다. 별도로 희姬를 성姓으로 삼았다. …

(세월이 흘러 후직의 후예인) 공류公劉가 즉위했다. 공류는
비록 (그가 다스리는 곳이) 융戎과 적狄 오랑캐들의 사이에 끼
어 있는 (열악한 환경) 속이었어도, 후직의 업을 다시 닦아 나
갔다. 밭 갈고 씨 뿌리는 일에 힘쓰되, 토지(의 특성)에 맞게
(농사의 일을) 행하였다. …

(세월이 흘러 공류의 후예인) 고공단보古公亶父가 즉위했다.
고공단보는 후직과 공류의 업을 다시 닦아나가며 덕德을 쌓고
의義를 행하니, 나라 사람들[國人]이 모두 그를 높이 받들었
다.30)

앞의 두 인물들에게서는 '백곡을 각 시기대로 파종함'[播時百穀(파
시백곡)]과, '토지의 특성에 맞게 농사의 일을 행함' 등과 같은 농경
기술의 단계적 변화·발전 상황이 보인다. 마지막 인물인 고공단
보에게는 주周 천자국의 창업이 머지않음을 시사하듯, 군주의 덕德
과 의義라는 유가적인 색채가 느껴지기 시작한다.

> ▎필자는 위의 "播時百穀(파시백곡)"의 '時(시)'자를
> 절후節候의 의미로 해석하였다. 그것에 대한 부가적인
> 설명을 한다면 다음과 같다.
> 　播時百穀(파시백곡)은 『서경』 우서虞書「순전舜典」에서
> 가장 먼저 보이는 글이다.31) 『서경』에 나타나는 時(시)

---

30) 『史記』,「周本紀」: 周后稷名棄. … 帝舜曰, "棄, 黎民始饑, 爾后稷, 播時百穀." 封棄於邰,
號曰后稷. 別姓姬氏. … 公劉立. 公劉雖在戎狄之間, 復修后稷之業. 務耕種, 行地宜. …
古公亶父立. 古公亶父復修后稷·公劉之業, 積德行義, 國人皆戴之.
31) 『書經』,「虞書/舜典」: 帝曰, "棄, 黎民阻飢, 汝后稷, 播時百穀."

자는 무수히 많이 볼 수 있는데, 대개의 경우 그것은
'是(시)[이, 이것]'의 의미와, 그 글자의 본의인 계절 및
시후時候[절기]·시기 등 '때'의 의미로 사용된다.

'是(시)'의 의미로 사용된 사례는, 우서虞書「순전舜典」
의 "百揆時敍(백규시서)"와 「대우모大禹謨」의 "惟帝時克
(유제시극)", "時乃天道(시내천도)", 상서商書「탕서湯誓」
편의 "時日曷喪(시일갈상)"과 「이훈伊訓」 편의 "時謂巫
風(시위무풍), … 時謂淫風(시위음풍), … 時謂亂風(시위난
풍)." 등 외에도 다수가 있다.

'때'의 의미로 사용된 경우 역시 많이 볼 수 있는데,
우서「요전堯典」의 "敬授人時(경수인시)"와, 하서夏書「윤
정胤征」의 "廢時亂日(폐시난일)", "先時者殺無赦(선시자살
무사), 不及時者殺無赦(불급시자살무사).", 그리고 상서商書
「태갑太甲 중」의 "無時豫怠(무시예태)" 등 외에도 여러
사례들이 있다.

播時百穀(파시백곡)에서의 時(시)의 경우는, '是(시)'로
보는 것이 일반적이다.

정현은 자신의 『상서尙書』 주注에서 "時(시)는 읽기를
蒔(시)[모종내어 심다]라고 읽는다. [時(시), 讀曰蒔(독왈
시).] "라고 설명하면서, '파시백곡'을 "種蒔五穀(종시오
곡) [오곡의 씨를 뿌리고 모종한다.] " 내지 "播殖百穀
(파식백곡) [온갖 곡식들을 씨 뿌리고 잘 자라게 한다.] "
라고 해석하였다.32)

반면 송대의 호사행胡士行은 『상서상해尙書詳解』에서
'播(파)'를 '씨뿌림[種]'으로, '時(시)'를 '이것[是]'으로
해석하고 있다.33) 그가 '時(시)'를 '是(시)'로 본 것은 공

---

32) 『毛詩注疏』卷26,「周頌/淸廟之什」, <思文>: 思文后稷, 克配彼天. … 帝命率育. 無此疆
爾界, 陳常于時夏. [箋云── … 昔, 堯遭洪水, 黎民阻飢, 后稷播殖百穀.] [疏──「舜典」
云, "帝曰, 棄, 黎民阻飢, 汝后稷, 播時百穀." 注云, "阻, 讀曰俎. 阻, 厄也. 時, 讀曰蒔.
始者, 洪水時, 衆民厄於飢. 汝居稷官, 種蒔五穀, 以救活之." 是'黎民阻飢, 后稷播殖百穀'
也.]; 裴駰(宋),『史記集解』卷1,「五帝本紀」: 汝后稷, 播時百穀. [鄭玄曰, "時, 讀曰蒔."]
※ 정현의 『상서尙書』 주注가 현존하지 않기 때문에 보다 명확한 확인은 어렵다.

33) 胡士行(宋),『胡氏尙書詳解』卷1「舜典」: 汝后稷[稷, 五穀之長, 故主穀之官, 名稷.], 播

안국孔安國(前漢)에 근거한 것으로 보인다. 공안국은 播時百穀(파시백곡)에 대해 "布種'是'百穀(포종시백곡) ['이' 백곡의 씨를 뿌려 심다.]"이라는 해석을 하였다.[34]

그런데 이 공안국의 설명에 더해진 공영달孔穎達의 소疏를 확인해 보면, 다음과 같은 특이한 설명을 부가하고 있는 것을 볼 수 있다. "「呂刑」云(여형운), '稷降播種(직강파종).' 『國語』云(국어운), '稷爲天官(직위천관).'" 앞의 말은 주서周書의 「여형呂刑」 편에서 그대로 확인할 수 있다.[35] 그러나 뒤의 경우는 실제로 『국어國語』에서 찾아보기 어려운데, 청대의 몇몇 학자들도 그의 이 말이 분명하지 않음을 지적하고 있다.[36]

『국어』에 그 기록이 과거에 존재했었다가 언젠가 그 해당 죽간竹簡이 유실된 것인지, 혹은 공영달의 실수인지 알 수 없지만, 그가 『국어』를 인용해 말한 "稷爲天官(직위천관) [직稷이 '천관天官' 일을 하였다. (※ '하였다[爲]'는 '배웠다'로도 해석될 수 있음)]"에 대해 필자는 다음과 같이 판단한다.

직稷[후직]은 '천天'의 운행을 관찰하는 일을 겸하였거나 적어도 그와 같은 업무를 맡은 관원과의 공동 연합이 불가피한 관직이었다고 본다. 그렇게 생각하는 이유는, 수많은 곡식들[百穀] 각각에 맞는 정확한 파종 시기를 알기 위해서는 절기를 확인하지 않을 수 없기 때문

[種]時[是]百穀.

34) 『尙書注疏』 卷2, 「虞書/舜典」: 帝曰, "棄黎民阻飢, 汝后稷, 播時百穀." [傳——阻, 難, 播, 布也. 衆人之難, 在於飢. 汝后稷, '布種是百穀'以濟之.] [疏—— … 呂刑云, "稷, 降播種." 國語云. "稷, 爲天官."]

35) 『尙書』, 「周書/呂刑」: 伯夷降典, 折民惟刑. 禹平水土, 主名山川, 稷降播種, 家殖嘉谷.

36) 胡渭(1633~1714), 『洪範正論』 卷3: 三, 八政. 一曰食, 二曰貨, 三曰祀, 四曰司空, 五曰司徒, 六曰司寇, 七曰賓, 八曰師. —— 賈疏'稷爲天官'之說, 夫稷, 田正也, 而謂之天官, 殊未可曉然.; 秦蕙田(1702~1764), 『五禮通考』 卷213, 「嘉禮」 86, <設官分職(唐虞官制)>: 明堂位有虞氏官五十. … 朱子曰, 義和即是那四子. 或云, 有羲伯和伯共六人, 未必是. —— 夏殷以後, 始有大宰·司馬·司寇. 至天地·春夏秋冬六官之名, 則惟周禮有之, 自周以前, 未之有也. 賈氏, 以堯時稷, 爲天官. 司徒爲地官, 義和二伯爲之. 又以義叔爲夏官司馬, 皆出臆揣, 不可爲據.

이다. 절기를 아는 일은 밤하늘을 관측하는 데에서부터 시작하는 것이며, 그런 일을 하는 관원으로 '천관天官'이라는 표현을 쓴 것이다. 비록 그것이 『주례』「천관」편에서 표현된 '천관'의 직책과 부합되지 않더라도, 『사기』의 「천관 서書」편 내용들을 보면 그것은 오히려 천문天文 관측과 관련된 일로 표현되고 있다.

한편, 사호史浩(1106~1194)는 파시백곡播時百穀의 時(시)를 是(시)[이것]나 蒔(시)[옮겨 심음]의 뜻으로 설명하지 않으면서도, "백곡의 무성함은 시時[절기]로써 할 따름이다.〔百穀之茂(백곡지무), 以時而已(이시이이).〕"라는 언급을 통해, 간접적으로 時(시)가 '때'임을 넌지시 밝히고 있다.37) 그것은 대다수 선유들의 견해를 거스르지 않으면서 조심스럽게 자신의 견해를 드러내고자 한 것으로 판단한다.

이렇듯 파시백곡의 시時에 대해 몇몇 이설들이 존재하지만, 필자는 수많은 곡식들[百穀]을 파종할 때 각 절후에 맞는 파종 시기[時]를 염두에 둔 말로, 그것을 시후時候의 의미로 판단하였다. 따라서 '파시백곡'을 '온갖 곡식들을 각각의 파종 시기에 맞게 파종함'의 의미로 해석한다. ▮

2. 주대의 체 의례: 조상신의 분립과 탈신성화

'체禘'자는 갑골문에서는 아직 보이지 않고 있지만, 서주시대 금문 자료에 오면 그것은 이체異體의 형태로 표현되고 있다. 서주시

---

37) 史浩(宋), 『尙書講義』卷2, 「舜典」: 帝曰, … 播時百穀 —— 棄在堯朝, 已爲稷官. 民阻于饑, 能播百穀, 百穀之茂, 以時而已, 今而中之也. 蓋生民之本, 有在于是, 食爲八政之先 舜命相之後 卽申命稷知所本矣, 而稷亦自知非吾稼種天下之饑, 亦將未艾, 乃不辭而承命. 夫稷自孩童, 已能陳五種爲戲事. 是天生斯人, 以養天下之人, 則舜豈得不命之而爲天下後世法哉.

대 전기 '체禘'라는 새로운 제사 명칭이 등장하면서, 주나라 건국
직후 은상 문화의 영향을 받아 형성된 상제上帝에 대한 배향 의례
는 곧바로 체禘 의례로 대체된다. 아래는 『강희자전康熙字典』에서
체 의례를 설명한 내용이다.

> 『예위禮緯』에 수록된 "3년에 한번 협祫 의례를 하고 5년에
> 한번 체禘 의례를 한다."라는 말을 근거로, 정현은 "협은 큰 의
> 례이고, 체는 작은 의례이다."라고 말하였다. 왕숙王肅·장융張
> 融·공조孔晁의 무리들은 (그와는 반대로) '협이 작은 의례이고
> 체가 큰 의례이다.'라고 하였다. … 예경禮經을 상세히 고찰해
> 볼 때 체禘와 협祫은 실상 한가지이며, 체는 곧 (동짓달, 춘분
> 달, 하지 달, 추분 달 등 1년에 모두 4회 지내는) 시제時祭 중의
> 하나이다. … 대부분의 합제合祭를 모두 협이라고 하며, 체의
> 경우 … 대개는 제제帝祭의 명칭이다.[38]

> ▌위 인용문에서 언급한 '예경禮經'이란 통상적
> 으로 『의례』나 『예기』 『주례』 등을 말하지만 어
> 느 하나를 지목해 논하기는 어렵다. 다만 위 글에
> 서의 그것은 『예기』를 말하는 것으로 보인다.
> 『주례』에는 협祫 의례와 체禘 의례가 언급되어
> 있지 않으며, 『의례』의 경우는 「사우례士虞禮」 편
> 에서만 시우始虞의 애도사에서 "哀薦祫事(애천협
> 사) [애통하게 협사를 올립니다.]"라는 글에서
> 협 의례만 한번 언급되고 있다. 『예기』에서는 협
> 祫과 체禘 모두 언급되고 있으며, 특히 체 의례의
> 설명은 더욱 상세하다. ▌

---

38) 『康熙字典』, 「示部」, <禘>: 鄭康成據『禮緯』三年一祫, 五年一禘, 謂祫大禘小. 王肅·張
融·孔晁輩, 謂祫小禘大. … 通考禮經, 禘祫實一事, 而禘卽時祭中之一也. … 是凡合祭
皆爲祫, 禘…, 蓋帝祭之稱.

이와 같이 한대 이후의 논의들에서 체 의례에 대한 통일되지 않은 여러 가지 설명들을 볼 수 있는데, 이 책에서는 본 절의 이름에서 표현한 바와 같이 '주대'에 거행된 체 의례를 중심으로 논의를 진행할 것이다.

체禘는 '帝(제)'자에 신을 상징하는 '示(시)'를 덧붙여 이전의 상제를 표현한 것인데, 체의 제사는 이전 시대의 조상신으로서의 상제에 대한 제사 의식이 주나라에 정착되는 과정에서 그 실상에 맞게 새로운 모습으로 변화된 명칭이다. 다시 말해서 체는 '제왕의 선조 제례'로 새롭게 형성된 이름이다. 따라서 '체 의례'는 바로 '천자의 선왕에 대한 제사 의례'가 되는 것이다. (상)제와 체의 관련성은 다음 절의 서주시대 금문을 통한 문자 형태 및 자원字源에 대한 연구에서 보다 구체적으로 논한다.

아래는 강왕康王 때의 기록으로, 천자국인 주나라에서 선왕에 대한 체 의례를 이행한 『죽서기년竹書紀年』에서의 사례이다.

> 강왕 3년에 악곡樂曲과 가곡歌曲을 바로잡아 정리하였고, 선왕에게 (상례喪禮 기간이 끝난 이후의) 길례吉禮로서 하는 체 의례[吉禘]를 이행하였다.39)

또한 강왕 이전의 성왕成王대(13년)에는 제후국인 노나라가 주공의 묘廟에서 체 의례를 이행한 기록도 볼 수 있는데, 이 이야기는 아래와 같이 노나라의 태묘에서 주공을 위해 체 의례를 올린다는 『예기』「명당위」에서의 묘사로 부연된다.

---

39) 『竹書紀年』, 「康王」: 三年, 定樂歌, 吉禘于先王.

①『죽서기년』: 성왕 13년 하夏 6월에 노나라가 주공의 묘廟
에서 성대한 체 의례를 올렸다.40)

②『예기』: 계하季夏 6월에 체 의례로써 태묘에서 주공에게
사祀 제사를 올리는데, 희생의 제물[牲]로는 흰색의 수소[牡牛]
를 쓴다.41)

한대에 만들어진 『예기』와 『채중랑집』에서는 주공의 사후 성왕
이 주공의 업적을 기리는 차원에서 그를 위한 제사에서의 체 의례
를 노나라의 태묘에서 이행할 수 있도록 허락해 주었다고 한다.42)
그런데 주공의 사망은 노나라에서 체 의례를 이행하였다고 한 시
기인 성왕 13년보다 8년 후의 일이며,43) 성왕은 그 이전인 성왕 8
년부터 이미 주공의 섭정을 종료시키고 친정親政을 하고 있었다.
이 기록이 정확한 것이라고 한다면, 『죽서기년』 성왕 13년의 내용
은 노나라에서 체 의례를 이행한 최초의 사례라 할 수 있는 동시
에, 노나라의 체 의례가 주공의 사망 이전부터 시행되었다는 것이
된다. 다시 말해서 노나라가 주공의 묘廟에서 성대하게 올렸다는
그 체 의례의 대상은 주공이 아닌 주공의 선조가 되는 것이다. (그
리고 그 선조는 당연히 문왕文王이다.) 이는 종주宗周 풍경豊京에서
의 주공의 지위가 단순히 섭정공攝政公의 수준이었던 것인지에 당
혹스러운 의혹이 생기게 한다.

『춘추』 경문經文에서는 노나라의 태묘에서 주공을 위한 체 의례

---

40) 『竹書紀年』, 「成王」: 十三年, ⋯ 夏六月, 魯大禘于周公廟.
41) 『禮記』, 「明堂位」: 季夏六月, 以禘禮祀周公於大廟, 牲用白牡.
42) 『禮記』, 「明堂位」; 『蔡中郎集』 卷10, 「明堂月令論」: 禮記明堂位曰, "⋯ 成王幼弱, 周公
踐天子位以治天下, ⋯ 而天下大服." 成王以周公爲有勳勞于天下, 命魯公世世禘祀周公于
太廟.
43) 『竹書紀年』, 「成王」: 二十一年, ⋯ 周文公薨于豊.

를 이행한 실례를 한 차례 찾아볼 수 있다. 그것은 희공僖公 8년(B.C. 652)의 '用致夫人(용치부인)'이라는 말과 함께 수록된 "秋七月(추칠월), 禘于大廟(체우태묘)."의 기록이다.

> ▎『춘추』에서의 추秋 7월은 하지夏至 일이 들어 있는 음력 하지夏至 달을 말하는 것으로, 오늘날의 음력 5월이 된다. 『춘추』 경문에서의 역수 체계는 그 계절명이 오늘날의 춘하추동과 달랐다. 음력 동지冬至 달부터 1월로 기산해서 그때부터 3개월을 춘春의 계절이라 하였고, 음력 춘분春分 달부터 3개월을 하夏의 계절이라고 하였으며, 음력 하지夏至 달부터 3개월을 추秋의 계절이라고 하였고, 음력 추분秋分 달부터 3개월을 동冬의 계절이라 하였다.[44] ▎

이 이야기가 경문에 수록된 이유에 대해 『좌전』의 관점은, 태묘에서 바로 "用致夫人(용치부인)"을 하였기 때문으로 본다. 추秋 7월에 노나라의 태묘에서 체 의례를 이행하면서, 그 의례로써 부인夫人의 신주를 배향하여 안치한 것이다. 아래는 그 일에 대한 『좌전』의 말이다.

> 가을에 체 의례를 하여 애강哀姜의 신주를 그곳에 함께 안치시켰으니, 예禮가 아니다. 보통 부인夫人[제후의 아내]은 침寢에서 임종[薨]하지 않으며, 묘廟에서 빈殯을 하지 않는다. … 부인夫人의 신주를 (태묘에 배향하여) 안치하지 않기 때문이다.[45]

---

44) 서정화, 「『춘추』왕력① - 송대 이후 春秋曆數의 改月·改時 논의에 대한 소고」, 『동양고전연구』 67, 동양고전학회, 2017; 「『춘추』왕력② - 주대의 역법 일고찰」, 『동양철학』 47, 한국동양철학회, 2017 참조.

45) 『春秋左傳』, 「僖公 8年」: 秋, 禘而致哀姜焉, 非禮也. 凡夫人不薨于寢, 不殯于廟.… 則弗致也.

『춘추』 경문에 실린 기사들은 특정의 사안들이었으므로, 거기에 수록된 것만 가지고는 당시 노나라 태묘에서의 체 의례가 얼마나 자주 이루어졌는지를 가늠할 수는 없다. 그러나 또한 그것은 그 자체로 노나라의 태묘에서 그것이 이행된 사실을 확인할 수 있는 실질적인 자료가 되기도 한다.

아래는 『논어』에서 보이는 공자의 체 의례에 대한 언급인데, 그것이 천자의 의례임을 우회적이지만 힘 있게 말해주고 있다.

> 누군가 체禘의 설에 대해 물어왔다. 공자는, "모릅니다. 그 설을 아는 사람은 천하(를 다스리는 데)에 있어서, 아마 천하를 여기 이 (손바닥) 위에서 보는 듯이 할 것입니다."라고 말하면서 자신의 손바닥을 가리켰다.46)

> ▌공자에게 체禘의 설에 대해 질문하여 체禘 의례에 대한 관심을 내비친 그 '누군가[或]'는, 또 그 질문으로 인해 공자에게 간접적이고도 정중한 (?) 면박을 당한 그는, 필자가 보기에 삼환씨三桓氏의 부류이거나 그들에게 총애를 받고 있는 가신家臣 중 한 명일 것으로 판단한다. ▌

여기서 '체禘의 설을 아는 사람'[知其說者]은 '천하를 다스리는 일에 있는'[於天下] 천자를 일컫는 것이다. 공자가 체의 설에 대해 모른다고 말한 것은, 체 의례가 천자만이 행할 수 있는 일이었기 때문에 제후국인 노나라에 있는 자기 자신이나 그것을 질문한 그 '누군가[或]'가 거론할 수 있는 범위를 넘어선 것이라고 생각했기 때문일 것이다. 아래의 글은 체 의례가 천자의 의례임을 명확히 보여주고 있다.

---

46) 『論語』, 「八佾」: 或問禘之說. 子曰, "不知也. 知其說者之於天下也, 其如示諸斯乎." 指其掌.

예禮[제례]에서, 왕[天子]이 아니면 체禘 의례를 행하지 않는 다. 왕이 된 자는, 자신의 선조[祖]가 '누군가'로부터 출생한 (바로 그) '누구'에게 체 의례를 올려서, 자신의 선조를 '그'에 게 배향한다.[47]

이는 다시 말하면, 수많은 세대를 이어 출생한 왕 자신의 '첫 번 째 조상'인 '시조始祖 내지 그 시조를 낳게 한 이'에게 체 의례를 올리는데, 그때 '자신의 선조 혹은 그 왕조의 초조'[祖]를 그 '첫 번 째 조상'의 체 의례에 함께 배향한다는 의미이다. 주나라의 경우 그 '첫 번째 조상'이란 후직后稷(姬棄)을 말하거나, 혹은 『시경』<생 민生民>에서 노래한 바와 같이 그 후직을 낳게 한 (상)제를 일컫는 것이다. 아울러 초조[祖]는 대개의 경우 주나라의 천하를 처음 시 작한 왕인 문·무왕(특히 문왕)을 가리킨다.

이렇듯 체 의례는 천하를 다스리는 천자의 의례인 것이다. 그런 데 『춘추』의 경문에는 주공을 위한 태묘에서의 그것뿐만 아니라, 노나라의 공후公侯를 위한 체 의례의 사례도 보인다.

민공 2년의 하夏 5월 을유乙酉일, 장공莊公에게 체 의례를 이 행하였다.[48]

이 기록은 민공閔公 2년(B.C. 660)에 이행한 장공莊公을 위한 길 체吉禘 의례로서, 이는 천자나 주공이 아닌 제후를 위해 체 의례가 이행된 실례이다. 『춘추』 경문에 이 일이 수록된 이유에 대해 춘 추 3전傳에서의 시각은 그 의례의 이행 시기가 너무 빨랐기 때문 으로 보고 있다.[49] 『공양전』과 『곡량전』의 설명을 참고한다면, 『춘

---

47) 『禮記』, 「大傳」: 禮, 不王不禘. 王者禘其祖之所自出, 以其祖配之.
48) 『春秋』, 「閔公 2年」: 夏, 五月, 乙酉, 禘于莊公.

추』경문의 기록은 3년, 즉 만 25개월이라는 상례喪禮 기간이 아직
채 끝나기도 전에 선군의 제례 의식을 흉례凶禮가 아닌 길례吉禮의
방식으로 거행한 일에 대한 비난인 것이다. 그런데 다른 한편, 이
렇듯 춘추 3전 모두에서 체 의례를 공후에게 이행한 일에 대해 의
혹을 보이지 않는 것은, 춘추 전이 기록될 당시 이미 그것이 공후
들에게 이행되는 것이 이상할 것이 없었음을 알려주는 것이다. 아
울러 이러한 사례가 이 일이 발생한 민공 2년(B.C. 660) 당시에도
흔한 일이었는지 확인할 수는 없지만, 서주시기의 금문 중에서도
이와 같이 공후公侯에게 이행된 체 의례의 사례를 한 차례 찾아볼
수 있다.[50] 전한 말에 편집된『예기』의「왕제」편에서는 아래와
같이 체 의례를 제후의 제사로까지 확대 해석하고 있으며, 더 나아
가 4시제四時祭의 하나로 격하시킨 표현까지 등장한다.

　　천자와 제후의 종묘 제사는, 춘春의 계절에 올리는 것을 약
約 제사라 하고, 하夏의 계절에 올리는 것은 체禘 제사라 하며,
추秋의 계절에 올리는 것은 상嘗 제사라 하고, 동冬의 계절에
올리는 것은 증烝 제사라 한다.[51]

이는 체 의례가 처음에는 주나라 천자만의 의례였지만, 점차적
으로 제후의 의례로도 활용되어 갔음을 의미하는 것이다. 이렇듯

---

49)『左傳』,「閔公 2年」: 夏, 吉禘于莊公, 速也.;『公羊傳』: 其言吉何. 言吉者, 未可以吉也.
　　曷爲未可以吉. 未三年也. 三年矣, 曷爲謂之未三年. 三年之喪, 實以二十五月.;『穀梁傳』:
　　吉禘者, 不吉者也. 喪事未畢, 而擧吉祭, 故非之也.
50) <번유繁卣 명문銘文> 중에 있는 "公禘彭辛公祀(공체□신공사)"라는 글은 공후公侯의 체禘 의
　　례 이행 사례가 된다.(秦建文,「從靑銅器銘文看商周的祭祀活動」,『中国文字研究』, 2003,
　　5쪽 참고.)
51)『禮記』,「王制」: 天子·諸侯宗廟之祭, 春曰礿, 夏曰禘, 秋曰嘗, 冬曰烝. ※「제통祭統」편
　　에서도 체禘 의례를 4시제四時祭의 하나로 표현하고 있다.(『禮記』,「祭統」: 凡祭有四時,
　　春祭曰礿, 夏祭曰禘, 秋祭曰嘗, 冬祭曰烝.)

그것이 제후들의 제사로까지 확대된 것은 주나라 초기 이후 천자의 세력이 점차적으로 약화되어 간 것이 그 원인으로 작용한 것이 아니었을까 생각한다. 그렇다면 권병權柄의 세력이 제후를 능가할 만큼 강성해진 대부들 역시 체 의례를 참람히 이행한 사례도 있었을 것으로 생각되는데, 그에 대한 예는 아래 『논어』의 기록을 통해 추정해 볼 수 있을 듯하다.

> 공자가 계씨季氏를 일러 말하기를, "팔일무八佾舞의 춤이 (계씨의) 묘정廟庭에서 연출되었는데, 이것을 차마할 수 있다니, 무엇인들 차마할 수 없을까?"라고 하였다.52)

팔일무의 춤은 왕의 묘정廟庭에서 공연할 수 있는 천자의 의례에 속하는 것이다.53) 계손씨季孫氏가 대부의 신분으로 자신들 가家의 묘정에서 두 단계를 뛰어 넘는 천자의 의례를 이행한 일에 대한 공자의 위와 같은 탄식은, 그들이 제후는 물론 천자까지 능멸하는 마음을 지닌 데에 대한 분노의 표출인 것이다. 아울러 이는 그들이 하고자 한다면 체 의례 정도는 아무런 거리낌 없이 이행할 수 있었음을 보여주는 일례이기도 하다.

그런데 체 의례가 4시제의 하나로 언급된 위의 『예기』 「왕제」와 「제통」 편에서의 설명에서 그것이 하夏 계절의 제사["夏(祭)曰禘"]로 묘사되고 있는데 반해, 같은 책 『예기』의 「교특생」과 「제의」 편에서는 그것이 춘春 계절의 제사["春禘"]로 포함시킨 것을 볼 수 있다.54) 또 다른 편목인 「명당위」에서는 체 의례를 소서·대서의 절

---

52) 『論語』, 「八佾」: 孔子謂季氏, "八佾舞於庭, 是可忍也, 孰不可忍也."
53) 『論語集註』卷2, 「八佾」第3: 孔子謂季氏, "八佾舞於庭, … [季氏, 魯大夫季孫氏也. 佾舞, 列也. 天子八·諸侯六·大夫四·士二, 每佾人數, 如其佾數.]
54) 『禮記』, 「郊特牲」: 饗禘有樂, 而食嘗無樂. … 故春禘而秋嘗.; 「祭義」: 是故, 君子合諸天

기 중에["季夏六月"] 치루는 의례로 표현하였고,55) 「잡기 하」편에서는 더욱이 하지 때에 실시한다는 설을 소개하기도 하였다.

맹헌자孟獻子가 다음과 같이 말했었다. "정월의 동짓날[正月日至]은 상제에게 (제례를 올리는) 일을 갖출 수 있다. 7월의 하지 날[七月日至]은 선조에게 (제례를 올리는) 일을 갖출 수 있다." 7월이 되어서 (선조에게 올리는) 체禘 의례를 하는 것은, 헌자獻子가 말했던 것이다.56)

> ▌여기서의 정월正月은 현재 동지冬至 일이 들어 있는 음력 11월을 말하는 것으로, '正月日至(정월일지)'는 동짓달의 동지 일을 말하는 것이다. 그리고 7월은 현재 하지夏至 일이 들어 있는 음력 5월을 말하는 것으로, '七月日至(칠월일지)' 역시 하지달의 하지 일을 말하는 것이다. 이는 인월 세수寅月歲首인 하력夏曆이 아닌, 이른바 자월 세수子月歲首라고 하는 주력周曆, 즉 주나라의 왕력王曆을 기준하여 표현한 것이다. 주나라 왕력은 『춘추』경문의 기본적인 역법 체계이기도 하다. ▌

이와 같이 『예기』 한곳에서도 체 의례의 시기에 대해 여러 이설들이 존재하는데, 『주례』「춘관 종백」과 『이아』에서는 4시제에 체禘의 이름이 빠져 있기도 한다.

① 「춘관 종백」: 대종백大宗伯의 직무는 나라[邦]를 세우게 한 천신天神·인귀人鬼·지기地祇에 대한 제사 의례를 관장하는

道, 春禘·秋嘗. 樂以迎來·哀以送往, 故禘有樂而嘗無樂.
55) 『禮記』, 「明堂位」: 季夏六月, 以禘禮祀周公於大廟, 牲用白牡.
56) 『禮記』, 「雜記 下」: 孟獻子曰, "正月日至, 可以有事於上帝. 七月日至, 可以有事於祖." 七月而禘, 獻子爲之也.

데, … 사祠 제사의 예로써 선왕에게 춘春 계절의 향享 의례를
올리고, 약祠 제사의 예로써 선왕에게 하夏 계절의 향 의례를
올리며, 상嘗 제사의 예로써 선왕에게 추秋 계절의 향 의례를
올리고, 증烝 제사의 예로써 선왕에게 동冬 계절의 향 의례를
올린다.57)

　　② 『이아』: 춘제春祭를 '사祠'라고 하고, 하제夏祭를 '약祠'이
라고 하며, 추제秋祭를 '상嘗'이라고 하고, 동제冬祭를 '증蒸'이
라고 한다.58)

이것은 「춘관 종백」과 『이아』가 사시제의 종류 및 명칭에 대한 시
각이 동일함을 보여주는 것이다. 『설문해자』에서는 '사祠'와 '약祠'
제사에 대해서 위의 「춘관 종백」과 『이아』와 같은 입장을 보인
다.59)

주나라의 종묘 제례가 이처럼 계절별로 다양하게 분화된 모습
은 오행 및 시령 사상의 정착과 관련이 있어 보인다. 따라서 체 의
례의 성격이 사시제의 하나로 변하는 조짐이 보이기 시작한 시기
를 그 사상이 유행하기 시작했던 전국시대 즈음으로 추정할 수 있
지만, 그것이 완전한 사시제로 간주된 시기는 한대 이후부터였을
것이다. 그렇게 판단하는 이유는, 적어도 전한 초 이전에 형성된
것으로 생각되는 『주례』「춘관 종백」과 『이아』에서 앞에서도 언
급하였듯이 체가 사시제의 종류에 포함되지 않은 것을 들 수 있다.
상나라 최고통치자의 조상신으로부터 시작된 상제 관념은 주나
라 개국 초 주공에 의해 선왕에 대한 제사 의례의 형식으로 수용

57) 『周禮』, 「春官宗伯」: 大宗伯之職, 掌建邦之天神·人鬼·地示之禮, … 以祠春享先王, 以
　　祠夏享先王, 以嘗秋享先王, 以烝冬享先王.
58) 『爾雅』, 「釋天」: 春祭曰祠, 夏祭曰祠, 秋祭曰嘗, 冬祭曰蒸.
59) 『說文解字』卷2, 「示部」: 祠, 春祭曰祠.; 祠, 夏祭也.

되지만, 곧바로 '성강지치成康之治' 치세를 이룬 성왕과 강왕대 즈음부터 그것은 체 의례의 형태로 변화된다. 상제는 지상신과 같은 천신에 버금가지만 체는 통치자의 인귀人鬼의 성격이 있는 것이다. 그렇듯 상제라는 신성神性보다 더 인간에게 가까워진 체는, 천자의 선왕만을 위한 제례에서 시작되어 제후의 선제후에 대한 제례로 점차적으로 그 대상이 확대되었고, 더 나아가 공자가 활동했던 춘추 말에 오면 대부의 선조 제사로까지 적용된 징후를 보이기도 한다. 『예기』가 편집된 전한 말에는 결국 그 권위가 축소되면서 사시제 중의 하나로 인식되기에 이른다.

▎이러한 상제관上帝觀과 그것으로부터 형성된 체 의례의 위상 변화 과정은, 각 시대별 예禮가 갖는 수단적 의미의 변화 과정을 고스란히 담고 있는 듯하다. 은상의 예는 인간 의지와 무관한 신과 그 신을 대리하는 통치자 한 사람만을 위한 종교적 성향을 강하게 띤다. 이는 예가 제례祭禮로부터 시작된 근거이기도 하다.

서주시대의 과도기를 거쳐 춘추시대 이후의 그것은 신성神性과 멀어진 지배자의 현실적인 권위 확보라는 차원에서 정치적·도덕적 규범화를 이루는 데 사용된다. 전국시대에 와서 예의 소비 주체가 모든 귀족 계층과 지식인 계층으로까지 확대되면서 그것의 세속적 보편화가 이루어지는 동시에 내면적 도덕성으로 승화되기에 이른다.60)

이와 같이 상제라는 신성을 탈각시키고 보다 인간 위주의 체 의례를 새롭게 등장시킨 것은, 당시의 신성에 대한 회의 현상과 무관해 보이지 않는다.61) ▎

---

60) 李文周,「春秋戰國時代에 있어서 儒家 禮의 形成過程과 特徵」,『儒教思想研究』9, 韓國儒教學會, 1997, 424~426쪽 참고.
61) 한편, 천天이나 신神에 대한 회의는 은·주 교체기에 '가변적인 천명天命'으로 드러나지

3. 금문에서의 啻(시)의 의미: 適(적)과 禘(체)의 혼용

앞의 1절에서 논하였듯이, 상나라 때에는 제帝와 개介를 적서嫡庶의 유사어로 사용하여 직계와 방계를 분별하였다. '帝(제)'자를 직계의 선왕이라는 의미로 사용한 예를 갑골문에서 확인할 수 있으며, 그 기록에 보이는 '帝子(제자)'라는 표현은 (바로 직계 혈친血親 자식으로서의) '적자嫡子'를 가리키는 것이다. 그렇기 때문에 (갑골문의) 이 '帝(제)'자는 바로 '適(적)[嫡]'자의 전신이 된다고 한다.[62]

이에 따라 이번 절에서는 서주시기의 금문에도 帝(제)자가 適(적)[嫡]자의 의미로 사용되고 있는지, 그리고 상제 관념으로부터 형성된 체禘 의례가 금문에서는 어떠한 형태로 서술되어 있는지를 살펴볼 것이다.

서주시대의 금문에는 帝(제)와 관련하여 '啻(시)'라는 글자를 볼 수 있다. 啻(시)는 '帝(제)'와 '口(구)'로 구성된 글자이다. 그것은 오늘날 '다만', '~일 뿐' 정도의 의미로 알려져 있다. 그런데 금문에서는 그것이 '적통[適·嫡]'의 의미로 사용되고 있다. 適(적)[嫡]자를 구성하고 있는 '啇(적)'은 그 꺾임과 획의 장단이 약간 다를 뿐 실상은 '啻(시)'와 동일한 형태를 갖추고 있다.

아래는 서주시대 금문에서 '啻(시)'자가 嫡(적)의 뜻으로 사용된 예이다. <사호궤師虎簋 명문> 〔그림 7〕[63]과 <사유궤師酉簋 명문> 〔그

만, 그러나 그것은 이미 은나라 말기에도 나타난 현상이라고 한다.(李文周, 「中國 古代의 天觀에 대한 연구」, 『東洋哲學研究』 10, 東洋哲學研究會, 1989, 12~13쪽 참조.)

62) 趙林, 「論商代的父與子」, 『漢學研究』 21-1, 民國92(2003), 16쪽(裘錫圭, 「關於商代的宗族組織與貴族和平民兩個階級的初步研究」, 『文史』 17, 1982의 재인용) 참조.

63) 〔그림 7〕의 <사호궤 명문> 탁본그림 출처: 박원규(감수)·최남규(고석)·여동인(임서), 『西周金文精選 三十三篇』, 서예문인화, 2010, 340쪽.

림 8 】 [64) 등 두 곳에서 확인된다.

① <사호궤 명문> 원문: 王乎[呼]內史吳曰, 冊令虎. 王若曰, "虎! 載先王旣令, 乃曼[祖]考事'畜[嫡]'官. …"

⇨ 해석: 왕은 내사內史 오吳를 불러 호虎에게 명할 것을 방책方冊에 기재토록 하였다. 왕은 다음과 같이 말하였다. "호虎야, 선왕께서 이미 명을 내리셔서, 너의 조고祖考로 하여금 (대대로 이어준) 적관嫡官[畜官]의 일을 하도록 하셨다."[65)

② <사유궤 명문> 원문: 師酉立中廷, 王乎[呼]史□冊命, "師酉嗣[司], 乃且[祖]'畜[嫡]'官, 邑人·虎臣·西門夷 …"

⇨ 해석: 사유師酉가 중정中庭(의 위位)에 섰다. 왕이 사관史官을 불러 (다음과 같은) 명命을 방책方冊에 기재토록 하였다. "사유사師酉司는 너의 선조의 적관嫡官[畜官]이 되어 읍인邑人과 호신虎臣과 서문이西門夷 … 등을 다스리는 일을 관장하라."[66)

【 그림 7 】
〈사호궤 명문〉 탁본

【 그림 8 】
〈사유궤 명문〉 탁본

---

64) 【 그림 8 】 의 <사유궤 명문> 탁본그림 출처: 호동백과互動百科(http://www.baike.com).
65) 사호궤 석문釋文 자료와 그 명문銘文의 탁본 내용은 박원규(감수)·최남규(고석)·여동인(임서)의 『西周金文精選 三十三篇』(서예문인화, 2010), 340~341쪽을 참고하였음.
66) 사유궤 석문釋文 자료와 그 명문銘文의 탁본 내용은 호동백과를 참고하였음.

그런데 한편 서주시대 금문에서의 이 啻(시)자는 적통[嫡]의 의미뿐만 아니라 '禘(체)'의 뜻으로도 사용되고 있음을 볼 수 있다. 啻(시)자가 禘(체)의 의미로 쓰인 사례는 <소우정小盂鼎 명문>【그림 9】67)과 <나정剌鼎 명문>【그림 10】68) 그리고 <선궤鮮簋 명문> 등 세 곳에서 찾아볼 수 있다. <소우정 명문>은 주나라 초대 왕인 무왕과 그의 아들 성왕에게 올린 체 의례의 내용을 담고 있고, <나정 명문>과 <선궤 명문>에서 행한 체 의례는 모두 소왕昭王(제4대)에게 올린 경우이다.

③ <소우정 명문> 원문: 用牲, '啻[禘]'周王武王·成王.

⇨ 해석: 생우牲牛를 사용하여, 주나라의 왕인 무왕武王과 성왕成王에게 '체禘' 의례를 올렸다.69)

▎'생우牲牛'란 몸 전체가 흠 없이 완전한 소의 희생을 말하는 것이다.70)▎

④ <나정 명문> 원문: 丁卯, 王'啻[禘]'. 用牡于大室, '啻[禘]'卲[昭]王.

⇨ 해석: 정묘丁卯일에 왕이 '체禘' 의례를 올렸다. 태실太室에서 모우牡牛를 사용하여, 소왕昭王에게 '체禘' 의례를 올린 것이다.71)

---

67) 【그림 9】의 <소우정 명문> 그림 원본 출처: 백도도편百度圖片(https://image.baidu.com).
68) 【그림 10】의 <나정 명문> 탁본그림 출처: 백도백과.
69) 소우정 석문釋文 자료 및 명문銘文 내용은 백도백과를 참고하였음.
70) 『說文』卷3,「牛部」: 牲, 牛完全. 从牛生聲. ※『설문해자』에서의 '从○○聲(종○○성)'의 표현은 그것이 형성자임을 나타내는 것이다.(李忠九,「說文解字에 나타난 漢字字源 硏究」,『漢字漢文敎育』17, 韓國漢字漢文敎育學會, 2006, 99쪽 참조.) 그렇게 본다면, "从牛(종우)"에서의 牛(우)는 牲(생)이라는 글자의 '주된 의미'를 나타내는 상형의 표현이고, "生聲(생성)"에서의 生(생)은 그 글자의 '성음'이 되는 것이다. 그러나 한편 牲(생)자를 '소[牛]의 완전체'로 설명한 것은, 『설문해자』의 시각이 여기서의 '生(생)'자가 성음만을 담당한 것이라고 보지는 않은 것이다.

▌'모우牡牛'는 앞에서 언급한 '생우牲牛'와 같은 의미로, 서주시대 금문에서의 '모牡'와 '생牲'은 서로 혼용되었다. 따라서 모우, 즉 생우는 소의 수컷[牡] 중에서 몸 전체가 흠 없이 완전한 상태로 생육된[牲] 희생犧牲 용도의 소를 말하는 것이다. ▌

[그림 9]
〈소우정 명문〉

[그림 10]
〈나정 명문〉 탁본

⑤ <선궤 명문> 원문: 王才[在]蒡京, '啻[禘]'于卲[昭]王.

⇨ 해석: 왕이 방경方京[鎬京]에 있으면서 소왕昭王에게 '체禘' 의례를 올렸다.72)

▌곽말약郭沫若이 위의 蒡['艸(초)'+'스(집)'+'方(방)'+'廾(공)']을 '豊(풍)'이라고 해석하였으나, 당란唐蘭에 의하면, 蒡은 곧 '方(방)'을 말하는데, 호

71) 나정 석문釋文 자료와 그 명문銘文의 탁본 내용은 백도백과를 참고하였음.
72) 선궤 석문釋文 자료는 백도백과를 참고하였고, 그 명문銘文의 탁본 내용은 염정삼, 「점복(占卜)과 제사(祭祀)에 관한 문자 연구 ― 중국 문화의 종교적 기원과 그 연속성에 대하여」, 『서강인문논총』 26, 서강대학교 인문과학연구소, 2009, 230쪽 '鮮簋銘文' 그림을 참고하였음.

경鎬京은 서로 근접해 있는 호鎬와 방方 지역 모두
를 포괄하였다고 한다.[73]

　이미 앞에서 서술한 바와 같이, 풍경과 호경에
대해 다시 한 번 정리한다면 다음과 같다. 풍경豐
京은 서백西伯(文王)이 천도하여 제후국의 국도國都
로 기능하였던 곳으로, 그가 생전에 사용하였던
묘廟인 주나라 태묘가 있는 곳이다. 호경鎬京은 문
왕의 명에 의해 무왕武王이 태자 시절에 영건하여
이후 자신의 국도로 사용한 곳으로, 천자天子의 조
정朝廷으로서의 종묘가 있는 곳이다. 두 지역은 서
로 근접해 있으며 모두를 아울러서 종주宗周라고
일컫는다. ▌

　이상에서 볼 수 있듯 체 의례는 선군에게 올리는 '인귀人鬼'를
위한 제사였음을 알 수 있다. 아울러 '禘(시)'가 '嫡(적)'과 '禘(체)'를
동시에 의미하였다는 것은, 체 의례가 '적통'으로서의 군주가 시행
하는 의례였음을 나타내는 것이다.

　한편 이 禘(시)자는 갑골문에서는 찾아보기 어려운데, 이는 그것
이 주대에 새롭게 추가된 자형이기 때문인 것으로 판단된다. 상대
와 주대에 모두 왕의 직계直系·적통嫡統이라는 의미의 글자가 주
대에 이르러 전대의 帝(제)에 '口(구)'자를 추가시킨 모습으로 변한
이유가 무엇인지 분명하지 않지만, 그것은 어쩌면 적통의 군주로
서 선조들에게 올리는 제사 방식의 차이에서 비롯된 것이 아닌가
생각한다.

　『설문해자』에서는 '口(구)'를 "사람들이 그것으로 말하고 먹는
것이다. [人所以言食也(인소이언식야).] "라고 설명하고 있다. 보통

---

73) 박원규(감수)·최남규(고석)·여동인(임서), 『西周金文精選 三十三篇』, 서예문인화, 2010,
　84~85쪽 참조.

제사에 사용하는 희생犧牲은 그 '牲(생)'자에서 볼 수 있듯 희생의 온전한 몸 전체를 제물로 사용하는데, 牲(생)은 그것이 신성한 제물로 쓰이기 위한 '몸 전체가 온전하게 살아있는 생생한 상태'임을 나타낸다.74) 그런데 주대의, 특히 조상을 위한 제사의 제물과 관련하여서는 '헌獻'과 '향享' 등이 등장하는데, 이는 제사가 끝나고 나서 참례한 친족들과 함께 그 제사 음식으로 곧바로 연향宴享을 즐길 수 있는 '익힌 음식'을 표현한 것들이다.75)

『대대례기』「조사朝事」편에는 "享祀於太廟(향사어태묘)."라는 글이 보인다. "태묘에서 향사享祀의 의례를 행한다."라는 이 글과 유사한 몇몇 사례들을 아래에 정리하였다.

┃享祀(향사)는 享(향)과 祀(사)가 각각 다른 별개의 의식이다. 享(향)은 제례를 마친 후 참례자들이 모두 함께 연향을 벌이는 의례를 말하며, 祀(사)는 그 제사 대상을 명확히 규정한 의례이다. 이에 대한 보다 상세한 논의는 다음 절에서 따로 논한다. ┃

① 『죽서기년』「성왕 9년」: 春正月, '有事于太廟(유사우태묘)', 初用勺. ⇨ 춘의 계절 정월에, '태묘에서 (제사의) 일을 갖추었는데,' 우선 勺(작)을 쓰는 의례로 시작하였다.

---

74) 『說文解字』卷3,「牛部」: 牲, 牛完全.; 『春秋穀梁傳』,「哀公 元年」: 全曰牲, 傷曰牛. … 有變而不郊, 故卜免牛也.; 『周禮注疏』卷4,「天官冢宰」: 庖人, 掌共六畜·六獸·六禽, 辨其名物. [注──六畜, 六牲也. 始養之曰畜, 將用之曰牲.]

75) 『康熙字典』,「犬部」16, <獻>: 說文 "宗廟犬名羹獻, 犬肥者以獻之." … 禮(記)曲禮 "犬曰羹獻." … 爾雅釋詁 "享, 獻也." 疏 "致物於尊者曰獻." 周禮天官…膳夫 "王燕飮酒, 則爲獻主." … 詩(經)小雅 "有兎斯首, 炮之燔之. 君子有酒, 酌言獻之."; 「亠部」6, <享>: 獻也·祭也·歆也. … 孔安國曰, "奉上之謂享." 又宴享, 左傳成(公)十二年 "享以訓恭儉, 宴以示慈惠." … 詩(經)小雅 "吉蠲爲饎, 是用孝享." 又前漢(書)「禮樂志」郊祀歌 "嘉薦列陳, 庶幾宴享. 滅除凶災, 烈騰八荒.";『大戴禮記』,「朝事」: 率而享祀於太廟, 所以教孝也.

②『죽서기년』「성왕 25년」: 冬十月, 歸自東都, '有事于太廟(유사우태묘).' ➪ 동의 계절 10월에, 동도 낙읍洛邑에서 돌아와서는 '태묘에서 (제사의) 일을 갖추었다.'

③『춘추』「문공 2년」: 秋 … 八月, 丁卯, '大事于大廟(대사우태묘)', 躋僖公. ➪ 추의 계절 8월 정묘일에, '태묘에서 (제사의) 일을 성대하게 열었는데', (선친인) 희공僖公을 (그보다 선왕인 민공閔公보다) 올려 모셨다.

④『춘추』「선공 8년」: 夏六月, … 辛巳, '有事于大廟(유사우태묘).' ➪ 하의 계절 6월 신사일에, '태묘에서 (제사의) 일을 갖추었다.'

위의 "有事于大廟(유사우태묘)"에 대해 이여규李如圭(宋)는 다음과 같이 설명하고 있다.

'태묘에서 (제사의) 일을 갖추었다.' 함은, 군소·군목群昭群穆 들이 모두 한자리에 모여 있어도 그 윤서倫序[倫]를 잃지 않았다는 것이니, 이를 '친소親疏의 쇄쇄함'이라고 한다.[76]

이여규의 이와 같은 설명은, 태묘에서의 제례에 그 제사 대상의 수많은 후손들이 모두 참례하였음을 말하고 있는 것이다.

주나라 무왕은 은나라 정벌에 성공하고 목야牧野의 전장에서 돌아와서, 풍豊 땅의 태묘에서 향饗 의례를 이행하였다고 한다.[77] 문왕이 생전에 사용했었던 정전인 이 태묘에서의 향饗 의례는 바로 부왕

---

76) 李如圭(宋),『儀禮集釋』卷26,「特牲饋食禮(第十五)」: '有事于太廟', 則羣昭羣穆咸在, 而不失其倫, 此之謂親疏之殺.
77)『竹書紀年』,「周武王」: 十二年辛卯, 王率西夷諸侯伐殷, 敗之于坶野. … 夏四月, 王歸于豊, 饗于太廟.

父王(文王)에 대한 제례를 겸비한 친족들과의 연향宴饗인 것이다. 이로써 享(향)이나 饗(향)이 선조에 대한 제례의 형식으로서, 제사 행위와 참례자들과의 연향이 함께 이루어지는 의례였음을 알 수 있었다.

한편, 당대唐代의 가공언은 『주례』에 대한 설명에서, "천신天神에게 올리는 제사를 '사祀'라고 부르고, 지기地祇에게 올리는 제사를 '제祭'라고 부르며, 종묘에서의 (선조에 대한) 제사를 '향享'이라고 부른다."78)라고 하였다. 그런데 그와 동시대의 인물인 현응玄應은 천天에 올리는 제사는 '사祠'나 '제祭'이고, 지地에 올리는 제사는 '사祀'라고 생각하였다.79) 다시 말해, '사祠'에 대해서 가공언은 천天의 제사라고 설명한 반면, 현응은 지地의 제사라고 설명하였고, '제祭'에 대해서 가공언은 지地의 제사라고 설명한 반면, 현응은 '사祠'와 함께 천天의 제사라고 설명한 것이다. 이는 여러 제사 명칭들에 대한 개념을 학자들마다 다르게 인식하고 있는 것이다.

이와 같이 그러한 의례의 용어들을 혼용하여 사용하는 것이 개략적인 의미 전달에는 그다지 큰 문제가 없다고 해도, 그것들 간의 명확한 차이에 대한 이해 및 그 의례를 이행하고자 했던 본연의 목적 등을 가늠하고자 할 경우 혼란스러운 점이 없을 수 없다. 따라서 여러 종류의 제사들 각각의 본의에 좀 더 부합될 수 있는 논의가 필요하다고 생각한다. 한자가 표의문자表意文字라는 것에 착안해서 필자는, 그 글자들의 상형 및 구성 요소들에 대한 간략한 분석과 동시에 고전에서의 그것들과 관련한 묘사를 통해, 몇몇 제사 명칭들의 본의 및 그 이행 목적 등에 대한 추정을 시도해 보면서 본 논의를 마치고자 한다. 그에 대해 아래 별도의 장에서 논한다.

---

78) 『周禮注疏』, 「地官司徒」: 以雷鼓鼓神祀. [疏——天神稱祀, 地祇稱祭, 宗廟稱享.]
79) 玄應(唐), 『一切經音義』: 祠, 祭也, 天祭也. 祀, 地祭也.(출처: 백도백과)

4. 祭(제)·祀(사)·祠(사)·享(향)

1) 祭(제)

'祭(제)'는 일반적으로 잘 알려져 있듯이, 육류를 제물로 사용하는 제사를 말한다. 대부분의 제사 용어에 등장하는 '示(시)'자와, 그 위로 육류[月=肉]와 오른손[又]을 포함시켜 손에 제물로 쓰는 고기를 들고 있는 모습의 글자이다. 따라서 祭(제)는 '외형적인 제수 음식의 종류'를 표현한 것이다.

2) 祀(사)

『설문해자』에서, "祀(사)는 몸[巳=己]이 없는 이에게 제祭를 올리는 것이다."80)라고 하였다. 한문 고전에서의 巳(사)와 己(기)와 已(이)는 서로 호환해서 사용된다. 그렇듯이 '祀(사)'는 몸이 사라진 상태의 존재인 '이미 돌아가신 분', 즉 선조에게 그 몸[己]이 현존해 있다는 상상 하에 올리는 제사인 것이다. 단옥재는 祀(사)에 대해 다음과 같은 설명을 부가하고 있다.

> (祀(사)는) 몸[己]이 없는 것에 제사하는 것이다. 그 말을 분석해 보면, '(이미) 몸[己]이 없어진 존재에 제사지냄'을 '祀(사)'라고 하는데, 글자가 '巳사[己=몸]'자로부터 만들어졌지만 풀이는 '巳사[몸]가 없음'이라고 한다. 이를테면 다음과 같다. '잘 다스림[治]'을 '어지러움[亂]'이라고 하고, '나아가버림[徂]'을 '존재함[存]'이라고 하니, 마침[終]에는 (새로운) 시작[始]이 있다는 의미와 같은 것이다.81)

---

80) 『說文解字』,「示部」: 祀, 祭無巳也.

'祀(사)'자에서의 '巳(사)'가 갑골문이나 금문 등에서 사람이나 어린아이를 나타내는 형태로 표현된 것으로 보아,[82] '巳(사)'는 시동 尸童을 의미한다고도 할 수 있다. 고대 선조들의 제사에는 시동을 두었다. 이와 관련해서 『의례』의 「특생궤식례特牲饋食禮」・「소뢰궤식례少牢饋食禮」・「유사철有司徹」 등과 『예기』의 여러 편들에서 제사에서의 시동에 관한 많은 기록들을 찾아볼 수 있다.

'祀(사)'자에서의 '巳(사)'가 시동[尸]을 말하는 것이든, 또 망자가 되어 이미 몸[己]이 사라진 (과거에 몸이 있었던, 그러나 현재는 없는) 상태의 인귀人鬼를 말하는 것이든, 그 두 가지 모두 천신天神이나 지기地祇 혹은 산천신山川神 등과 같은 천지・자연신이 아닌, 선조先祖를 위한 제사임에는 분명해 보인다. 따라서 祀(사)는 '제사 받는 그 대상이 무엇[누구]인지'가 명확히 정의된 명칭이라 할 수 있다.

그렇다고 한다면, 앞 절에서 『주례』에 대한 가공언의 설명에서 '천신天神에게 올리는 제사가 祀(사)'라고 했던 그의 언급은, 주공이 천신과 부합되는 상제에게 선친인 문왕을 배향했던 사례를 기반으로 설명한 것이 아닌가 생각된다. 그와 반대로 '지地에 올리는 제사를 祀(사)'라고 하였던 현응의 설명은, 선조는 더 이상 '하늘의 상제'나 '체禘'에 깃든 존재가 아니라 봉분封墳을 만들어 땅 속에 안치하는 존재로서, 당시의 장례 문화에 의한 현실적인 제사 관념에 부합시킨 설명이라 할 것이다.

---

81) 『說文解字 注』, 「祀 注解」: 祭無已也. 析言則祭無已曰祀, 從已而釋爲無已. 此如, 治曰亂, 徂曰存, 終則有始之義也.

82) 김태완, 「'祭'와 '祀'로 본 古代人의 祭祀樣式 탐구」, 『중국인문과학』 46, 중국인문학회, 2010, 11~12쪽 참조.

▌선진시대에는 봉분을 꾸민 묘장墓葬에 비해 종묘에서의 제례가 크게 중시되었었다. 이후 묘장 문화의 발달 시기는 『장서葬書』의 형성 및 풍수지리 이론의 확산 배경과 맥을 같이할 것이다. ▌

▌앞서 언급한 '祭(제)'와 여기서의 '祀(사)' 각각의 뜻을 생각하면서 '제사祭祀'의 의미를 설명한다면, 다음과 같이 정의할 수 있다. 즉, 제사란 '돌아가셔서 몸이 없어진 선조[祀]에게 고기 음식을 베풀어 드리는 것'이다.[83] ▌

3) 祠(사)

『설문해자』에서 '祠(사)' 제사에 대해 "春祭曰祠(춘제왈사)."(「시부示部」), 즉 "춘春 계절의 제사를 사祠라고 한다."라고 설명하고 있지만, 일정한 계절을 염두에 두고 이행된 것으로 보이지는 않는다. 祠(사)는 '복福을 비는 말'이 있는 제사로서 구복적인 요소가 내포된 제사 명칭이다. 아래는 『예기』 「월령月令」 편의 글이다.

계하季夏[未月, 小暑 ~ 立秋 직전]의 달에는 … 종묘와 사직의 신령에게 사祠 제사를 올려서 백성들이 복福을 기원하도록 만든다.[84]

한편, '祠(사)'자에 포함되어 있는 '司(사)'는 관리자·담당자 등의 관료[有司]를 의미하는데, 그것이 祠(사)의 조어造語에 일정 부분 영향을 준 것으로 보인다. 후대에 개개인의 제례 행위에서 별도의

---

83) 『論衡』, 「祭曰」: 夫祭者, 供食鬼也. 鬼者, 死人之精也. … 推生事死, 推人事鬼. 見生人有飮食, 死爲鬼當能復飮食, 感物思親, 故祭祀也.
84) 『禮記』, 「月令」: 季夏之月, … 以祠宗廟社稷之靈, 以爲民祈福.

관리자나 담당자를 두지는 않았겠지만, 기본적으로 祠(사) 제사에는 의례 담당자의 '요구하는 말, 희망하는 말'이 있고, 나아가 요구하는 것을 얻고자 하는 '득구得求의 기도를 아뢰는 말'이 존재한다. 그러한 특성 때문에 그것은 종종 복을 요구하는 구복求福의 기도인 '禱(도)'자와 병칭해서 쓰기도 한다.[85] 아래는 전국시대 변설가인 순우곤淳于髡과 관련된 이야기로, 祠(사)가 '청請'·'구求' 등의 의도가 내포되어 있는 제사임을 알려주는 사례이다.

> 순우곤淳于髡이 대답하여 말하길, "… 저는 제 이웃이 (자기네) 전田에서 사祠 제사를 하는 것을 보고 웃은 것입니다. … 제가 웃은 이유는, (귀신에게는) 약소한 것을 올려놓고 사祠 제사를 하면서, (기원하며) 요구하는 것은 굉장히 많은 것들이었거든요."라고 하였다.[86]

祠(사)는 祀(사) 제사의 형식을 취하기도 하지만, 그렇지 않기도 한다. 즉, 祠(사)가 그것이 원하는 것을 얻고자 하는 득구得求의 기도를 목적으로 하는 것이기 때문에, 그 대상은 '선조의 인귀人鬼인 祀(사)'를 포함해서,[87] 천신天神과 지기地祇 그리고 온갖 신귀[百鬼] 등 모든 종류의 신들이 그 범주에 들어간다.[88] 다시 말해, 祀(사)는

---

85) 『墨子』 卷7, 「天志下」: 絜為粢盛酒醴, 以禱祠祈福於天.; 『尉繚子』, 「戰威」: 貴功養勞, 不禱祠而得福.; 『淮南子』, 「泰族訓」: 禱祠而求福.; 『史記』, 「孝武本紀」: 禱祠泰一·后土.; 「李斯列傳」: 禱祠名山諸神, 以延壽命.; 『周禮注疏』 卷19, 「春官宗伯」: 小宗伯之職. …. 大災及執事, 禱祠于上下神示.[求福曰禱, 得求曰祠.]

86) 『說苑』, 「復恩」: 淳于髡對曰, "… 臣笑, 臣鄰之祠田也, … 臣笑, 其所以祠者少, 而所求者多." 「尊賢」 편에도 동일한 이야기가 있는데, 거기에는 뒤의 문장에서 "臣笑, 其賜鬼薄, 而請之厚也"로 표현되어 있다.

87) 『韓詩外傳』 卷8: 古者, 天子爲諸侯受封, 謂之采地. … 其後子孫雖有罪而黜, 使子孫賢者守其地, 世世以祠其始受封之君.

88) 『說苑』, 「辨物」: 齊大旱之時, 景公召群臣問曰, "… 寡人欲少賦斂, 以祠靈山可乎." … 景公曰, "不然, 吾欲祠河伯可乎."; … 是故, 天子祠上帝, 公侯祠百神.; 『論衡』, 「譏日」: 及他神百鬼之祠, 雖非死人, 其事之禮, 亦與死人同.

(몸이 있었던, 지금은 없어진) 인귀만을 대상으로 하지만, 祠(사)는 상제와 같은 하늘의 신, 산천신과 같은 자연의 신, 인귀인 조상신 등 그 대상을 가리지 않는다. 그렇기 때문에 의례의 이행 장소 역시 어떤 특정한 장소로 규정되지 않는다.

무언가를 요구하면서 얻고자 빌 때에는 제수를 풍성하게 바치게 되는데, 선조에게 제사할 때에도 '살아 계신 듯이 모신다'라는 취지로 역시 제수를 풍족하게 바치게 된다. 그러한 祠(사) 의례와 祀(사) 의례의 공통점 때문에 祠(사) 의례가 '선조'에게 '음식을 크게 베푸는' 제사 형식으로 인식되기도 하였다. 후한 때의 하휴何休 (129~182)는 『춘추공양전』의 "春曰祠(춘왈사)", 즉 "춘 계절의 제례는 '사祠'라고 한다."라는 글에 아래와 같은 설명을 하고 있다.

> '사祠'는 먹게 하는 것[飼(사)]이다. … 효자가 부모를 생각하여, 후사를 잇고 (그 돌아가신) 부모에게 음식을 드리기 때문에 사祠라고 한다.89)

결국 祠(사) 의례의 위와 같은 특성 때문에, '선조의 영귀靈鬼를 모시기 위해 별도로 조성된 당堂'이라는 건축물이 처음 형성되었을 때, 그 명칭을 '祠堂(사당)'으로 정하게 된 것이 아닌가 생각된다.

또한 다른 한편, 사마온공司馬溫公의 설명처럼 사당祠堂의 시원이 고관대작의 묘소墓所 곁의 별채였다고 한다면,90) 그러한 거주 지역과 떨어져 있는 묘소의 사당에 대한 '유사有司[관리자·담당자]에 의한 관리 방식'이, 그것의 조어造語 과정에 어느 정도 영향을 끼친

---

89) 『春秋公羊傳注疏』卷五,「桓公 8年」: 春曰祠. [注――祠猶食也. … 孝子思親, 繼嗣而食之, 故曰祠.]
90) 『文獻通考』卷104,「宗廟考」14, <諸侯宗廟>: 司馬溫公, 作文潞公先廟碑記曰, … 漢世, 公卿·貴人, 多建祠堂於墓所.

것은 아닌가도 생각해 본다.

> ▌사마광司馬光(1019~1086)에 의하면, 지체 높은 이들
> 을 중심으로 '사당祠堂'이라는 건물을 무덤 근처에 세우
> 기 시작한 것이 한대 이후부터라고 한다. 그런데 그때
> 는 (종)묘라는 것이 원래 군주의 정전이나 사士 계층의
> 사랑채 대청이 아니라 사당의 역할을 하던 곳이라는 인
> 식이 굳혀져 가던 시기이다. 선진시대에는 '가묘家廟'나
> '사당'이라는 표현은 사용하지 않았다. 물론 묘廟가 전
> 적으로 사당 역할을 한 것도 아니었다. 당시의 왕족과
> 귀족 및 관료들은 (종)묘라는 그들의 거소 내부인 묘당
> 廟堂 혹은 묘실廟室에서 선조 제례를 이행하는 것이 관
> 례였다. ▌

4) 享(향)

'향享'에 대해 가공언은 '종묘에서의 (선조에 대한) 제사'라고 설
명한다.[91] 향享은 '누리다'·'잔치를 열다' 등의 의미로도 사용되
며,[92] (생고기가 아닌 곧바로 먹을 수 있도록) 삶아서 익힌 음식[烹
(팽)]의 뜻을 내포하기도 한다. 따라서 이 향 의례는 의식을 진행한
이후 제사 지낸 삶은 고기로 그 자리에서 '모인 친족들이 함께' 잔
치를 벌이는 데에 초점이 있다고 할 수 있다.

이처럼 '익은 음식을 진상하는 형태'를 띠고 있는 향은,[93] 오늘
날 일반적으로 이루어지는 명절 때의 차례茶禮와 유사한 것이다.

---

91) 『周禮注疏』, 「地官司徒」: 以雷鼓鼓神祀.[疏——天神稱祀, 地祇稱祭, 宗廟稱享.]
92) 吳 韋昭(韋曜, 204~273), 『國語注』 卷1, 「周語上」: 大臣享其祿. [享, 食也.]; 『春秋左傳』,
　　「莊公 六年」: 楚文王伐申·過鄧, 鄧祁侯曰, "吾甥也." 止而享之.
93) 『說文解字』 卷6, 「亯部」: 亯, 獻也. 從高省, 曰'象進孰物形.' 孝經曰, "祭則鬼亯之.";『荀
　　子』, 「大略」: 享, 獻也.

따라서 그것은 그 의례 진행의 목적과 방식에서 앞에서 언급한 다른 제사들과 명확히 구별된다. 『이아』「석고釋詁」에서 "享(향), 孝也 (효야)."라고 설명하였다. 그렇듯이 향은 (천신이나 지기가 아닌 바로 인귀에게) 효성을 표현하는 제사로서, 그 제사의 대상을 선조로 둔 수많은 자손들이 중심이 되어 올리는 친족들 간의 잔치 행사와 병행된 제례인 것이다.

5. 정리

지금까지 서주 건국 초의 '상제에의 배향配享 의례' 및 '체禘 의례'에 대한 문헌과 명문 자료의 분석을 통해, 두 의례 사이에 존재하는 상호 관련성과 그것의 변화 과정에 대해 궁구해 보았다. 아울러 몇 가지 제사 용어에 대한 간략한 분석을 시도하였다.

은상의 상제 관념은 제왕의 선조로 설정된 조상신의 특성을 보인다. 지상에서 제왕이 추구한 자신의 절대적인 권위는 천상의 상제를 자연스럽게 백신百神을 지배하는 최고신의 반열에 있게 하였다. 조상신祖上神과 지상신至上神 두 가지 특성 모두를 포함하고 있었던 상제에 대한 은상인들의 맹목적인 숭배 의식은, 주나라 건국 초 주족 본연의 지상신적 천신 사상과 혼합되면서 상제上帝와 천天 모두 조상신과 지상신이라는 두 가지 성향이 혼합된 혼효混淆 과정을 거치게 된다. 한편 유목민족으로 시작한 주족에게 상제의 자손 및 농경민족으로서의 설화가 존재하는 것은, 주족이 은상의 농경·정착 문화를 적극적으로 흡수하는 과정에서 형성된 것으로 생각한다. 그 시기는 이른바 후직后稷과 공유公劉의 업을 재건하였다고 하는 고공단보古公亶父의 통치기간 즈음으로 추정된다.

주공은 성왕을 대신한 섭정 기간 동안 부왕과 상제의 배향 의례를 처음으로 시도하였다. 이는 최고의 조상신이라고 하는 특수한 신성을 지닌 상제와의 연결을 통해, 천하를 소유한 주족의 천명적 당위성을 보다 명확히 하기 위한 의도였다고 생각한다. 그런데 이러한 선왕과 상제와의 배향은, 성강지치成康之治의 치세가 펼쳐지는 즈음에 등장한 '신성이나 초월성이 배제된 제례'의 형태인 '체 의례'로 곧바로 대체된다. 그것은 처음에는 '천자의 선왕에 대한 제사 의례'였는데, 얼마 가지 않아 공후公侯까지 거행한 사례가 보이기 시작한다. 『춘추』경문에 보이는 민공閔公 2년의 장공莊公에 대한 체 의례는, 제후가 그것을 거행한 실례가 된다. 또한 그보다 앞서 이미 서주시대의 금문에서 공후의 신분으로 체 의례를 이행한 실례가 한차례 보이기도 한다. 공자의 활동 시기인 춘추 말에는 대부의 선조 제사로까지 적용된 징후가 나타난다. 『예기』가 편집된 전한 말에 오면 그 권위가 완전히 축소되어 결국 4시제의 하나로 인식되기에 이른다.

서주시대 금문에는 체의 용례를 몇 차례 볼 수 있는데, 거기에서는 '啻(시)'자의 형태로 사용되었다. 아울러 그것은 嫡(적)[적통]의 의미로도 쓰였다. 嫡(적)자 속의 '啇(적)'은 그 획의 장단과 꺾임을 조절하면 실상은 啻(시)와 같은 모양을 하고 있는 글자이다. 제왕의 조상신으로 상징되는 천상의 '帝(제)'와 선왕의 제사를 상징하는 '禘(체)[啻(시)]' 그리고 신분을 세습해 줄 수 있는 계층에서의 적통을 의미하는 '嫡(적)[啻(시)]', 이것들 모두 하나의 어원에서 시작된 것임이 분명해 보인다.

이처럼 '적통[商(商)]에 의한 왕의 선조 제례[禘(禘)]'로 형성된 체禘 의례인 '營(시)'가, 거기에 이전 대의 '(상)제'에서 '口(구)'자가 추가되어 만들어진 것은, 보다 더 인간을 위주로 한 주나라의 제례 방식 때문인 것으로 판단된다. 즉, 선조 제례에서 따라오는 친족들 간의 연향과 같은 향례享禮의 성격이 보강된 것이 그 이유이다. 그에 따라 필자는 고대의 제사와 관련한 몇몇 글자들의 표의적表意的·문헌적文獻的 분석을 통해, 그에 대한 보다 명확한 분석을 시도해 보았다.

일반적으로 잘 알려져 있는 것처럼 '祭(제)'는 외형적인 제수 음식의 종류를 표현한 것이다. '祀(사)'는 과거에 몸[巳(리)]이 있었던, 그러나 현재는 없는 '인귀人鬼로서의 선조'와 '그를 위한 제례'를 일컫는 것으로, 제사 대상을 기준한 표현이다. '祠(사)'는 복福을 빌고 그것을 구하고 얻어내고자 하는 '기원하는 말[言]'이 강조된 제사로서, 의례를 담당하는 유사有司의 존재가 전제되기도 한다. 아울러 그것은 기원 내용의 규모에 비례한 풍성한 제수에 초점이 맞추어진다. 그러한 특성은 효성스런 마음으로 푸짐하게 제수를 올리는 선친에 대한 제사와 유사한 면모를 보이기도 한다. 삶아서 익힌 음식[烹]의 뜻을 내포하기도 하는 '享(향)'은 제사 진행 이후 곧바로 그 음식으로 벌이는 잔치가 보다 강조된 의례이며, 그런 점에서 오늘날의 차례茶禮와 유사성을 갖는다.

총괄 정리

1

지금까지 근 2천 년 동안 '묘廟'와 '사당祠堂'은 동의어처럼 사용되어 왔다. 일반 사가의 묘는 가묘家廟라고 하고, 왕실의 묘는 종묘宗廟라고 일컫는다. 또한 사성四聖[1] 십철十哲[2] 및 여타 선현들을 함께 배향한 공자의 사당인 문묘文廟도 존재한다.

이와 같이 상당한 오랜 기간 동안 묘廟가 갖고 있었던 망자를 위한 공간으로서의 역할은, 실상 처음에는 살아 있는 인간의 생활에 직접적이고도 밀접하게 관련된 중요한 처소로서 기능한 것이었다. 아울러 그 기간 속에는 공자의 활동 시기도 포함된다.

필자는, 고고학적 출토 자료의 연구물에 대한 분석과 고대 문헌들에 대한 고찰을 통해, 묘가 대청[廳]과 유사한 역할을 하던 곳이었음을 전개하였다. 그곳이 일반 관료들이나 혹은 지식인 계급의 것이라면 사랑채의 기능을 한 것이고, 군주의 것이라면 조정 및 정전의 기능을 한 것이다. 따라서 주나라 때의 묘는 한마디로 '집'이

---

1) 4성四聖은 안자顔子(顔回)·증자曾子(曾參)·자사子思(孔伋)·맹자孟子(孟軻)를 말한다.
2) 10철十哲은 공문孔門의 10철을 말한다. 덕행으로는 안연顔淵·민자건閔子騫·염백우冉伯牛·중궁仲弓, 언어에서는 재아宰我·자공子貢, 그리고 정치의 일에는 염유冉有·자로子路, 문학에 있어서는 자유子游·자하子夏 등 공자의 직계 문하들이다. 안연(顔回)은 4성에도 포함되어 있다.

라고 할 수 있다. 일반 백성들의 허술한 움집과 구별되는, 특정한 양식에 의해 건축된 지배 계층의 집이 된다. 최초로 나라를 개국한 초조初祖가 사용했었던 집은 태묘라 불렸고, 종통의 자격으로 위位에 오른 통치자의 조정 및 정전으로서의 집은 종묘라고 불렸으며, 그 외 일반 지식인 계층이나 관료들의 사랑채로서의 집은 그냥 묘라고 하였다.

2

'廟(묘)'자가 처음 보이기 시작하는 것은 서주시대 금문金文에서 부터이다. 종묘가 군신 간의 '조朝 의례'가 주로 이루어지는 곳이라는 점을 표현하기 위해 廟(묘)의 조자造字 과정에서 '朝(조)'자가 활용되었는데, 그 과정에서 朝(조)자 속에 있는 '月(월)'의 형태에 변형이 생겼다. 갑골문에서는 그것이 달의 형상으로 표현되어 있다. 그러나 금문에서의 朝(조)와 廟(묘)자 속의 '月(월)'은 모두 개울물과 같은 모습으로 되어 있다. 특히 廟(묘)자에서의 그것은 당시 유적지의 대형 건축물에 설계된 배수도를 표현하고자 한 것으로 보인다.

서주西周시기 궁묘유적지로 섬서성 부풍현扶風縣의 운당雲塘과 제진齊鎭을 들 수 있으며, 춘추시기의 것으로는 섬서성 봉상현鳳翔縣 마가장馬家莊 1호와 마가장 3호 유적지를 논할 수 있다. 그것들 대부분 당상분리식堂廂分離式의 品(품)자 형태를 보이는 건축군들로 구성되어 있다. 독특하게 보이는 마가장 3호 유적지는 남북으로 길게 자리 잡은 터에 다섯 부분으로 구획되어 있는데, 이 역시 '연이어 있는 두 조의 品(품)자형 건축군'임을 확인할 수 있다.

한편 위와 같이 가까운 거리에 한 조 이상의 대형 건축군들이 존재하는 것은, 당시의 지배층이 하나 이상의 묘廟를 소유할 수 있었기 때문으로 생각한다. 그러나 '천자7묘天子七廟·제후5묘諸侯五廟 …' 등등의 소유 묘수廟數가 규정대로 지켜졌는지는 회의적이며, 그 배열 역시 태조 묘를 중심으로 동소東昭[左昭]·서목西穆[右穆]의 나란한 정렬이 아닌 산발적 배치로 봐야 할 것이다. 아울러 주대周代의 이러한 소昭와 목穆의 분류 제도는 종묘라고 하는 건축물의 배치 제도가 아니라, 족族 내에서의 상하를 분변하는 친족들 간의 2진법적 촌수 제도인 것이다.

주대의 종묘는 치조 공간으로서, 각종 종교적·정치적·외교적인 의례가 이행되던 곳이었다. 진대秦代의 시황제 이후 제사 의례와 정치·외교 의례의 분리가 진행되면서, 종묘는 선군의 제사 의례를 이행하는 장소로만 불리게 되었고, 정치적·외교적 기능 및 거주 공간으로서는 '(황)궁'이라는 새로운 명칭을 부여하였다. 궁은 원래 일반적인 '집'의 의미로 사용된 용어였지만, 시황제 이후로는 '최고통치자의 집'을 지칭하는 것으로만 쓸 수 있게 되었다.

3

한나라 이후 근세기까지 수많은 왕조를 거치는 오랜 세월 동안 '종묘는 임금의 사당이다.'라는 관념이 고착화되었다. 본 글에서는 『논어』·『맹자』·『순자』·『예기』 등의 종묘 관련 기록들에 대한 후대의 주석서들과 그 원문을 비교 검토하는 과정을 통해, '종묘는 원래 임금의 집이었다.'라는 논의를 전개하였다. 동시에 한대漢代 이후 겪었던 종묘의 기능적 변화로 인해, 이후의 중국과 우리나라의 유학자들이 고전에 수록된 그것의 본의 및 그 상징성과 동떨어진 해석을 하게 되었음을 논하였다.

선진시기의 종묘는 작위와 영토를 상속받은 통치자의 묘廟로서, 군주가 거처하면서 각종 의례를 진행하고 정령政令을 펼치던 곳이었다. 즉, 그것은 천자와 제후 더 나아가 봉지를 소유한 대부 등의 치조治朝 공간인 조정 및 정전과 같은 역할을 하였다. 초대 군주로부터 작위와 영토를 상속받아 온 여러 세대의 천자 및 제후와 대부들은 족族의 종통으로서 '위位'에 오른 자이기 때문에 자신들의 묘에서 선군에 대한 제사 의례를 이행하였고, 그에 따라 그들의 정전인 묘에 '종통이 되는 자의 묘'라는 의미의 '종묘'라는 명칭이 형성되었다. 아울러 그러한 당대 재위에 있는 군주의 종묘나 나라를 창업한 초조의 태묘가 아닌 특정한 묘는, '환공의 묘'와 같이 묘주廟主의 이름을 붙여서 일컬었음을 알 수 있었다.

공자 당시 '환공의 묘'라는 것이 존재했었다는 것은, 순차적인 선대先代 종묘의 보유 및 관리가 주나라 때에는 특정하게 규정화되지 않았음을 추정할 수 있는 단서가 된다. 이는 '족族의 촌수 개념으로서의 소·목 제도'와 더불어, 당시 선대의 종묘 관리 제도가 대수代數에 따른 좌소左昭·우목右穆의 종묘 건축물 배치와도 무관한 것이었다는 방증이기도 하다.

주대의 묘廟가 천자로부터 사士 계층까지 누구나 지닐 수 있었던, 정전과 편전 내지 사랑채 등의 기능을 하던 건축물이었지만, 당시 예禮 의식의 주체에서 배제된 서인 이하의 계층에서는 고비용이 드는 묘를 굳이 소유할 필요가 없었다.

한편, 선진시기의 사士 계층은 자신들의 묘에 '종宗'자를 부가하여 종묘라고 칭할 수 없었다. 그것은 작위와 영토를 상속받은 자의 묘일 경우에만 종묘라고 칭할 수 있었기 때문이며, 여기서의 '종宗'이란, 다스리는 봉지와 신분의 시작을 열었던 '조祖'의 상대어로서, 종은 바로 그 조의 대대손손 후계자를 의미하는 것이다.

지금까지 사대부 가문의 사당으로 인식되어 온 '가묘家廟'는, 실상 당대唐代 이후의 기록들에서 보이기 시작하는 것으로, 주대周代에는 존재하지 않았던 용어이다. 아울러 그것은 주나라 때의 '가家'라고 하는 영지 내에 있는 '대부의 묘廟'의 의미로 쓰일 수 있는 것 역시 물론 아니다.

4

주대周代의 종묘는 '조朝 의례' 등 수많은 의례들이 이행되는 장소로서 활용된 나라의 조정 및 군주의 정전이었지만, 편전便殿으로서의 역할도 존재했다. 그것의 침寢이나 실室로서의 기능이 강조된 다른 명칭들은 태침太寢·노침路寢·정침正寢 등이 있고, 보다 더 이전 대에서는 태실太室과 세실世室이라는 표현을 사용하였다. 특히 태실의 용어는 서주시대 초기 기록에서도 나타난다. 『서경』에서는 태침은 물론 '침寢'자의 사용이 전혀 보이지 않는 반면, '실室'자는 (요순시대가 기록된) 우서虞書를 제외한 모든 서書에 여러 차례 등장한다.

"左祖右社(좌조우사)"란 '선군의 신주를 모신 종묘는 좌측에, 토지와 곡식의 신을 모신 사직단社稷壇은 우측에 세운다'는 의미이다.

그것이 처음으로 기록된 곳은 『주례』「동관 고공기」편에서의 <장인영국匠人營國> 부분이다. 아울러 일명 '左廟右社(좌묘우사)'라고 하는 "右社稷 · 左宗廟(우사직 · 좌종묘)"의 언급은, 「춘관 종백」편에 수록된 제사를 주관하는 소종백小宗伯의 여러 직분들 중의 하나로 표현된 것이다. 그리고 그것은 「춘관 종백」보다 이후에 출현한 「동관 고공기」의 "左祖右社(좌조우사)"라는 말의 형성에 영향을 미쳤다. 정현 등 한대 이후의 많은 예학자들은 「춘관 종백」에서의 '右(우)'와 '左(좌)'를 종묘 · 사직의 좌우 배치 관계로 해석하였다. 그러나 "右社稷 · 左宗廟(우사직 · 좌종묘)"는 "사직에서의 (제사의) 일을 돕고[右=佑(우)], 종묘에서의 (제사의) 일을 돕는다[左=佐(좌)]."라는 의미로 보아야 한다. 그것이 종묘의 좌우 배치가 아닌 제사의 일을 돕는다는 의미로 해석될 때에 비로소 그 '종백宗伯'이라는 직분과 부합될 수 있다.

'前廟後寢(전묘후침)'은 『주례』「하관 사마」편과 『예기』「월령」편을 설명한 정현의 주註에서 "前曰廟 · 後曰寢(전왈묘 · 후왈침)"이라는 표현에서 시작된 말이다. 정현과 동시대의 채옹은 "前有朝 · 後有寢(전유조 · 후유침)"이라는 표현을 사용하였다. 필자는 이 전묘후침 설에 대해 두 가지 가설을 논하였다. 하나는 '앞쪽에는 정무를 보는 조정, 뒤쪽에는 편안한 실내 공간'이라는 하나의 울타리 안에 포함된 두 가지 시설을 표현한 것이다. 다른 하나는 '앞쪽에는 치조 영역으로서의 종묘 건축물, 뒤쪽에는 사친私親들과의 거주 영역인 주거용 건축물'로서, 독립된 별개의 두 가지 건축물을 표현한 것이다.

5

『맹자』에서 문왕文王의 "發政施仁(발정시인)"과 같은 왕정王政을 펼치는 곳이라고 설명한 '명당明堂'은, 은·주殷周 교체기에도 실재했던 것이지만, 춘추시대 이전까지는 그 용어의 사용 흔적이 보이지 않는다. 그것은 전국시대에 유행하기 시작했던 오행五行 및 시령사상時令思想에 의해 새롭게 형성된 용어이기 때문이다.

명당은 포정布政과 조례朝禮 제례祭禮 양로養老 교화敎化 등을 펼치는 정전正殿의 기능을 했던 군주의 포괄적인 정치활동 장소로서, 종묘·태묘·묘당·태실 등으로도 불린다. 그러한 명당 종묘제도는 전국 말을 거치면서 완전히 계승되지 못하였고, 한나라 초에 와서야 막연한 상상과 구전으로 그 본연의 의미를 상실한 채 단편적인 부분만 전해지게 되었다. 따라서 한나라 때부터 명당은 포정 및 제례 시설로, 종묘는 선군인 인귀人鬼만을 위한 제례 시설로, 그 두 가지를 별개의 건축물로 인식하게 되었다.

은·주 교체기 즈음에 조성된 벽옹辟雍은 주나라 천자가 귀족자제들을 위해 설립한 학궁學宮으로 알려져 있지만, 실제로는 그보다 더 다양한 기능을 했던 곳이다. 벽옹을 중심으로 강물이 '둥근 옥[璧(벽)]'처럼 환포環抱된 모습이라는 그곳의 자연 환경은, 마치 그곳이 천연적인 요새인 것처럼 보이게 한다. 벽옹은 왕이 거처하는 특정한 마을을 가리키는 것이거나, 그 마을의 중심부에 있는 왕의 통치 장소이다.

벽옹 안에는 영대靈臺를 함께 조성하였다. 『백호통의』·『대대례기』·『채중랑집』 등에서 논한 것을 종합하면, 영대가 곧 명당이며 동시에 묘당廟堂이 된다. 바로 그곳에서 왕이 포정布政을 행하였다. 그 때문에 명당은 묘당 위 북쪽에 위치한 태실太室인 노침路寢을 가리키기도 한다.

6

위에서 논한 것처럼, 명당은 유교에서 지향하는 정치적 이상향을 실천하는 특정 장소를 가리키는 동시에, 천자국인 주나라의 무왕이 세자 시절 호경鎬京에 세웠던 벽옹辟雍과도 직접적인 관련이 있는 것이다. 제후국인 노魯나라의 반궁泮宮 역시 벽옹과 유사한 기능을 하던 곳이었는데, 그 두 지점 모두 '강물의 환포環抱'와 '배산임수背山臨水'라는 유사한 입지 환경을 갖추고 있었다. 이 두 국도國都의 이러한 자연 환경은 풍수지리 초기 이론에서 '명당'과 '혈穴'이라는 길지吉地의 이론 형성에 밑바탕이 되었다. 은나라 말기 서쪽 변방의 제후국에 지나지 않았던 주나라가 호경의 영건 및 그곳의 벽옹 건립 이후에 곧바로 천하를 소유하게 된 역사적 사건은, 초기의 풍수 연구가들에게 길지의 기준에 대한 이론적 영감을 주었다. 한편 호경과 상당히 먼 거리에 있는 노나라의 반궁이 벽옹과 유사한 자연 환경을 갖춘 곳에 만들어진 배경에는, 바로 그 노나라가 문왕의 아들이자 무왕의 아우로서 성왕成王 초 주나라에서 수년 동안의 섭정 활동을 하였던 주공周公을 위해, 그의 장자에게 수여된 제후국이라는 것과 무관하지 않을 것이다.

주나라 때의 여러 제사들 중에서 종묘에서 이행하는 제례는 선군에 대한 것이 주를 이룬다. 본 글에서는 '선왕과 상제와의 배향配享 의례'와, '종묘 제사인 체禘 의례'의 상호 관련성 및 그것의 시대적 변화 과정을 고찰하였다. 조상신 관념으로부터 시작된 상제에 대한 은상인殷商人들의 맹목적인 숭배 의식은, 주나라 건국 초 주족周族 본연의 지상신적至上神的 천신天神 사상과 혼합되면서, 상제上帝와 천天 모두 조상신과 지상신이라는 두 가지 성향이 혼합된 혼효混淆 과정을 거치게 된다.

선왕과 상제의 배향 의례를 처음으로 시도한 사람은 주공이었다. 이윽고 그것은 성강지치成康之治의 치세에 새롭게 등장한 '체禘 의례'로 대체되었는데, 체 의례는 상제에게 있는 신성이나 초월성이 배제된 의례이다. '천자[王]의 선왕에 대한 제사 의례'로 시작된 그것은 거의 동시에 일부 제후들까지 거행하게 되는데, 춘추 말에는 대부들도 이행한 징후가 나타난다. 전한 말에 오면 그 권위가 완전히 축소되어 결국 4시제의 하나로 인식되기에 이른다.

서주시대 금문에는 禘(체)가 '啻(시)'자의 형태로 새겨져 있고 嫡(적)[적통]의 뜻으로도 함께 쓰였는데, 이는 禘(체)가 '적통'으로서의 군주가 시행하는 의례였음을 시사한다. 이전 대의 (상제를 뜻하기도 했던) '帝(제)'에 '口(구)'자가 포함되어 啻(시)의 형태로 변한 것은, 주나라의 선조 제례가 향례享禮와 같은 연향 의식이 뒤따르는, 보다 더 인간 위주의 의례였기 때문이다.

제사 의례의 여러 이름들 중에서, 가장 흔하게 접할 수 있는 '祭

(제)'는 육류라고 하는 '외형적인 제수 음식의 종류'를 나타낸 것이다. '祀(사)'는 선조의 인귀人鬼라는 제사 대상을 기준한 표현이다. 그리고 '祠(사)'는 구복求福을 얻어내고자 기원하는 '말[言]'이 강조된 제례로서, 의례를 관리하고 담당하는 유사有司의 존재가 전제되기도 한다. 한편 그것은 기원 내용의 규모에 비례한 풍성한 제사 물품에 초점이 맞추어진다. 한편 '享(향)'은 곧바로 먹을 수 있도록 삶아서 익힌 음식[烹(팽)]의 뜻을 내포하고 있는데, 제사 대상의 자손 및 그 친족들이 함께 벌이는 잔치 의례와 병행된다. 따라서 의례 진행의 형식에서 본다면, '享(향)'은 오늘날 명절 의식에서의 '차례茶禮'와 가장 가까운 것이라 할 수 있다.

참고문헌

<虢季子白盤 銘文>

<剌鼎 銘文>

<大盂鼎 銘文>

<麥尊 銘文>

<繁卣 銘文>

<師酉簋 銘文>

<師虎簋 銘文>

<鮮簋 銘文>

<小盂鼎 銘文>

<五祀衛鼎 銘文>

『詩經』

『毛傳』(毛亨・毛萇)

『毛詩注疏』(漢/鄭玄・唐/孔穎達・陸德明_(音義))

『詩集傳』(宋/蘇轍)

『詩經集傳』(宋/朱熹)

『尙書』

『尙書注疏』(漢/孔安國・唐/孔穎達・陸德明)

『胡氏尙書詳解』(宋/胡士行)

『周易』

『周易注疏』(魏/王弼・唐/孔穎達・陸德明)

『周易傳義大全』(明/胡廣 等)

『春秋』

『春秋左傳』

『春秋左傳注疏』(晉/杜預・唐/孔穎達・陸德明)

『春秋左傳讞』(宋/葉夢得)

『春秋公羊傳』

『春秋公羊傳注疏』(漢/何休・唐/徐彦・陸德明)

『春秋穀梁傳』

『儀禮』

「喪服傳(子夏傳)」

『儀禮注疏』(漢/鄭玄・唐/賈公彦・陸德明)

『儀禮集釋』(宋/李如圭)

『周禮』

『周禮注疏』(漢/鄭玄・唐/賈公彦・陸德明)

『周禮詳解』(宋/王昭禹)

『周禮纂訓』(淸/李鍾倫)

『禮記』

『禮記注疏』(漢/鄭玄・唐/孔穎達・陸德明)

『禮記集解』(淸/孫希旦)

『大戴禮記』

『論語』

『論語集解義疏』(魏/何晏・梁/皇侃)

『論語注疏』(魏/何晏・宋/邢昺)

『論語拾遺』(宋/蘇轍)

『論語集註』(宋/朱熹)

『論語精義』(宋/朱熹)

『論語集編』(宋/眞德秀)

『論語纂箋』(元/詹道傳)

『孟子』

『孟子注疏』(漢/趙岐・宋/孫奭)

『墨子』

『管子』

『列子』

『荀子』

『孝經』

『中庸』

『尉繚子』

『韓非子』

『國語』

『國語注』(吳/韋昭)

『竹書紀年』

『竹書統箋』(淸/徐文靖)

『汲塚紀年存眞』(淸/朱右曾)

『古本竹書紀年輯校』(王國維)

『今本竹書紀年疏證』(王國維)

『逸周書』

『逸周書集訓校釋』(淸/朱右曾)

『史記』
『史記索隱』(唐/司馬貞)
『史記正義』(唐/張守節)
『史記集解』(宋/裴駰)

『戰國策』
『漢書』
『後漢書』
『晉書』
『舊唐書』
『新唐書』
『宋書』
『元史』
『新元史』

『爾雅』
『爾雅注疏』(晉/郭璞・宋/邢昺)

『說文解字』
『說文繫傳』(南唐/徐鍇)
『說文解字 注』(淸/段玉裁)

『釋名』
『康熙字典』

『晏子春秋』
『呂氏春秋』

『新書』(前漢/賈誼)

『韓詩外傳』(前漢/韓嬰)

『淮南子』(前漢/劉安)

『鹽鐵論』(前漢/桓寬)

『說苑』(前漢/劉向)

『白虎通義』(前漢/班固)

『論衡』(後漢/王充)

『蔡中郎集』(後漢/蔡邕)

『前漢紀』(後漢/荀悅)

『中論』(後漢/徐幹)

『孔子家語』

『靑烏經』

『錦囊經』(東晉/郭璞)

『撼龍經』(唐/楊筠松)

『弘齋全書』

『退溪先生文集』

『沙溪全書』(金長生)

『家禮輯覽圖說』(金長生)

『宋子大全』(宋時烈)

『藥泉集』(南九萬)

『星湖僿說』(李瀷)

『三山齋集』(金履安)

『常變通攷』(柳長源)

『與猶堂全書』(丁若鏞)

『五洲衍文長箋散稿』(李圭景)

『初學記』(唐/徐堅)

『一切經音義』(唐/玄應)

『太平寰宇記』(宋/樂史)

『范文正集』(宋/范仲淹)

『路史』(宋/羅泌)

『龍川集』(宋/陳亮)

『崇古文訣』(宋/樓昉)

『晦庵集』

『朱子語類』

『六書故』(宋/戴侗)

『文獻通考』(宋・元/馬端臨)

『吳文正集』(元/吳澄)

『說郛』(元・明/陶宗儀)

『經典稽疑』(明/陳耀文)

『日講四書解義』

『四書釋地』(淸/閻若璩)

『洪範正論』(淸/胡渭)

『禮說』(淸/惠士奇)

『五禮通考』(淸/秦蕙田)

『考工記圖』(淸/戴震)

『經義述聞』(淸/王引之)

郭明, 「商周時期大型院落式建築比較研究」, 『考古與文物』, 2014(第5期).

김영재, 「중국 고대도성계획에서 宗廟・社稷의 배치와 그 의미 ― 商代에서
　　　　秦代까지: 종묘・사직의 성격과 위치변화를 중심으로」, 『大韓建築
　　　　學會聯合論文集』 16-2(60), 대한건축학회지회연합회, 2014.

＿＿＿＿, 「중국 고대 도성계획에서 중축선의 형성과 그 의미 ― 商周시기부
　　　　터 『周禮・考工記』 그리고 漢 長安城까지」, 『한국도시설계학회지』
　　　　15-2, 2014.

金容天, 「前漢 宣帝時代의 典禮論爭과 後代의 禮學的 평가」, 동국대학교 신

라문화연구소, 『신라문화』 28, 2006.

金容天, 「前漢 元帝期 韋玄成의 宗廟制論」, 동양사학회, 『東洋史學硏究』 95, 2006; 「前漢 哀帝의 入繼大統과 '爲人後' 禮說 論爭」, 중국사학회, 『중국사연구』 43, 2006.

金貞信, 「朱熹의 昭穆論과 宗廟制 改革論」, 『大東文化硏究』 92, 大東文化硏究院, 2015.

김태완, 「'祭'와 '祀'로 본 古代人의 祭祀樣式 탐구」, 『중국인문과학』 46, 중국인문학회, 2010.

김형찬, 「내성외왕(內聖外王)을 향한 두 가지 길 ― 퇴계(退溪)철학에서의 리(理)와 상제(上帝)를 중심으로」, 『철학연구』 34, 고려대학교 철학연구소, 2007.

杜金鵬, 「洹北商城一號宮殿基址初步硏究」, 『文物』, 2004(第5期).

劉瑞, 「陝西扶風雲塘·齊鎭發現的周代建築基址硏究」, 『考古與文物』, 2007(第3期).

劉毅, 『中國古代陵墓』, 南開大學出版社(天津), 2010.

박동인, 「鄭玄의 今·古文 종합과 그 정치철학적 함의」, 『退溪學報』 136, 퇴계학연구원, 2014.

朴淳發, 「중국 고대 도성 廟壇의 기원과 전개」, 『한국고대사연구』 71, 한국고대사학회, 2013.

박원규(감수)·최남규(고석)·여동인(임서), 『西周金文精選 三十三篇』, 서예문인화, 2010.

박정해, 「풍수 혈의 형상과 이론의 역사적 전개 ― 문헌고찰을 중심으로」, 『한국학연구』 55, 한국학연구소, 2015.

빈동철, 「고대 중국의 '天'은 '上帝'와 동일한 개념인가?」, 『공자학』 30, 한국공자학회, 2016.

徐良高·王巍, 「陝西扶風雲塘西周建築基址的初步認識」, 『考古』, 2002(第9期).

徐峰·馬廷中, 「試析周"明堂"的文化內涵」, 『文史雜志』, 2013(03期).

서정화, 「고대 종묘제도의 左祖右社와 前廟後寢 설에 대한 일고찰」, 『東洋古典硏究』 62, 동양고전학회, 2016.

서정화, 「儒敎的 傳統婚禮의 理念과 展開過程 - 朝鮮 中・後期의 家禮書를 中心으로」, 東方文化大學院大學校 博士學位論文, 2015.

_____, 「殷周代 上帝 관념과 周代 禘 의례의 관련성 및 그 변화 양상 ― 先秦時期 宗廟 儀禮에 대한 궁구 과정에서」, 『大東文化硏究』 95, 成均館大學校 大東文化硏究院, 2016.

_____, 「周代의 國都가 風水地理 初期理論에 미친 영향」, 『동방문화와 사상』 1, 東方文化大學院大學校 東洋學硏究所, 2016.

_____, 「周代의 明堂과 辟雍에 대한 小考 ― 先秦時期 宗廟의 본원적 기능에 대한 궁구 과정에서 ―」, 『東洋哲學硏究』 87, 東洋哲學硏究會, 2016.

_____, 「주대(周代)의 종묘 ― 주대의 종묘에 대한 후론(後論) 및 종묘 소유의 신분적 한계에 대한 고찰을 중심으로 ―」, 『동방문화와 사상』 3, 동방문화대학원대학교 동양학연구소, 2017.

_____, 「周代 宗廟의 기능과 그 의미에 대한 儒敎經典의 이해」, 『동서철학연구』 82, 한국동서철학회, 2016.

_____, 「秦代 이전 宗廟의 기능과 역할에 대한 小考 ― 占文字에서의 象形과 周代의 宮廟遺跡地 조사 및 文獻的 사례를 중심으로」, 『동서철학연구』 79, 한국동서철학회, 2016.

_____, 「『春秋』王曆① - 宋代 이후 春秋曆數의 改月・改時 논의에 대한 小考」, 『동양고전연구』 67, 동양고전학회, 2017.

_____, 「『春秋』王曆② - 周代의 曆法 一考察」, 『동양철학』 47, 한국동양철학회, 2017.

_____, 「『춘추』왕력(王曆)③ - 주력(周曆)에서 하력(夏曆)으로, 그리고 공자의 "행하지시(行夏之時)"」, 『한국철학논집』 54, 한국철학사연구회, 2017.

陝西周原考占隊, 「陝西岐山鳳雛村西周建築基址發掘簡報」, 1979(第10期).

沈聿之, 「西周明堂建筑起源考」, 『自然科學史硏究』 41-4, 1995.

梁東淑, 「韓國 五種 字典의 字源 分析과 甲骨文・『說文』과의 비교연구 Ⅲ」, 『中國語文學論集』 40, 中國語文學硏究會, 2006.

梁東淑,「韓國 五種 字典의 字源 分析과 甲骨文・『說文』과의 비교연구 XII」,
『中國語文學論集』 49, 中國語文學硏究會, 2008.

楊伯峻, 『論語譯注』, 中華書局, 1980.

염정삼,「점복(占卜)과 제사(祭祀)에 관한 문자 연구 ― 중국 문화의 종교적
기원과 그 연속성에 대하여」,『서강인문논총』 26, 서강대학교 인문
과학연구소, 2009.

王國維 撰, 黃永年 校點, 『古本竹書紀年輯校・今本竹書紀年疏證』, 遼寧敎育
出版社(沈陽), 1997.

王宇信・楊升南 외 著, 하영삼 譯,『갑골학 일백 년 5』, 소명출판, 2011.

윤무학,「荀子의 指導者論」,『東洋哲學硏究』 69, 東洋哲學硏究會, 2012.

_____,『순자 - 통일제국을 위한 비판철학자』, 성균관대학교출판부, 2010.

윤창준,「甲骨卜辭를 통해 본 商代의 崇拜對象 고찰(1) ― 自然神의 최고 지
위를 갖는 上帝」,『中國言語硏究』 52, 韓國中國言語學會, 2014.

李京源,「『書經』에 나타난 上帝・天觀」,『東洋哲學硏究』 16, 東洋哲學硏究
會, 1996.

李文周,「中國 古代의 天觀에 대한 연구」,『東洋哲學硏究』 10, 東洋哲學硏
究會, 1989.

_____,「春秋戰國時代에 있어서 儒家 禮의 形成過程과 特徵」,『儒敎思想硏
究』 9, 韓國儒敎學會, 1997.

李春艶,「從靑銅器銘文看西周的大學敎育」,『社會科學論壇』, 2015(06期).

李忠九,「說文解字에 나타난 漢字字源 硏究」,『漢字漢文敎育』 17, 韓國漢字
漢文敎育學會, 2006.

張書豪,「從奏議到經義―西漢晚期廟數之爭析論」,『政大中文學報』 15, 2011.

장성규,「≪葬書≫의 文獻的 硏究」,『中國學論叢』 27, 韓國中國文化學會,
2009.

_____,「『청오경(靑烏經)』의 문헌적 연구」,『건축역사연구』 18-2, 한국건축
역사학회, 2009.

趙林,「論商代的父與子」,『漢學研究』 21-1, 民國92(2003).

鄭太鉉,『譯註 春秋左氏傳 1』, (社)傳統文化硏究會, 2013.

鄭憲仁,「周代「諸侯大夫宗廟圖」研究」,『漢學研究』第24卷, 2006(第2期).

周寶宏,『《逸周書》考釋』, 社會科學文獻出版社(北京), 2001.

周原考古隊,「陝西扶風縣雲塘·齊鎮西周建築基址1999~2000年度發掘簡報」, 『考古』 2002(第9期).

秦建文,「從靑銅器銘文看商周的祭祀活動」,『中国文字研究』, 2003.

천인호,「일본 고도 평안경(교토)의 풍수 사신: 평가와 문제제기」,『동아시아문화연구』64, 동아시아문화연구소, 2016.

_____,「풍수의 물흐름에 따른 주택가격의 결정 — 한강의 궁수 및 반궁수 입지를 중심으로」,『서울도시연구』10(1), 서울연구원, 2009.

許宏,『先秦城市考古學硏究』, 北京燕山出版社, 2000.

許宏 著, 김용성 譯,『중국 고대 城市의 발생과 전개』, 진인진, 2014.

洪承賢,「前漢初 國家儀禮의 제정과 성격 — 封禪·明堂·郡國廟에 대한 검토를 중심으로」,『東洋史學硏究』108, 東洋史學會, 2009.

한국고전종합DB, 漢典, 百度百科, 百度圖片, 互動百科, 字體轉換網, 在線漢語字典, 中華博物/漢語字典書法字典, NAVER.

본 책의 글이 발표된 학술지 및 학회

(가) 2016.03, 「秦代 이전 宗廟의 기능과 역할에 대한 小考 — 古文字에서의 象形과 周代의 宮廟遺跡地 조사 및 文獻的 사례를 중심으로」, 『동서철학연구』 79, 한국동서철학회.

(나) 2016.03, 「고대 종묘제도의 左祖右社와 前廟後寢 설에 대한 일고찰」, 『동양고전연구』 62, 동양고전학회.

(다) 2016.08, 「周代의 明堂과 辟雍에 대한 小考 — 先秦時期 宗廟의 본원적 기능에 대한 궁구 과정에서 —」, 『동양철학연구』 87, 동양철학연구회.

(라) 2016.08, 「周代의 國都가 風水地理 初期理論에 미친 영향」, 『동방문화와 사상』 1, 동방문화대학원대학교 동양학연구소.

(마) 2016.09, 「殷周代 上帝 관념과 周代 禘 의례의 관련성 및 그 변화 양상 — 先秦時期 宗廟 儀禮에 대한 궁구 과정에서」, 『대동문화연구』 95, 성균관대학교 대동문화연구원.

(바) 2016.12, 「周代 宗廟의 기능과 그 의미에 대한 儒教經典의 이해」, 『동서철학연구』 82, 한국동서철학회.

(사) 2017.08, 「주대(周代)의 종묘 — 주대의 종묘에 대한 후론(後論) 및 종묘 소유의 신분적 한계에 대한 고찰을 중심으로 —」, 『동방문화와 사상』 3, 동방문화대학원대학교 동양학연구소.

찾아보기

서정화

현) 동방문화대학원대학교 동양학연구소 책임연구원
전) 성신여자대학교 동양사상연구소 보조연구원
　　『동방문화와 사상』 창간호 편집간사

동국대학교 문과대학 국민윤리학과 졸업
성균관 한림원 한림계제 과정 수료
동방문화대학원대학교 석박사 통합과정 동양철학전공 졸업(Ph. D.)

이메일 : baronne@nate.com

주나라의 궁宮,
종묘宗廟와 명당明堂

초판인쇄　2017년 10월 20일
초판발행　2017년 10월 20일

지은이　서정화
펴낸이　채종준
펴낸곳　한국학술정보㈜
주소　경기도 파주시 회동길 230(문발동)
전화　031) 908-3181(대표)
팩스　031) 908-3189
홈페이지　http://ebook.kstudy.com
전자우편　출판사업부　publish@kstudy.com
등록　제일산-115호(2000. 6. 19)

ISBN　978-89-268-8139-2　93910